"十四五"职业教育国家规划教材

供护理、助产及其他医学相关类专业使用

传染病护理

CHUANRANBING HULI

主　编　曾志励

副主编　杨传林　刘英莲

编　者（按姓氏汉语拼音排序）

韩　冰（新疆巴音郭楞蒙古自治州卫生学校）

李朝中（玉林市卫生学校）

刘英莲（淄博职业学院）

陆云华（广西融水民族卫生学校）

杨传林（淮南卫生学校）

杨艳霞（朝阳市卫生学校）

曾志励（广西医科大学高等职业技术学院）

科学出版社

北　京

内 容 简 介

本书为适应《护士执业资格考试大纲（试行）》需要，编写了考试涉及的传染性疾病内容（结核病除外），同时为了与多数院校传染病护理学、传染病学课程学时相适应，还编写了我国发病率或病死率较高的传染病如流行性感冒、流行性出血热、伤寒、血吸虫病、狂犬病等内容。本书共分5章，内容包括总论、传染病护理的内容和要求、病毒性传染病的护理、细菌性传染病的护理和寄生虫病的护理，系统地介绍了传染病护理的基本理论、基本知识、基本技能。书后附有“教学基本要求”，每章节之后有自测题，便于师生教与学。

本书可供护理、助产及其他医学相关类专业使用。

图书在版编目（CIP）数据

传染病护理 / 曾志励主编. —北京：科学出版社，2018.1
“十四五”职业教育国家规划教材
ISBN 978-7-03-055720-9

Ⅰ. 传…　Ⅱ. 曾…　Ⅲ. 传染病 - 护理 - 职业教育 - 教材　Ⅳ. R473.5

中国版本图书馆CIP数据核字（2017）第294123号

责任编辑：刘天然　丁海燕 / 责任校对：张凤琴
责任印制：赵　博 / 封面设计：铭轩堂

科学出版社 出版
北京东黄城根北街16号
邮政编码：100717
http://www.sciencep.com
石家庄继文印刷有限公司 印刷
科学出版社发行　各地新华书店经销
*
2018年1月第　一　版　开本：787×1092　1/16
2024年1月第十四次印刷　印张：9　插页：2
字数：219 000

定价：25.00 元
（如有印装质量问题，我社负责调换）

职业教育数字化课程建设教材

职业教育数字化课程建设教材

教 材 目 录

书　名	主　编	书　号
1. 语文	孙敬华　李经春	978-7-03-055597-7
2. 英语	方　莉	978-7-03-055594-6
3. 医护英语	曹　岚	978-7-03-055598-4
4. 计算机应用基础	张全丽	978-7-03-055596-0
5. 职业生涯规划与就业指导	宋晨升	978-7-03-055723-0
6. 护理礼仪	李　蕾	978-7-03-055595-3
7. 人际沟通	王艳华	978-7-03-055397-3
8. 解剖学基础	万爱军	978-7-03-055390-4
9. 生物化学	钟楠楠　丁金娥	978-7-03-055482-6
10. 化学（第 3 版）	丁宏伟	978-7-03-055914-2
11. 医用物理（第 2 版）	李长驰	978-7-03-055913-5
12. 生理学基础	柳海滨	978-7-03-055393-5
13. 病理学基础	周士珍　卢桂霞	978-7-03-055395-9
14. 药物学基础	符秀华	978-7-03-055387-4
15. 医学遗传学基础	王　懿	978-7-03-055349-2
16. 病原生物与免疫学基础	郑小波　王有刚	978-7-03-055449-9
17. 护理学基础	郭　蔚	978-7-03-055480-2
18. 内科护理	张晓萍	978-7-03-055354-6
19. 外科护理	王　萌　郝　强	978-7-03-055388-1
20. 妇产科护理	李民华	978-7-03-055355-3
21. 儿科护理	李砚池	978-7-03-055394-2
22. 健康评估	袁亚红　程　颖	978-7-03-055391-1
23. 社区护理	马　英	978-7-03-055389-8
24. 老年护理	杨建芬　张　玲	978-7-03-055350-8
25. 传染病护理	曾志励	978-7-03-055720-9
26. 中医护理基础	韩新荣	978-7-03-055558-8
27. 急救护理技术	程忠义	978-7-03-055396-6

前 言 QIAN YAN

教材是教学内容的重要载体，是教学的重要依据、培养人才的重要保障。本次教材修订旨在贯彻党的二十大报告精神和党的教育方针，落实立德树人根本任务，坚持为党育人、为国育才。

科学出版社深入贯彻党的二十大精神，积极落实教育部最新教学标准要求，并结合我国医药职业院校当前的教学需求，组织全国多家医药职业院校编写了职业教育数字化课程建设教材。本套教材具有以下特点。

1. 新形态教材　本套教材是以纸质教材为核心，通过互联网尤其是移动互联网，将各类教学资源与纸质教材相融合的一种教材建设的新形态。读者可通过中科云教育平台，快速实现图片、音频、视频、3D 模型、课件等多种形式教学资源的共享，并可在线浏览重点、考点及对应习题，促进教学活动的高效开展。

2. 对接岗位需求　本套教材中依据科目的需要，增设了大量的案例和实训、实验及护理操作视频，以期让学生尽早了解护理工作内容，培养学生学习兴趣和岗位适应能力。教材中知识链接的设置，旨在扩大学生知识面，鼓励学生探索钻研专业知识，不断进步，更好地对接岗位需求。

3. 切合护考大纲　本套教材紧扣最新《护士执业资格考试大纲（试行）》的相关标准，清晰标注考点，并针对每个考点配以试题及相应解析，便于学生巩固所学知识，及早与护考接轨，适应护理职业岗位需求。

传染病是严重危害人类健康的重要疾病。传染病的流行，会危及无数人的生命，并深刻影响着社会政治和经济的发展。近年在我国接连发生了重症急性呼吸综合征（SARS）（“非典”）、禽流感、手足口病及甲型 H1N1 流感疫情，不仅使人们对传染病的认识发生了深刻变化，还影响着政府对传染病防治和突发公共卫生事件防控工作的决策和支持，同时也给临床医护人员提出了更高的要求。作为一名护士，应具备传染病护理的专业能力。

本书为适应《护士执业资格考试大纲（试行）》需要，编写了考试涉及的传染性疾病内容（结核病除外），同时为了与多数院校传染病护理学、传染病学课程学时相适应，还编写了我国发病率或病死率较高的传染病如流行性感冒、流行性出血热、伤寒、血吸虫病、狂犬病等内容。本书共分 5 章，内容包括总论、传染病护理的内容和要求、病毒性传染病的护理、细菌性传染病的护理和寄生虫病的护理，系统地介绍了传染病护理的基本理论、基本知识、基本技能。书后附有“教学基本要求”，每章节之后有自测题，便于师生教与学。

本书强调科学性、启发性、实用性和新颖性，融传授知识、培养能力、提高素质为一体的编写指导思想，保留了按护理程序编写的方法，使教材内容在编排与形式上具有本专业特色，仍采用正文与非正文系统的编写方案，增加了案例讨论的篇幅和教学图片，增加了视频素材，并结合考点增加了护士执业资格考试题型，使之更加突出了对学生能力的培养，更具实用性，也更新颖。

由于医学科学的迅速发展，临床护理理念、护理模式的不断更新，编者编写水平有限，教材内容的疏漏、滞后在所难免，望读者见谅，并给予批评指正。

编　者

2024 年 1 月

目录 MU LU

第1章 总论

传染病是由病原微生物和寄生虫感染人体后产生的具有传染性的疾病。传染病是常见病、多发病，在一定的外界条件下它可以在人群中传播，甚至导致流行，严重危害人们的身体健康。

知识链接

当今人类面临的传染病主要威胁

一是新发传染病，指由新种类或新型病原微生物引起的传染病，其病原体包括新病原、毒力变异病原、耐药性变异病原、机会感染性病原等。

二是再现传染病，主要指那些曾大规模流行并严重危害人类健康，发病率已降至极低水平的传染病现在重新开始流行，如结核病、血吸虫病、性病等。

三是生物恐怖活动，指利用各种手段故意施放致病性微生物或生物毒素，造成人群、禽畜、农作物和环境危害，引起社会广泛恐慌或威胁社会安定以达到其政治目的或信仰目的的行为。生物恐怖的病原体一般具有毒性强、传染性强、对外界环境的抵抗力强、容易制备和播散的特点。

第1节 传染病的发生及流行

传染病的传染过程发生在个体之中。传染病的发生受到病原体的种类、致病性、病原体入侵宿主的门户和定位及病原体变异等方面的影响。传染病在人群中的流行必须有传染源、传播途径和易感人群三个基本因素，且受到自然因素和社会因素的影响。

一、传染及传染过程的表现

（一）传染的概念

感染是指病原体侵入机体（包括人和动物），机体与病原体相互作用、相互斗争的过程。传染主要指病原体通过一定方式从一个宿主个体到另一个宿主个体的感染。在传染过程中，病原体和人体均受到特定环境因素的影响。在一定的环境条件下，当人体防御能力低下时，病原体便在人体内生长、繁殖，产生病变使人致病；当人体免疫功能正常时，机体便有足够的防御能力，使病原体被消灭或排出体外。

知识链接

构成传染过程的两个基本因素

1. 病原体的致病作用　包括①侵袭力；②毒力；③数量；④变异性。
2. 机体的保护性免疫反应　包括①非特异性免疫；②特异性免疫。

（二）传染过程的表现

病原体通过各种途径侵入人体，由于病原体的致病力和人体免疫功能的强弱不同，传染过程可出现五种不同的结局。

1. 病原体被消灭或排出体外　当某种病原体进入人体后，由于人体非特异性和特异性免疫力的作用，将病原体消灭或排出体外，人体不产生病理变化和任何临床表现。

2. 隐性感染　又称亚临床感染，是指病原体侵入人体后，在人体某部位生长繁殖，所致病理变化较轻，不出现或仅出现不明显的临床表现，只有通过病原学及免疫学检测才能发现。隐性感染在某些传染病流行期间较为常见，如病毒性肝炎、流行性乙型脑炎等，其感染人数可超过显性感染数倍以上，感染后可获得对该传染病的特异性免疫力，把病原体清除。少数人不能形成足以清除病原体的免疫力，则转为病原携带者，成为传染源。

3. 显性感染　又称临床感染或传染病发作。病原体侵入人体后，由于病原体数量多、毒力强或人体防御能力弱，难以抵抗病原体的入侵，病原体在人体内大量繁殖或复制，产生相应的病变与临床表现。显性感染后，机体可获得特异性免疫力。

4. 病原携带状态　病原体侵入人体后，可以停留在入侵部位，或者侵入较远的脏器继续生长繁殖，人体不出现任何疾病状态，却能携带并排出病原体成为传染源。

5. 潜伏性感染　又称潜在性感染。病原体侵入人体后，人体与病原体在相互作用时，双方力量保持暂时的平衡状态，不出现临床表现。一旦人体防御功能降低，原已潜伏在人体内的病原体便趁机繁殖引起发病。常见的潜伏性感染有单纯疱疹、带状疱疹、疟疾、结核病等。潜伏感染期间，病原体一般不排出体外，不易成为传染源。

传染过程不一定都导致传染病的发生，传染病仅是传染过程的一种表现形式。以上五种表现在一定条件下可以互相转化。不同的病原体引起的传染过程其表现形式不同，有的以隐性感染为主（如流行性脑脊髓膜炎、脊髓灰质炎等），有的以显性感染为主（如麻疹）。但通常认为病原体侵入人体后，以隐性感染最常见，其次为病原携带状态，显性感染最少且最易识别。

（考点：传染过程的五种表现）

二、传染病流行过程的基本条件

流行过程是传染病在人群中发生、蔓延的过程，即病原体从传染源体内排出后，经过一定的传播途径，侵入易感者体内形成新的传染，并在外界因素的影响下，不断发生、发展的过程。传染病的流行过程必须具备三个基本条件，即传染源、传播途径和易感人群，统称传染病流行的基本环节。只有三个环节同时存在并相互联系，才能形成传染病的流行过程。如采取有效措施，切断其中任何一个环节，其流行过程即告终止。

（一）传染源

传染源是指体内有病原体生长、繁殖，并能排出病原体的人或动物。包括传染病患者、隐性感染者、病原携带者和受感染的动物。

1. 患者　传染病患者体内有大量病原体，借助咳嗽、呕吐、腹泻等症状将病原体排出体外，可促进病原体播散。慢性患者可长期排出病原体污染环境；轻型患者数量多，不易被发现，难以管理，有重要的流行病学意义。

患者排出病原体的整个时期称为传染期。不同的传染病传染期长短不一（参阅附录 3），了解各种传染病的传染期是确定患者隔离期限的重要依据。

2. 隐性感染者　在某些传染病（如脊髓灰质炎），隐性感染者是重要的传染源。

3. 病原携带者　指没有临床症状而能排出病原体的人，根据携带病原体的不同，可分别称为带菌者、带病毒者、带虫者等。

4. 受感染的动物 本身患病或并不患病只是携带病原体，经一定的传播途径传染给人。

知识链接

人畜共患病

人畜共患病或称动物源性传染病，是动物（主要是哺乳动物）和人之间互相传播的疾病，分为三类：第一类，以动物为主，如钩端螺旋体病、森林脑炎、布氏菌病等，患病的动物是主要传染源，人得病后一般不作为传染源。第二类，以人为主，如阿米巴病，患者是主要传染源。第三类，人畜并重，如血吸虫病，患者和病畜均可作为传染源。

（考点：传染病的传染源）

（二）传播途径

传播途径是指病原体从传染源体内排出后，到达另一个易感者之前，在外环境中停留和转移所经历的全过程（图 1-1）。常见的传播途径有以下几种。

图 1-1 传播机制模式图

1. 空气、飞沫、尘埃 主要见于以呼吸道为进入门户的传染病，如流感、麻疹、肺结核等。

2. 水、食物、苍蝇 主要见于以消化道为进入门户的传染病，如甲型肝炎、伤寒、痢疾等。

3. 手、用具、玩具 又称日常生活接触传播，既可传播呼吸道传染病，如流感，也可传播消化道传染病，如伤寒、痢疾、霍乱等。

4. 吸血昆虫 又称虫媒传播，经蚊、白蛉、虱、蚤、螨、蜱等叮咬后感染，如疟疾、黑热病、流行性乙型脑炎、莱姆病、登革热等。

5. 血液、血制品 通过输血、输血制品或被血液污染的医疗仪器等传播，常见于乙型肝炎、丙型肝炎及艾滋病等。

6. 其他 如经土壤、疫水、体液及医源性传播。母婴传播在乙型肝炎、艾滋病等疾病的传播中也起重要的作用。

（考点：传染病常见传播途径）

（三）易感人群

对某种传染病缺乏特异性免疫力的人群称为易感人群。对某种传染病缺乏特异性免疫力的人称为易感者。人群对某种传染病容易感染的程度，称为人群易感性。人群易感性的高低明显影响传染病的发生和流行。如果易感者人数多，则人群易感性高，一旦有传染源进入则发病人数增多，甚至引起流行。如果易感者人数少，则人群易感性低，即使有传染源进入，传染病也不易发生或发病人数不多。

促使人群易感性增高的主要因素是新生儿增加、外来人口增多、具有免疫力的人口死亡、人群的免疫力随时间的推移而逐渐消失。

促使人群易感性降低的主要因素是某种传染病流行之后或普遍推行预防接种后。

三、影响流行过程的因素

传染源、传播途径和易感人群三个基本条件的存在为传染病的发生与流行提供了可能性，但传染病能否流行及流行的程度又受社会因素和自然因素的影响。

（一）社会因素

社会因素包括社会制度、风俗习惯、宗教信仰、医疗卫生状况、文化水平、生产生活条件等。例如，中华人民共和国成立前我国的鼠疫、天花、霍乱、疟疾、黑热病、血吸虫病等传染病极为猖獗，严重摧残人民身体健康；中华人民共和国成立后在党和政府的领导下，全国上下贯彻预防为主的方针，全面开展卫生防疫工作，大搞爱国卫生运动，广泛推行计划免疫，使许多传染病迅速被控制或消灭，充分说明了社会因素在影响传染病流行过程中的巨大作用。

（二）自然因素

自然因素主要包括地理因素与气候因素，对传染病的发生和流行起着重要作用。寄生虫和虫媒传染病对自然条件的依赖性尤为明显，如我国北方有黑热病地方性流行区，南方有血吸虫病地方性流行区，乙型脑炎（乙脑）为严格的夏、秋季节性发病，这些都与自然因素有关。自然因素可直接影响病原体在外界环境中的生存能力（如钩虫病少见于干旱地区），也可通过降低机体的非特异性免疫力而促进流行过程的发展，如寒冷可减弱呼吸道抵抗力，有利于呼吸道传染病的流行；炎热可减少胃酸的分泌，促成肠道传染病的发生。

（考点：传染病流行的三个环节和两个影响因素）

案例 1-1 农民刘某，男，40 岁，×× 乡 × 庄大队人，在外地经商 2 个月，于 7 月 13 日回家。7 月 15～17 日 ×× 乡连降大雨，降雨时间短而急。15 日刘某在外做农活淋了雨，16 日突感不适，次日出现发热、食欲缺乏、头晕、腹胀、乏力，至 25 日病情加重后被送到乡卫生院住院，诊断为伤寒。该地过去从无伤寒流行报告。刘某入院前，同村很多人曾到他家看望，喝水吃茶点。该庄南有一露天饮用水池，直径 4m，池围高半尺（1 尺≈0.33m），地势低洼。距水池 100m 处有一公厕和一个晒粪干场地。7 月 19 日以后 × 庄大队先后有 76 人发生类似症状，7 月 30 日至 8 月 5 日为发病高峰，经临床诊断均为伤寒，其中发病较早的是刘某家属病例和曾到过刘家喝水吃茶点的那些人中的病例。

问题： 1. 本次伤寒暴发流行的传染源、传播途径、易感人群是什么？
2. 有哪些影响因素？

第 2 节 传染病的特征

传染病有下列四个基本特征，又有特殊的临床表现，可与其他疾病区别。

一、传染病的基本特征

（一）有病原体

每一种传染病都由特异的病原体感染引起，如病毒、细菌、真菌、衣原体、立克次体、支原体、螺旋体、寄生虫等，其中以病毒和细菌感染最常见。如病毒性肝炎的病原体为肝炎病毒，结核病的病原体为结核杆菌，疟疾的病原体为疟原虫。

从患者体内组织、血液、体液及分泌物、排泄物检出病原体，对传染病的确诊有重要意义。

（二）有传染性

病原体由一个宿主排出体外，经一定的途径传给另一个宿主，这种特性称为传染性。传染性意味着病原体能排出体外并污染环境。每种传染病都具有一定的传染性，使之能在个体间传播，造成疾病扩散。不同的传染病传染性强弱不一，具有传染性的时间长短也不同。每一种传染病所在的阶段不同，传染性强弱可不同。

（考点：传染病的传染性）

（三）有流行病学特征

1．流行性　在一定条件下，传染病能在人群中广泛传播蔓延的特性称为流行性。按其流行强度可分为以下几种。

（1）散发：指某传染病在某地常年的一般发病水平。传染病在人群中散在发生，病例间无明显传播关系。

（2）流行：指一个地区某种传染病发病率显著超过该病历年的一般发病率水平。在人群免疫水平较低或疾病的传播途径易于实现时，常易造成传染病的流行。

（3）大流行：指某传染病在一定时间内迅速蔓延，波及范围广泛，甚至超出国界、洲界。

（4）暴发：指在一个局部地区，短期内突然发生多例同一种传染病患者。发病多来自同一传染源或同一传播途径。

案例 1-2　某村一户人家举行婚宴，100余人参加，当天晚上有40余人发热、呕吐、腹泻。

问题： 1．出现了什么状况？

2．应采取哪些应急措施？

2．地方性　由于受地理气候、人们生活习惯等因素影响，某些传染病常局限在一定地区发生，这种传染病称地方性传染病，如血吸虫病多发生在长江以南地区。以野生动物为主要传染源的疾病称自然疫源性传染病，也属于地方性传染病。存在这种疾病的地区称自然疫源地。

知识链接

自然疫源性疾病如何传给人

自然疫源性疾病一般指的是在动物间传播的疾病，传染源为野生动物，这类疾病的病原体能在自然界动物中生存繁殖，如鼠疫、恙虫病、钩端螺旋体病等。某些自然生态环境为传染病在野生动物之间的传播创造良好条件，是由于该地区具有该病的动物传染源、传播媒介及病原体在动物间传播的自然条件，这些地区称为自然疫源地。

人患自然疫源性疾病的传播途径有两种方式：一是进入自然疫源地区，与其中的媒介生物或宿主动物遭遇而感染；二是因受来自自然疫源地的宿主动物或媒介生物侵袭而感染，或因它们扩散至亲人类的动物群中再使人获得感染。

3．季节性　指某些传染病的发病率，在每年的特定季节出现升高的现象。这与在该季节某传染病的传播途径易于实现有关，如冬春季节，呼吸道传染病发病率高；夏秋季节，肠道传染病发病率高；虫媒传染病有明显的季节性，与媒介节肢动物活跃季节相一致。

4．周期性　某些传染病每隔一定时期发生一次流行，与易感者积累、病原体变异有关，如流行性感冒。

传染病发病率在不同人群如年龄、性别、职业的分布，也是流行病学特征。

（四）有感染后免疫

人体感染病原体后，无论显性感染还是隐性感染，均能产生针对病原体及其产物（如毒素）的特异性免疫，从而阻止病原体的侵入或限制其在体内生长繁殖或消灭病原体。感染后免疫是主动免疫，可通过胎盘传给胎儿。

不同传染病免疫力的强弱、维持时间长短不同，如麻疹、流行性乙型脑炎、伤寒等病后免疫力持久，一次感染后几乎不再感染；而细菌性痢疾、阿米巴病、钩端螺旋体病等病后免疫持续时间通常较短，仅为数月至数年，可再感染；血吸虫病、钩虫病、蛔虫病等蠕虫感染后通常不产生保护性免疫，因而往往发生重复感染。

（考点：传染病的四个基本特征）

二、传染病病程发展的基本规律

传染病从发生、发展至恢复，病程具有阶段性，呈现一定的规律，通常可分为潜伏期、前驱期、症状明显期和恢复期四个阶段，但某些传染病患者在进入恢复期后，可出现复发与再燃，或表现出后遗症。

（一）潜伏期

潜伏期指从病原体侵入人体到开始出现临床症状的这段时期。通常相当于病原体在体内繁殖、转移、定位、引起组织损伤和功能改变，导致临床症状出现之前的整个过程。各种传染病的潜伏期长短不同，即使同一种传染病也有一定范围内的变动（参阅附录3）。潜伏期的长短一般与侵入的病原体数量和毒力，以及宿主防御机制的强弱等密切相关。

了解传染病的潜伏期，有以下意义：①有助于传染病的诊断。②有助于确定接触者的检疫期限。③有助于追溯传染源与传播途径。④有助于推算传染期及安排免疫接种时间。

（考点：传染病潜伏期）

（二）前驱期

前驱期指从起病至出现该病明显症状为止的这段时期。此期症状多属于无特异性的全身反应，如发热、乏力、头痛、食欲缺乏等，为许多传染病所共有，持续1～3天。起病急骤者可无此期。

（三）症状明显期

此期病情逐渐加重，出现某种传染病所特有的症状、体征。本期易发生并发症。

（四）恢复期

人体免疫力增至一定程度，体内病理生理过程基本终止，症状和体征基本消失，临床上称为恢复期。此期血清中抗体效价逐渐升至最高水平，但患者体内可能还有残余病理改变或生化改变，病原体还未完全清除。

（五）复发与再燃

有些传染病患者进入恢复期后，已稳定退热一段时间，由于潜伏于体内的病原体再度繁殖到一定程度，使初发病的症状再次出现，所以称为复发。

当病情进入恢复期，体温尚未稳定下降至正常又复上升时，称为再燃。

（六）后遗症

恢复期结束后，机体功能仍长期未恢复正常者，称为后遗症，多见于中枢神经系统传染病。

（考点：传染病病程发展的四个阶段）

三、传染病的临床常见症状和体征

（一）发热

发热是机体对感染的一种全身性反应，也是许多传染病所共有的症状。热型是传染病重要特征之一，具有鉴别诊断意义（表 1-1）。

表 1-1　热型特点

热型	表现特点	常见疾病
稽留热	最高体温＞39℃，24 小时内温差＜1℃，持续数天或数周	伤寒、斑疹伤寒
弛张热	24 小时内温差＞1℃，最低温度不到正常	流行性出血热
间歇热	24 小时内体温升高可＞39℃，下降可达正常	疟疾、败血症
回归热	突起高热数日，随后间歇无热数日，如此数次循环	回归热、布氏菌病
双峰热	24 小时内体温升降 2 次，每次升降相差 1℃，形成 2 个峰	黑热病、败血症
马鞍热	发热数日，退热 1 日，再发热数日	登革热
不规则热	1 日内体温上下波动，无规律性	流行性感冒

（考点：常见热型的表现特点）

（二）发疹

许多传染病在发热同时伴有发疹，包括皮疹（又称外疹）和黏膜疹（又称内疹）。不同传染病皮疹的形态、颜色、大小、分布部位、出现时间、出疹顺序、演变、疹后有无脱屑及色素沉着等方面各有其特点，有助于传染病的诊断和鉴别诊断。常见皮疹的种类见表 1-2。

表 1-2　常见皮疹种类

种类	形态特点	常见疾病
斑丘疹	稍隆起，大小形态不一，多为充血疹，压之褪色，可互相融合（图 1-2，彩图 1）	麻疹、风疹、猩红热、伤寒、斑疹伤寒
出血疹	散在性点状或片状出血，可稍隆起，压之不褪色	流行性脑脊髓膜炎、流行性出血热
疱疹	表面隆起，疹内含浆液（图 1-3，彩图 2）	水痘、天花、带状疱疹
荨麻疹	不规则、片块状隆起水肿，发生快，消失快	寄生虫病，病毒性肝炎

图 1-2　斑丘疹

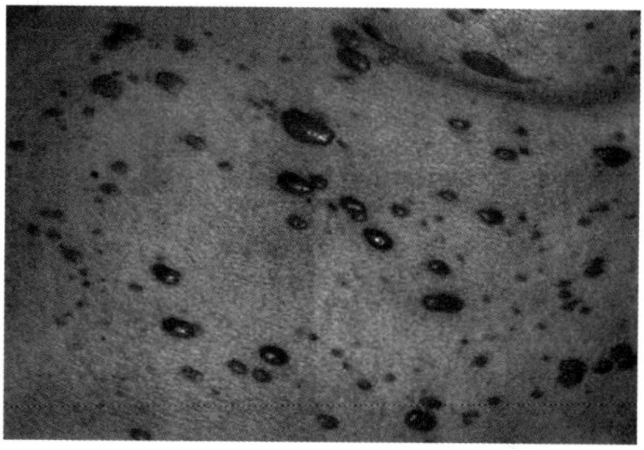

图 1-3　疱疹

（三）毒血症状

病原体的各种代谢产物包括细菌毒素等，除引起发热外，还可引起疲乏、全身不适、厌食、头痛、肌肉关节疼痛等多种症状。严重者可有意识障碍、谵妄、中毒性脑病、呼吸及循环衰竭等，有时还可导致肝肾功能的损害。

（四）肝、脾、淋巴结肿大

在病原体及其代谢产物的作用下，单核－巨噬细胞系统可出现充血、增生反应，导致肝、脾、淋巴结肿大。

第3节 传染病的诊断与治疗原则

一、传染病的诊断

传染病的诊断需要综合分析下列三个方面资料。

（一）临床资料

全面而准确的临床资料来源于详细的病史采集和全面的体格检查，发现有诊断价值的体征对临床诊断有重要意义。根据潜伏期的长短、起病的急缓、发热的特点、典型的皮疹、全身中毒症状、特殊症状与体征可对传染性疾病做出初步诊断。

（二）流行病学资料

流行病学资料包括发病年龄、职业、籍贯、发病季节及发病地区、接触史等，考虑诊断时必须取得相关流行病学资料作为参考。询问预防接种史和既往病史有助于了解患者的免疫状况，并应了解当地或同一集体中传染病的发生情况。

（三）辅助检查

1．一般实验室检查　包括血液、大便、尿液的常规检查和生化检查。

（1）血常规检查：白细胞总数显著增多常见于化脓性细菌感染，如流行性脑脊髓膜炎、败血症、猩红热和细菌性痢疾等。但革兰阴性菌感染时白细胞总数可升高不明显甚至减少，如布氏菌病、伤寒及副伤寒等。病毒性感染时白细胞总数常减少或正常，如流行性感冒、登革热和病毒性肝炎等。原虫感染时白细胞总数也常减少，如疟疾、黑热病等。蠕虫感染时可见嗜酸粒细胞增多，如钩虫、血吸虫、肺吸虫感染等。嗜酸粒细胞减少则常见于伤寒、流行性脑脊髓膜炎（流脑）等。

（2）尿常规检查：钩端螺旋体病和流行性出血热可发现尿液中有蛋白、白细胞、红细胞。

（3）大便常规检查：感染性腹泻大便镜检可发现少量红细胞和白细胞。

（4）生化检查：有助于病毒感染性疾病如病毒性肝炎的诊断。

2．病原学检查

（1）病原体的直接检查：如从血液或骨髓涂片中检查出疟原虫及利什曼原虫；从血液涂片中检查出微丝蚴及回归热螺旋体；从大便涂片中检查出各种寄生虫卵及阿米巴原虫等；绦虫节片也可用肉眼在大便中发现。

（2）病原体分离培养：可应用人工培养基分离培养细菌、螺旋体和真菌，如伤寒杆菌、痢疾杆菌、霍乱弧菌、钩端螺旋体和隐球菌等。立克次体则需要动物接种或组织培养才能分离出来，如斑疹伤寒、恙虫病等。病毒分离常需应用组织培养，如登革热、脊髓灰质炎病毒等。用以分离病原体的检材可采自于血液、尿液、大便、脑脊液、痰液、骨髓和皮疹吸出液等。采集标本时应注意发病时间、标本的保存与运送，同时应尽量在抗感染药物应用之前做病原体培养，以提高病原体检出率。

3. 分子生物学检查 分子杂交技术利用放射性同位素或生物素标记的分子探针可以检测出特异性的病毒核酸如乙型肝炎病毒DNA，或检测出特异性的毒素如大肠埃希菌肠毒素。聚合酶链反应（PCR）常应用于病原体核酸检查，通过体外快速扩增DNA的方法，用于放大特定的DNA片段，数小时内可使目的基因片段扩增到数百万个拷贝，可显著提高检测灵敏度。

4. 免疫学检查

（1）特异性抗体检测：特异性抗体于传染病早期在血清中尚未出现或滴度很低，而在恢复期或后期抗体滴度多有显著升高，所以在急性期及恢复期双份血清检测其抗体由阴性转为阳性或滴度升高4倍以上时往往有诊断意义，如应用血清凝集反应（肥达反应）以检测伤寒抗体。

（2）特异性抗原检测：有助于在病原体直接分离培养不成功的情况下提供病原体存在的直接证据，其诊断意义往往比抗体检测更为可靠。免疫标记技术是将已知抗体或抗原标记上易显示的物质，通过荧光素、酶、放射性核素及胶体金等检测标记物反映抗原抗体反应的情况，从而间接地测出被检抗原或抗体存在与否或其含量，具有快速、定性或定量甚至定位的特点。目前常用的有酶联免疫吸附测定（ELISA）、放射免疫测定（RIA）。

（3）皮肤试验：用特异性抗原做皮内注射，可通过皮肤反应了解受试者对该抗原的变态反应，常用于结核病和血吸虫病的流行病学调查。

（4）免疫球蛋白检测：血清免疫球蛋白浓度检测有助于判断体液免疫功能。T细胞亚群检测用单克隆抗体检测T细胞亚群，可了解各亚群的T细胞数和比例，常用于艾滋病的诊断、疗效观察及预后判断。

5. 其他检查

（1）内镜检查：纤维结肠镜常用于诊断细菌性痢疾、阿米巴痢疾和血吸虫病等；纤维支气管镜常用于诊断艾滋病并发肺孢子虫病和支气管淋巴结结核等。

（2）影像学检查：X线检查常用于诊断肺结核和肺吸虫病。超声检查常用于诊断肝炎、肝硬化和肝脓肿等。计算机断层扫描（CT）和磁共振成像（MRI）常用于诊断脑脓肿和脑囊虫病等。

（3）活体组织检查：常用于各型慢性肝炎和肝硬化、淋巴结结核和骨结核、艾滋病并发卡波西肉瘤和其他淋巴瘤等。

二、传染病的治疗原则

治疗传染病的目的不仅在于促进患者康复，还在于控制传染源，防止传染病进一步扩散。传染病治疗采取综合治疗的原则。

（一）病原治疗

病原治疗是针对病原体的治疗，具有清除病原体、中和毒素的作用，以达到根治和控制传染源的目的。常用药物有抗生素、化学药物制剂和血清免疫制剂等。

（考点：传染病的病原治疗）

1. 抗生素 常应用于细菌性传染病，对立克次体、螺旋体、衣原体、支原体感染也有明显疗效。常用的抗生素种类有青霉素类、头孢菌素类、氨基糖苷类、四环素类、氯霉素类、大环内酯类、多黏菌素类、林可霉素和克林霉素，抗真菌药物如制霉菌素、两性霉素B、酮康唑等。

选用抗生素的原则：①严格掌握药物适应证，首选针对性强的抗生素。②病毒感染性疾病，抗生素无效不宜选用。③应用抗生素前需要做病原体培养，并按药敏试验结果选择药物。④多种抗生素治疗无效的未明发热患者，不宜继续使用抗生素，以免发生菌群失调或严重副作用，应停用或改用其他合适的抗生素。⑤对疑似细菌感染又无培养结果的危急患者，或免疫力低下的传染病患者可试用抗生素。⑥预防性应用抗生素必须目的性明确。

2. 抗病毒疗法 金刚烷胺、金刚乙胺可用于甲型流感的预防；碘苷、阿糖腺苷、利巴韦林、拉米夫定等用于疱疹性脑炎、乙型脑炎、乙型肝炎、流行性出血热等治疗；干扰素、聚肌苷酸－聚胞苷酸等药物可用于乙型肝炎、流行性出血热等疾病的治疗。

3. 化学疗法 治疗流行性脑脊髓膜炎可选用磺胺药；氯喹、伯氨喹啉可用于治疗疟疾；吡喹酮可用于治疗血吸虫病和肺吸虫病；甲硝唑可用于治疗阿米巴病；乙胺嗪可用于治疗丝虫病；氟喹诺酮类药物对沙门菌、各种革兰阴性菌、支原体、衣原体有较强的杀菌作用。

4. 免疫疗法 抗毒素（抗毒血清）是应用细菌外毒素免疫动物而获得的，注射后可中和患者血液和组织液内的外毒素，达到治疗的目的，如白喉和破伤风抗毒素可用于治疗白喉、破伤风。抗毒素属异性蛋白，可发生过敏反应，在治疗前应详细询问药物过敏史，并做皮肤敏感试验，如皮试阳性，则应采用小剂量逐渐递增的脱敏方法注射。

免疫调节剂常用于临床的有转移因子、胸腺素、干扰素、左旋咪唑、免疫核糖核酸等。

（考点：传染病免疫疗法的应用）

（二）一般及支持治疗

一般治疗包括隔离、护理和心理治疗等。按所患传染病的传播途径和病原体排出方式、时间对患者采取相应隔离措施，同时做好随时消毒工作。优质的护理对于保证患者处于一个舒适、卫生的环境，保证各项诊断及治疗措施的正确执行和密切观察病情变化具有重要的意义。医护人员的良好服务态度、工作作风和对患者的关心都是心理治疗的重要组成部分，有助于提高患者战胜疾病的信心。

支持疗法包括适当的营养（如在不同疾病过程中的各种合理饮食、足够的能量、维生素供给）、维持水和电解质平衡、增强患者体质和免疫功能（如各种血液制品和免疫制品的应用）等措施。

（三）对症治疗

对症治疗不仅有减轻患者痛苦的作用，而且通过调整患者各系统功能，可以减少机体消耗，保护重要脏器使损伤降至最低限度。例如，在高热时应用的各种降温措施，脑水肿时应用的各种脱水疗法，抽搐时应用的镇静措施，昏迷时应用的苏醒措施，心力衰竭时应用的强心措施，休克时应用的改善微循环措施，严重毒血症时应用肾上腺糖皮质激素疗法等。

（考点：传染病的对症治疗）

（四）康复治疗

流行性乙型脑炎、脊髓灰质炎和脑膜炎等疾病可引起一定程度的后遗症，需要采取针灸、理疗、高压氧等疗法以促进康复。

（五）中医中药治疗

中医中药对调整患者各系统功能具有相当重要的作用，如安宫牛黄丸具有清热解毒、开窍安神的作用，常用于乙脑的辅助治疗；某些中药如黄连、鱼腥草、板蓝根等还有抗微生物作用。

第 4 节　传染病的预防

《中华人民共和国传染病防治法》规定：国家对传染病实行预防为主的方针，要认真做好防治结合、分类管理工作，以减少传染病的发生及流行，达到控制和消灭传染病的目的。

预防工作应针对传染病流行过程的三个基本环节，采取管理传染源、切断传播途径和保护易感人群的综合性防疫措施。

（考点：传染病的防疫措施）

案例 1-3 农民刘某和赵某，都是 × 乡人，5 月份一起去外地经商，起居饮食均在一处，7 月 13 日二人同一天自外地回家。刘某住 × 庄大队，赵某住 × 村大队，两大队相距 2km，过去从无伤寒流行报告。7 月 15～17 日刘店乡连降大雨，降雨时间短而急。7 月 15 日刘某在外做农活淋了雨，16 日突感不适，次日出现发热、食欲缺乏、头晕、腹胀、乏力等症状，拖延到 25 日病情加重，被送到乡卫生院以“感冒”住院，经诊断为伤寒。刘某入院前，村子里很多人曾到他家看望，喝水吃茶点。× 庄村南有一露天饮用水池，直径 4m，池围高半尺，地势低洼。距水池 100m 处有一公厕和一个晒粪干场地，大雨冲刷地面使该水池受到污染。7 月 19 日以后 × 庄大队先后有 76 人发生类似病状，经临床诊断均为伤寒，其中发病较早的是刘某家属病例和曾到过刘家喝水吃茶点的那些人中的病例，7 月 30 日至 8 月 5 日为发病高峰。正当疫情发展之时，县卫生防疫站于 8 月 2 日派人进行现场调查，隔离和治疗患者，病家消毒，并对饮水池进行消毒，8 月 20 日发生最后 1 例患者，疫情终止。

× 村大队的赵某回家后，于 7 月 20 日发生“感冒”，第三天卧床不起，因该大队卫生员得知 × 庄有“流感”流行，有所警惕，并及时向乡卫生院报告，同时动员赵某就医，因“高热待查”住院，等到刘某确诊为伤寒以后，赵某也被诊断为伤寒。赵某的妻子和儿子从亲戚家赶回，卫生员嘱其将赵某的衣物煮沸清洗消毒。× 村大队水井井台高，下大雨时井水未被污染，该大队其他人未见有伤寒病例发生。

问题： 1. 刘、赵二人都发生伤寒，为什么在 × 庄大队引起伤寒流行，而 × 村大队则没有流行？

2. 哪些措施对疫情控制起了作用？

一、管理传染源

（一）对传染病患者的管理

对传染病患者应尽量做到“五早”，即早发现、早诊断、早报告、早隔离、早治疗。根据《中华人民共和国传染病防治法》，结合我国的实际情况，将全国发病率较高、流行面较大、危害严重的 39 种法定传染病分为甲、乙、丙三类。

（考点：传染病分类中的 2 个甲类传染病）

甲类传染病（2 种）：鼠疫、霍乱。

乙类传染病（26 种）：传染性非典型肺炎、甲型 H1N1 流感、艾滋病、病毒性肝炎、脊髓灰质炎、人感染高致病性禽流感、麻疹、流行性出血热、狂犬病、流行性乙型脑炎、登革热、炭疽、细菌性和阿米巴性痢疾、肺结核、伤寒和副伤寒、流行性脑脊髓膜炎、百日咳、白喉、新生儿破伤风、猩红热、布鲁菌病、淋病、梅毒、钩端螺旋体病、血吸虫病、疟疾。

丙类传染病（11 种）：手足口病、流行性感冒、流行性腮腺炎、风疹、急性出血性结膜炎、麻风病、流行性和地方性斑疹伤寒、黑热病、包虫病、丝虫病，除霍乱、细菌性和阿米巴性痢疾、伤寒和副伤寒以外的感染性腹泻病。

对乙类传染病中的传染性非典型肺炎、炭疽中的肺炭疽、人感染高致病性禽流感，采取甲类传染病的预防、控制措施。

（考点：按甲类传染病管理的 3 个乙类传染病）

传染病报告制度是早期发现传染病的重要措施，医护人员是法定报告人，必须严格遵守。

责任疫情报告人发现传染病时，应向发病地的卫生防疫机构报告。报告时间要求：甲类传染病城镇于2小时内，农村不超过6小时；乙类传染病城镇于6小时内，农村不超过12小时；丙类传染病应当在24小时内。

传染病暴发、流行时，责任疫情报告人应当以最快的通讯方式向当地卫生防疫机构报告疫情。接到疫情报告的卫生防疫机构应当以最快的通讯方式报告上级卫生防疫机构和当地政府卫生行政部门，卫生行政部门接到报告后，应当立即报告当地政府。省级政府卫生行政部门接到发现甲类传染病和发生传染病暴发、流行的报告后，应当于6小时内报告国务院卫生行政部门。

（考点：传染病疫情报告时间）

（二）对传染病接触者的管理

传染病接触者可能受到感染而处于疾病的潜伏期，或成为病原携带者，可根据具体情况进行医学观察、留验、药物预防或预防接种。

（三）对病原携带者的管理

及时发现病原携带者并予以隔离治疗，加强教育和管理，调整工作岗位。对从事特殊服务行业的工作人员（如饮食服务行业，托幼机构，食品的生产、运输、储存、营销等）应定期进行普查，以发现病原携带者。

（四）对动物传染源的管理

如属有经济价值的家禽、家畜，应尽可能加以隔离、治疗；如属无经济价值的，则应予以杀灭，并焚烧或深埋。

（考点：传染源的管理）

二、切断传播途径

（一）一般卫生措施

应根据不同传播途径采取不同措施。对消化道传染病应做好水源管理、饮食管理与粪便管理，搞好环境卫生和个人卫生；对呼吸道传染病应着重保持室内空气流通，必要时进行空气消毒，提倡在有呼吸道传染病流行时戴口罩。

（二）消毒

清除或杀灭保留在外界环境中的病原体（消毒种类及方法参阅本书第2章和附录5）。

（三）杀虫

杀虫是指杀灭传播传染病的媒介昆虫，如杀灭蚊、蝇、虱、跳蚤等。

（考点：切断传染病传播途径的措施）

三、保护易感人群

（一）增强非特异性免疫力

增强非特异性免疫力的主要措施包括锻炼身体、增强体质、调节饮食、改善营养，保持生活规律和心情愉快，养成良好的卫生习惯等。

（二）增强特异性免疫力

可采用人工免疫（预防接种）提高人群的主动或被动特异性免疫力，其在传染病预防中起关键作用。接种疫苗、菌苗、类毒素等之后可使机体获得对病毒、细菌、毒素的特异性主动免疫；接种抗毒素、丙种球蛋白或高滴度免疫球蛋白，可使机体具有特异性被动免疫（参阅附录4）。1980年世界卫生组织正式宣布在全球已经消灭了天花，正是由于人类普遍接种了牛痘疫苗的结果。

我国实行有计划的预防接种制度，国家免疫规划疫苗包括儿童常规接种疫苗和重点人群接种疫苗。我国对儿童实行预防接种证制度（图1-4），儿童常规接种疫苗免疫程序见表1-3。通过儿童常规接种疫苗的接种，预防乙型肝炎、结核病、脊髓灰质炎、百日咳、白喉、破伤风、麻疹、风疹、流行性腮腺炎、流行性乙型脑炎、流行性脑脊髓膜炎、甲型肝炎等12种传染病。重点人群接种疫苗包括在重点地区对重点人群预防接种出血热疫苗，发生炭疽和钩端螺旋体病疫情时，对重点人群应急接种炭疽疫苗和钩端螺旋体疫苗。

图1-4 儿童预防接种宣传画

表1-3 国家免疫规划疫苗儿童免疫程序表（2016年版）

疫苗种类	接种年（月）龄														
	出生时	1月	2月	3月	4月	5月	6月	8月	9月	18月	2岁	3岁	4岁	5岁	6岁
乙肝疫苗	1	2					3								
卡介苗	1														
脊灰灭活疫苗			1												
脊灰减毒活疫苗				1	2								3		
百白破疫苗				1	2	3				4					
白破疫苗															1
麻风疫苗								1							
麻腮风疫苗										1					
乙脑减毒活疫苗或								1			2				
乙脑灭活疫苗*								1、2			3				4
A群流脑多糖疫苗							1		2						
A+C群流脑多糖疫苗												1			2
甲肝减毒活疫苗或										1					
甲肝灭活疫苗Δ										1	2				

*选择乙脑减毒活疫苗接种时，采用两剂次接种程序。选择乙脑灭活疫苗接种时，采用四剂次接种程序；乙脑灭活疫苗第1、2剂间隔7～10天。Δ选择甲肝减毒活疫苗接种时，采用一剂次接种程序。选择甲肝灭活疫苗接种时，采用两剂次接种程序。

（三）药物预防

如口服磺胺药等预防流行性脑脊髓膜炎，口服乙胺嘧啶可预防疟疾，口服金刚烷胺对预防流感也有一定的作用。

（考点：预防接种）

自 测 题

A_1/A_2 型题

1. 体内有病原体生长繁殖，并能排出病原体的人或动物为（　　）
   A. 疫源地　B. 传染源
   C. 传播途径　D. 病原携带者
   E. 易感人群
2. 传染过程的五种表现是（　　）
   A. 病原体被消灭或排出体外、病原携带状态、显性感染、潜伏性感染、隐性感染
   B. 病原体被减少或排出体外、病原携带状态、显性感染、潜伏性感染、隐性感染
   C. 病原体被消灭或排出体外、无病原携带状态、显性感染、潜伏性感染、隐性感染
   D. 病原体被消灭或排出体外、病原携带状态、显性感染被消除、潜伏性感染、隐性感染
   E. 病原体被消灭或排出体外、病原携带状态、显性感染、潜伏性感染被消除、隐性感染
3. 下列哪一项不是传染病的传播途径（　　）
   A. 空气飞沫　B. 血液血制品
   C. 虫媒　D. 土壤
   E. 淋巴道
4. 传染病流行过程的三个基本环节是指（　　）
   A. 传染源、传播途径、病原体
   B. 传染源、传播途径、易感人群
   C. 传染源、易感人群、病原体
   D. 易感人群、病原体、传播途径
   E. 以上都不是
5. 影响传染病流行过程的因素是（　　）
   A. 社会制度、宗教信仰
   B. 风俗习惯、生产生活条件
   C. 医疗卫生条件、文化水平
   D. 社会因素、自然因素
   E. 地理环境、气候
6. 一般来说，传染病的检疫期主要是根据什么决定的（　　）
   A. 最短潜伏期　B. 最长潜伏期
   C. 平均潜伏期　D. 前驱期
   E. 传染期
7. 确定传染病隔离期的主要依据是（　　）
   A. 最短潜伏期　B. 最长潜伏期
   C. 平均潜伏期　D. 症状明显期
   E. 传染期
8. 传染性是指（　　）
   A. 在一定条件下，传染病能在人群中广泛传播蔓延的特性
   B. 病原体由一个宿主排出体外，经一定途径传给另一宿主的特性
   C. 某些传染病的发病率，在每年特定季节出现升高的现象
   D. 传染病患者排出病原体的时期
   E. 人体感染病原体后能产生针对病原体的特异性免疫的特性
9. 某患者发热5天，体温一日内波动在38～40℃，其热型为（　　）
   A. 波状热　B. 稽留热
   C. 间歇热　D. 弛张热
   E. 双峰热
10. 传染病的基本特征，下列哪一项除外（　　）
    A. 有病原体　B. 有传染性
    C. 有遗传性　D. 有流行性
    E. 有免疫性
11. 感染性疾病和传染病的主要区别是（　　）
    A. 是否有病原体　B. 是否有传染性
    C. 是否有感染后免疫　D. 是否有发热
    E. 是否有毒血症症状
12. 病原体侵入人体到开始出现临床症状的这段时期，称为（　　）
    A. 潜伏期　B. 前驱期
    C. 症状明显期　D. 恢复期
    E. 以上都不是
13. 掌握传染病潜伏期最重要的意义是（　　）
    A. 协助诊断　B. 预测疫情
    C. 确定检疫期　D. 预测疾病的预后
    E. 估计病情的轻重
14. 急性传染病的病程发展分为四期，下列哪个不属于（　　）
    A. 潜伏期　B. 前驱期
    C. 症状明显期　D. 恢复期
    E. 传染期
15. 传染病的特效疗法是（　　）

A．免疫调节疗法 B．病原治疗
C．对症治疗 D．支持疗法
E．应用肾上腺皮质激素

16．脱敏疗法常在对哪类药物过敏时采用（ ）
A．抗生素 B．化学药物
C．血清制剂 D．中药制剂
E．激素类

17．某患儿，麻疹后发生心力衰竭，抢救时应选择哪类药物（ ）
A．抗生素 B．抗病毒药
C．强心药 D．镇静药
E．止痉药

18．某患者患急性细菌性痢疾，体温39.5℃，该患者首要的治疗方法是（ ）
A．补液 B．强心
C．退热 D．抗感染
E．抗休克

19．传染病的预防措施包括（ ）
A．管理传染源、切断传播途径、保护易感人群
B．管理传染源、保护易感人群
C．管理传染源、切断传播途径
D．管理传染源、切断传播途径、保护人群
E．管理传染源、切断传播途径、保护易感者

20．切断传播途径常用的措施有（ ）
A．一般卫生措施、消毒、杀虫
B．一般卫生措施
C．一般卫生措施和消毒
D．一般卫生措施和杀虫
E．消毒和杀虫

21．管理传染病患者必须做到（ ）
A．早发现、早报告、早隔离、早治疗
B．早发现、早诊断、早报告、早隔离、早治疗
C．早发现、早诊断、早隔离、早治疗
D．早发现、早诊断、早报告、早治疗
E．以上都不是

22．保护易感人群最重要的免疫措施是（ ）
A．接种疫苗、菌苗、类毒素
B．注射高效价免疫球蛋白
C．口服中草药
D．接种抗毒素
E．注射丙种球蛋白

23．属于甲类传染病的是（ ）
A．艾滋病 B．鼠疫
C．病毒性肝炎 D．人禽流感
E．肺炭疽

24．下列乙类传染病中需要采取甲类传染病预防、控制措施的是（ ）
A．传染性非典型肺炎、肺炭疽、人感染高致病性禽流感
B．艾滋病、传染性非典型肺炎、肺炭疽
C．病毒性肝炎、传染性非典型肺炎、人感染高致病性禽流感
D．艾滋病、传染性非典型肺炎、人感染高致病性禽流感
E．艾滋病、结核病、狂犬病

25．患者，男，28岁，急起剧烈吐泻3小时，大便呈黄色水样，镜检见RBC 0～2/HP，WBC 0～3/HP，大便悬滴可见穿梭状快速运动的弧菌，初步诊断为霍乱。责任疫情报告人报告时间要求（ ）
A．城镇于2小时内，农村不超过6小时
B．城镇于3小时内，农村不超过6小时
C．城镇于6小时内，农村不超过12小时
D．城镇于12小时内，农村不超过24小时
E．应当在24小时内

（韩 冰 曾志励）

第2章 传染病护理的内容和要求

案例 2-1 某医院发热急诊科近日突然出现多例发热、头痛、咳嗽、胸闷、肌肉酸痛的患者。统计体检数据显示：体温均升高在37.8～40℃，心、肺检查无异常发现，实验室检查血细胞未发现异常。

问题： 1. 根据以上病情考虑患者主要有哪些护理问题?

2. 列出主要的护理措施。

传染病护理是传染病防治工作的重要组成部分。传染病具有传染性，在一定条件下可造成传播，传染病的护理不仅关系到传染病患者的早日康复，而且对控制和终止传染病在人群中的传播具有突出的重要意义。

一、传染病护理工作的特殊性及基本内容

传染病护理是专科护理中的一部分。传染病起病急，病情复杂多变，容易发生并发症，通过精心的护理、细致的观察、准确而及时的治疗可使患者转危为安。针对传染病可相互传染的特殊性，护理工作中要特别强调隔离、消毒及疫情报告的重要性，这对切断传播途径、防止发生院内交叉感染和传染病的扩散都是必需的。患者面对角色的转化及传染病房的特殊环境，必然会产生不适应的心理。因此，传染病护理工作有着其特殊要求。

（一）传染病护理的特殊性

1. 传染科护士应具备高度的责任感和同情心，克服害怕被传染的心理，建立以患者为中心的整体护理观，按照护理程序对传染病患者实施整体护理。

2. 熟练掌握隔离消毒的知识和技能，严格执行消毒隔离制度，防止传染病扩散和院内交叉感染。

3. 熟悉各种常见传染病的传染源、传播途径、易感人群及其预防措施，能够对患者及家属进行卫生宣教，指导他们进行家庭护理及自我保健。

4. 护理人员在做好患者护理的同时还应重视个人防护，严格执行标准防护原则。

知识链接

医务人员防护物品的使用规范

凡进入发热门（急）诊、隔离留观室、隔离病区的医务人员应当严格按照清洁区、半污染区、污染区的划分，正确穿戴和脱卸防护物品，特别注意呼吸道、口腔、鼻腔和眼睛的卫生和防护。

1. 医务人员工作前，应当在清洁区认真洗手后依次戴工作帽、防护口罩、穿防护服或长袖工作服（在隔离区、ICU工作的医务人员可以先穿工作衣裤或刷手服，再穿防护服或长袖工作服），换工作鞋袜后进入半污染区。手部皮肤有破损或疑有损伤的应戴乳胶手套。进入污染区前，应洗手后加戴一次性工

作帽、一次性外科口罩、防护眼镜、穿隔离衣、戴乳胶手套、鞋套。为患者实施吸痰、气管切开等有可能发生患者呼吸道分泌物、体内物质喷射或飞溅的工作前，应戴上全面型呼吸防护器。一次性外科口罩、隔离衣只限于污染区内穿着，被患者血液、体液、分泌物污染时应当立即更换并适当处理。

2. 医务人员离开污染区，应当按程序脱卸防护物品，避免洁污交叉，以免增加污染的机会。医务人员从污染区进入半污染区前，必须先清洁、消毒双手，依次摘掉防护眼镜、外层口罩、一次性工作帽，脱掉隔离衣、鞋套、手套等物品，分置于专用污物容器中，再进行手的清洁和消毒。进入清洁区前，应当清洁、消毒双手后脱掉防护服或工作服，摘掉防护口罩、工作帽后再清洗和消毒双手。脱卸防护物品时，手应当接触物品清洁面。

（二）传染科护理人员的工作内容

1. 严格执行消毒隔离制度　隔离与消毒是传染病护理的特殊要求，是防止传染病播散和医院内感染的重要措施，应根据不同传染病的病原体及传播途径采取相应的消毒隔离措施。

知识链接

传染病房内区域的划分

医院根据实际工作条件采取区域隔离，具体要求包括以下几点。

（1）将整个病区分为清洁区、半污染区和污染区。清洁区包括医务人员的值班室、更换刷手衣裤室、穿工作服室、浴室、库房等，半污染区包括治疗室、医护人员办公室、消毒室、穿防护服或者隔离衣室等，污染区包括病室和病室间的走廊（图 2-1）。

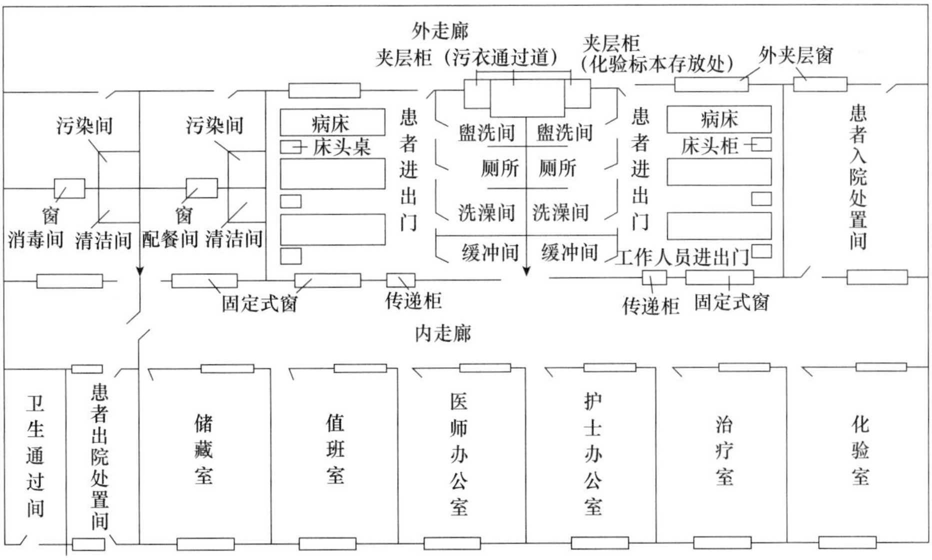

图 2-1　传染病房平面示意图

（2）在清洁区和半污染区、半污染区和污染区之间分别设立缓冲带，并加装实际的隔离屏障（如隔离门）。

（3）各区之间用颜色区分，即清洁区划蓝色线，半污染区划黄色线，污染区划红色线，以警示医务人员。

（4）分别设立医务人员和患者的专用通道。
（5）防护用品置于不同区域，医务人员在不同区域穿戴和脱摘相应的防护用品。
（6）各区、各带和各通道有专门的功能定位。
（7）整个病区通风良好。

（考点：传染病房内区域划分）

2．准确报告疫情　护士是传染病的法定报告人之一，发现传染病患者或疑似患者时应立即配合医生准确、及时将疫情报告防疫机构。对已上报的传染病疑似病例，如经确诊应做订正报告。当患者治愈或死亡时，应做转归报告。

3．注重心理护理　传染病患者由于对传染病及隔离要求的不理解，易产生恐惧、孤独、自卑、绝望、自尊紊乱等心理反应，护士必须十分注重患者的心理变化，根据不同反应做出相应的心理护理措施，用热情诚恳的语言和患者交谈、解释，主动关心患者的疾苦，帮助解决生活中的困难，使其减轻焦虑，获得心理支持，调整情绪，配合治疗，坚定信心，战胜疾病。

4．密切观察病情　急性传染病起病急、变化快、容易出现并发症，为了及时抢救患者，必须在思想上、技术上、设备上都有充分的准备。大多数传染病在病程中可出现特殊的临床表现，护理人员必须熟悉常见急性传染病各个时期的特征及容易出现的病情变化；应深入病房，密切观察、准确记录、及时报告病情，以便做出正确的判断和适当的处理。

5．开展健康教育　护理人员能够向患者及家属进行健康教育，耐心讲解传染病的疾病知识、预防方法和隔离措施，使他们主动配合医护人员做好隔离管理工作，指导患者和家属出院后做好家庭护理与自我保健，实施适当的家庭隔离。

（考点：传染科护理人员的工作内容）

二、传染病的护理评估

传染病护理的评估，是主要通过护理人员对患者的仔细询问、观察和护理体检收集到的关于患者的流行病学、身心状况及辅助检查资料而进行的整体评估，为护理诊断和制订护理措施提供依据。

（一）流行病学资料

根据传染病流行过程的基本特征，流行病学资料是传染病患者评估必不可少的。应仔细询问并收集包括年龄、性别、籍贯、职业，居住或旅居地及周围有无传染源存在，过去及最近的工作情况，接触动物或接触疫水情况，家庭成员或集体中类似疾病的发生情况，饮食卫生习惯及吸烟、饮酒嗜好，发病季节及有无防昆虫的设备，手术输血史、既往传染病史及预防接种史等资料，如丙型肝炎的输血史，流行性乙型脑炎的季节性，痢疾的不洁饮食史，乙型肝炎患者的家庭聚集性，血吸虫的疫水接触史，狂犬病的病兽咬伤史等。

（二）身心状况

1．临床资料　根据各种传染病病情发展的规律性及临床特点，详细询问病史，认真细致地进行全面体格检查，结合疾病潜伏期的长短、起病的缓急、前驱期症状的特点，了解有无典型热型和特殊皮疹及皮疹出现的时间、类型和分布情况，有无毒血症状，有无意识改变和心、肺、肝、脾、淋巴结、神经系统等异常体征。例如，伤寒的稽留热型、玫瑰疹及脾大；流行性出血热的发热、出血和肾脏损害；病毒性肝炎的黄疸、肝大；麻疹患者的皮疹与口腔黏膜斑，这些特有的临床表现在评估时有很大的参考价值。

2. 心理状况　一般情况下，传染病患者所承受的心理压力极大，其发生与隔离治疗、疾病对健康和生命的威胁、住院环境的陌生、经济承受力和缺乏关爱等有关。常见的心理反应有恐惧、孤独、焦虑、悲哀及角色的适应等。例如，患急性传染病时，因起病急、症状重、需住院治疗与隔离，即刻改变了患者的生活与工作，令其忧虑与恐惧；患慢性传染病时，因病情反复、迁延不愈，令其焦急与悲观，感到前途渺茫。这些心理压力又与年龄、性别、文化程度、经济与家庭情况等因素有关。护理人员应细心观察与沟通交流，评估患者存在的心理问题。

（三）辅助检查资料

辅助检查包括一般实验室检查、病原体检查、免疫学检查和其他检查。这些检查对传染病的诊断有特殊意义。因此，护理人员应熟悉常用检查项目的正常值及临床意义，还应做好留送标本及特殊辅助检查的准备工作，做好检查时的配合工作及检查后的观察，并给患者及家属介绍有关检查的重要性、注意事项及目的等。

（考点：传染病的护理评估要点）

三、传染病的常见护理问题

1. 体温过高　与病原体侵入机体而出现的中毒症状有关。
2. 皮肤完整性受损　与皮疹或长期卧床发生压疮有关。
3. 组织灌流量改变　与毒素致微循环障碍有关。
4. 焦虑　与对疾病缺乏正确认识、住院隔离、经济压力等有关。
5. 有传播感染的危险　与病原体排出有关。
6. 潜在并发症：脑疝　与颅内高压有关。

四、传染病的护理措施

（一）隔离

1. 隔离的定义　将传染源与健康人和非传染病患者隔开，暂时避免接触，便于治疗和护理，以防止病原体向外扩散造成新的传染，称为隔离（也称屏障护理）。

2. 隔离的种类　分为 A、B 两大系统：A 系统是以类别为特点的隔离，将不同的疾病归纳于六个类目中，每个类目措施相同。B 系统是以疾病分类的隔离，较复杂，要求较高。目前我国大多数医院实行 A 系统隔离分类，其类别与措施如下所示。

（1）严密隔离（黄色标志）：用于预防有高度传染性及致死性的传染病，以防空气和接触传播。适用的疾病有咽部白喉、肺鼠疫、霍乱、病毒性出血热等。隔离要求及措施：①隔离室应关门窗，感染相同病原体的患者可同住一室。外间挂隔离衣、门外备有泡手的消毒液。②凡入室者均须戴帽子和口罩、穿隔离衣及隔离鞋、戴手套。③接触患者或污染物品后及护理下一个患者前要洗手。污染的敷料要弃去，并装袋、贴签，然后送去消毒处理。患者的分泌物、排泄物及其污染物品应及时严格消毒处理。④患者不得离开病室，室外挂严密隔离标志，禁止探视。

（2）接触隔离（橙色标志）：适用于预防高传染性及有重要流行病学意义的感染、但不要求严格隔离的疾病，如婴幼儿中的急性呼吸道感染、新生儿感染、大面积烧伤感染等。隔离要求及措施：①感染相同病原体的患者可共住一室。②接近患者时戴口罩，接触患者须穿隔离衣、戴手套。③接触患者或污染物品后及护理下一个患者前要洗手。④污染物品要弃去，并装袋、贴签，然后送去消毒处理。

（3）呼吸道隔离（蓝色标志）：适用于由呼吸道分泌物引起的、经空气传播的呼吸道传染病，如麻疹、流行性脑脊髓膜炎、流行性腮腺炎、百日咳、猩红热等。隔离要求及措施：①相同病原体感染者可同住一室。②接近患者时戴口罩，必要时穿隔离衣和戴手套。③患者呼吸道分泌物应消毒后弃去，痰具每日消毒，患者一般不能外出，若需到其他科室进行诊治时应戴口罩。④接触患者或污染物品后及护理下一个患者前要洗手。⑤病室空气每日消毒 1 次。

（4）消化道隔离（棕色标志）：适用于因直接或间接接触患者粪便而传染的消化道传染病，如伤寒、细菌性痢疾、阿米巴痢疾、霍乱、传染性腹泻、细菌性胃肠炎、脊髓灰质炎、甲型或戊型肝炎等。隔离要求及措施：①相同病种患者可住一室，不同病种患者若住一室则患者之间必须实施床边隔离。②接触患者时应穿隔离衣，接触污物时要戴手套，接触患者或污染物品后及护理下一个患者前要洗手。③患者食具、便器、呕吐物、排泄物等随时消毒或消毒后弃去。④室内应保持无蝇、无蟑螂。

（5）血液 / 体液隔离（红色标志）：防止直接或间接接触感染的血液及体液引起的传染，适用的病种有乙型肝炎、艾滋病、梅毒、疟疾、钩端螺旋体病、回归热、登革热等。隔离要求及措施：①同一病种患者可住一室。②接触患者要穿隔离衣，接触患者血液 / 体液要戴手套，若手无防护接触了血液 / 体液要立即洗手。③工作中注意避免损伤皮肤，用过的针头、注射器浸入消毒液后送中心消毒室处理或使用一次性注射输液器械。④污染的物品应装袋、贴标签并送去销毁或清洗消毒处理。⑤血液污染室内物品表面，要立即用次氯酸钠溶液清洗消毒。

（6）虫媒隔离：适用于以昆虫作为媒介的传染病，如流行性乙型脑炎、疟疾等。隔离要求：①病室应有防蚊设施，经常检查纱门、纱窗是否完好，并喷洒灭蚊药物。②由虱传播的疾病，患者入院时要做好灭虱和卫生管理工作。

（考点：隔离种类及标志）

（二）消毒

1．消毒的定义　指用化学、物理、生物等方法杀灭或清除存在于各种传播媒介的病原体，是切断传播途径的重要措施之一。

2．消毒的种类

（1）预防性消毒：对可能受到病原体污染的物品和场所进行的消毒。如饮水消毒、餐具消毒、饭前便后洗手、粪便垃圾的无害化处理。

（2）随时消毒：对传染源的分泌物、呕吐物、排泄物及所污染的物品和场所进行的及时消毒。

（3）终末消毒：当传染源离开或死亡后，对其原住所及用品所进行的最后一次彻底的消毒。

3．消毒的方法　不同传染病的病原体有不同特点，对各种消毒措施的耐受性也不一样，因此，主要根据病原体的性质、消毒的对象、场所及条件而采取不同的消毒方法。

（1）物理消毒法：利用物理因素作用于病原体，将其消除或杀灭的方法称为物理消毒法，包括机械、热、光、电、微波、辐射等。这些方法经济简便，广泛应用。

（2）化学消毒法：是通过化学消毒剂，使病原体的蛋白质凝固、水解、变性或使其失去活性而将其杀灭的方法。目前常用的化学消毒剂根据对微生物的作用，可分为高效、中效、低效三类。高效消毒剂能杀灭包括细菌芽孢在内的各种微生物，又称灭菌剂（如甲醛、戊二醛、环氧乙烷、过氧乙酸、臭氧等）。中效消毒剂可杀灭除细菌芽孢以外的各种病原微生物（如漂白粉、氯胺、二氯异氰尿酸钠、碘伏、乙醇等）。低效消毒剂只能杀灭细菌繁殖体和亲脂类病毒，对真菌有一定的杀灭作用（如苯扎溴铵、氯己定等）。

不同传染病的病原体有不同特点，对各种消毒措施的耐受性也不一样，因此，主要根据病原体的性质、消毒对象、场所及条件而采取不同的消毒方法（参阅附录 5）。

（考点：消毒方法）

（三）心理护理

做好患者心理护理是传染病护理的重要任务。传染病患者常因起病急，骤仓促入院，骤离家庭，进入陌生环境，又因对隔离缺乏理解，产生孤独、紧张、恐惧心理可促使病情加重，或因病情迁延、恢复较慢而情绪波动，甚至悲观失望而影响诊疗工作顺利进行。护理人员对入院患者应热情接待，介绍病区环境与传染病有关制度，护士应以细致的关心和同情心去发现和解除患者的各种心理应激，对病情较重、失去自信心的患者，特别要加强警惕，防止意外发生。不与患者发泄心理反应的行为发生冲突，与患者交谈，鼓励患者说出焦虑、孤独、恐惧等心理感受，为其提供表达感情的机会。教会患者分散注意力和运用放松技巧。对于儿童患者因离开父母而恐惧不安的情况，可采取讲故事，给予表扬鼓励等方式亲近他们，尽快使其解除恐惧心理，取得信任与合作。联系家属与亲友为患者提供生活、经济、思想上的帮助。使患者保持良好的心理状态，充分调动人体内在的自身康复能力，增进机体免疫功能，增强患者战胜疾病的信心，积极配合治疗。

案例 2-2　患儿，男，10 岁，因发热、烦躁、呕吐一天入院，诊断为“流行性乙型脑炎”。患儿的妈妈对诊断很敏感，精神比较紧张，担心儿子的病情恶化。

问题： 1. 作为一名护士应怎样对该患儿进行护理评估？
2. 有哪些护理问题？
3. 哪一项护理措施至关重要？

（四）生活护理

1. 环境的要求　传染病室应保持空气新鲜，定时通风换气，减少噪声，室内光线充足，但应避免强光刺激，必要时可用窗帘遮蔽。室温保持在 18～20℃。相对湿度保持在 50%～60% 为宜。护理人员为患者创造一个安静、整洁、舒适的环境有利于病体康复。

2. 活动与休息　传染病的急性期症状重，代谢增加，身体许多重要脏器均可有不同程度的病理损害，故应绝对卧床休息，以减少机体消耗，减轻病损器官的负担，防止并发症的发生。随着症状减轻，病情好转，方可逐渐起床活动。

3. 饮食护理　传染病患者大多有高热，新陈代谢增加，又因食欲减退而进食少，故饮食的调配十分重要，可采用易消化、高热量、富营养的流质或半流质饮食。对重症患者应喂食，昏迷患者应用鼻饲。

4. 补充水分　充足的水分对于高热、机体代谢强的患者是必需的，它可以维持水、电解质平衡和促进体内毒素的排泄。应鼓励患者多饮水（包括淡茶水、淡糖盐温水），不能进食者应按医嘱给予静脉补液，保证成人每天 2000ml 以上、小儿一般每日每千克体重 80～100ml 的液体摄入量。静脉补液应密切注意滴速，以免心脏负担过重，防止肺水肿，必要时须记录出入液量。

5. 口腔护理　患者发病后体质虚弱，抵抗力差，要注意口腔护理，嘴唇干裂时可涂以液状石蜡，每日用温盐水或复方硼酸溶液含漱3～4次，昏迷患者应彻底清洁唇颊、舌、硬腭及牙齿，以防止口腔炎。

6. 皮肤护理　保持床铺干燥、整洁，勤换衣被。昏迷患者应定时翻身，防止局部受压，骨突处每天应用50%乙醇擦数次，预防压疮的发生。

（五）发热的观察和护理

急性传染病常有发热，许多重症病如乙型脑炎可出现高热，如不立即采取降温措施可因高热后耗氧量增加，使脑组织缺氧致脑水肿及神经细胞的变性坏死，过高热也能直接引起死亡。因此应按常规进行高热护理，主动进行降温以减轻患者的痛苦。

（六）出疹的观察和护理

许多传染病伴有皮疹，皮疹的性质、出疹时间、部位及顺序对临床诊断有很大帮助。因此，要求护理人员深入病房，加强对皮疹的观察。皮疹的性质各有不同，如麻疹为斑丘疹，伤寒为玫瑰疹，猩红热为红斑疹，水痘为疱疹，流脑为出血点及瘀斑等。出疹时间也有一定规律，出疹部位及顺序方面也有不同，如麻疹常自耳后发际开始，之后为面额、胸背、四肢，三天出齐；水痘以躯干为多（向心性分布）；伤寒出疹多分布在胸腹部及背部等。

皮疹的主要护理措施：①保持皮肤清洁，衣服柔软、干爽，修剪指甲。幼儿自制能力差，可可将其手包起来，防止抓破皮肤造成感染。如皮疹已破或感染时，可按医嘱局部涂2%甲紫、消炎软膏。②皮肤剧痒者可局部涂炉甘石洗剂等止痒。③皮疹结痂后不要强行撕脱，应让其自行脱落。也可常用温水洗澡，剪去干的痂皮。皮肤干燥可涂液状石蜡。④避免吃辛辣刺激性食物。

（七）严密观察病情变化及相应护理

神志状态一般可表示大脑皮质的功能状态，反映出疾病的严重程度。密切观察患者生命体征、意识状态及瞳孔变化，准备好抢救药物及器械。脑型疟疾、流脑、乙脑、小儿中毒型菌痢、肝昏迷及一些暴发性传染病均可引起意识障碍、惊厥等，发生抽搐后患者的病情多趋于恶化，尤其是频发或持续惊厥后，可迅速死亡。因此，应尽可能把惊厥控制在先兆阶段，并根据不同情况予以针对性处理。因高热引起者，以降温为主，镇痉为辅。因颅内压增高引起者，头部持续用冰枕冷敷，以减轻脑水肿，并根据医嘱用脱水剂静脉注射或加压快速滴入，一般常用20%甘露醇或25%山梨醇，一次量20～30分钟滴完。滴入时必须专人负责，严防空气进入静脉而造成气栓事故。同时注意患者神志、呼吸、血压、瞳孔等的改变，以观察颅内压的变化。注意膀胱的充盈程度及排尿量，并做好记录。如反复使用脱水剂，应注意补充液体以保持体内水与电解质平衡。因呼吸道不畅引起缺氧者，应经常吸痰、给氧。

（考点：传染病的护理措施）

自测题

1. 患儿，男，10岁。因流脑住院，对他应采取何种隔离措施（　　）
   A. 严密隔离　B. 血液/体液隔离
   C. 肠道隔离　D. 呼吸道隔离
   E. 接触隔离
2. 对特殊感染的敷料最彻底的灭菌法是（　　）
   A. 高压蒸汽灭菌法　B. 间歇灭菌法
   C. 焚烧法　D. 日光曝晒
   E. 干烤法
3. 接触隔离患者后用消毒液浸泡双手的时间是（　　）
   A. 20秒　B. 30秒

C．50 秒　　D．2 分钟
E．4 分钟

4．关于体温过高的护理措施，以下哪项不妥（　　）
A．监测体温变化
B．及时用药物降温至体温正常
C．出汗后及时擦洗更衣
D．卧床休息
E．多饮水

5．某患者因急性肝炎收入传染病院，其信签、钱币用下列何种消毒方法为宜（　　）
A．高压蒸汽灭菌法　B．喷雾法
C．熏蒸法　　D．擦拭法
E．曝晒法

6．紫外线灯做空气消毒时，照射时间不少于（　　）
A．15 分钟　　B．20 分钟
C．25 分钟　　D．30 分钟
E．35 分钟

7．有可能被传染源或病原体污染的场所称为（　　）
A．清洁区域　　B．污染区
C．半污染区　　D．隔离区
E．危险区

8．患者，男，38 岁，渔民，因突发腹泻、呕吐 1 天就诊。体检见：体温 37.8℃，脉搏 92 次 / 分，呼吸 22 次 / 分，血压 120/64mmHg，急性病容，脱水外貌；心肺检查未见异常，腹部凹陷，轻压痛，肠鸣音 16 次 / 分。实验室检查：血白细胞 15×10^9/L，N 0.85，L 0.15，大便菌检示弧菌（＋）。临床诊断“霍乱”，患者必须隔离，宜用何种隔离标志（　　）
A．红色　　B．橙色
C．蓝色　　D．黄色
E．棕色

9．患者，男，14 岁，中学生，寒假期间外出旅游，旅游地正发生 H7N9 禽流感流行疫情，归来后 5 天出现发热、头痛、全身酸痛、轻度鼻塞、无流涕，到医院初诊时，被拟诊患“H7N9 禽流感”收入传染病院隔离治疗。患者得知诊断后感到焦虑、悲观、孤独、无助，对治疗护理的依从性不足，你认为对该患者来说，下列哪项护理首先要做好（　　）
A．心理护理
B．生活护理
C．发热的观察和护理
D．出疹的观察和护理
E．严密观察病情变化及相应护理

10．传染病护理评估应收集哪 3 方面资料（　　）
A．流行病学、临床表现、辅助检查资料
B．传染病学、临床表现、辅助检查资料
C．流行病学、身心状况、辅助检查资料
D．现病史、临床表现、辅助检查资料
E．现病史、临床表现、病原学检查资料

（李朝中）

第3章 病毒性传染病的护理

第1节 艾滋病患者的护理

案例 3-1 患者，男，36岁，农民工。因发热、乏力、消瘦7个月于2006年9月14日就诊。患者7个月前无明显诱因发热，体温在37.6℃左右，伴乏力，大便每天1～3次，稀便，无脓血。7个月来体重下降约7kg。平日居住民工集体宿舍，理发剪及剃刀多人共用，有理发剃须时刮破皮肤史。体格检查：T 37.4℃，P、R、BP正常，消瘦，左腹股沟、左颈部和右腋窝各触及1个1.5cm×1.5cm大小的淋巴结，活动、无压痛。实验室检查：血清抗HIV（＋）。

问题：1. 该患者最可能患了哪种疾病？

2. 可能通过什么途径被感染？

3. 列出主要的护理措施。

艾滋病是获得性免疫缺陷综合征（acquired immune deficiency syndrome，AIDS）的简称，是由人类免疫缺陷病毒（human immune deficiency virus，HIV）引起的慢性传染病。本病主要经性接触、血液和母婴传播。HIV主要侵犯、破坏CD4＋T淋巴细胞，导致机体出现明显的获得性免疫功能受损乃至缺陷，最终并发各种严重机会性感染及恶性肿瘤。本病具有传播迅速、发病缓慢、病死率高的特点。

一、概　　述

（一）病原学

人类免疫缺陷病毒为RNA病毒，属反转录病毒科，目前已知有两型，即HIV-1和HIV-2，HIV-1是引起艾滋病的主要毒株。此病毒既有嗜淋巴细胞性又有嗜神经性。HIV感染人体后产生抗-HIV，此抗体不是中和抗体。血清中病毒和抗体同时存在，故抗-HIV阳性者的血清具有传染性。HIV对外界抵抗力较低，56℃下30分钟能部分灭活，100℃下20分钟可将HIV完全灭活。75%乙醇、0.2%次氯酸钠及漂白粉均能灭活HIV。但0.1%甲醛、紫外线和γ射线均不能灭活HIV。

（考点：艾滋病毒）

（二）流行病学

1. 传染源　患者及无症状病毒携带者，尤其是后者更具危险性。

2. 传播途径　HIV主要存在于感染者的血液、精液、阴道分泌物、乳汁中。

（1）性传播：为本病的主要传播途径。同性、异性和双性性接触均可造成传播。

（2）血液传播：也为本病重要的传播途径。输入感染HIV的血液及血制品、共用针具静脉吸毒、介入性医疗操作等均会引起艾滋病的传播。使用被血液污染而又未经严格消毒的注射器、针灸针、拔牙工具、血液透析机等都是十分危险的。

（3）母婴传播：母亲是 HIV 感染者，可能会在妊娠期间、分娩过程或产后母乳喂养而传染给婴儿。

3. 易感人群　人群对本病普遍易感，但多发生于青壮年。男性同性恋、多个性伴侣者、静脉吸毒成瘾者、输血及血制品使用者、HIV 感染的母亲所生婴儿为本病高危人群。

4. 流行特征　HIV 自 1981 年被发现以来，HIV 感染人数逐年增加，其流行呈快速上升趋势，超越国界，在全球广泛传播，侵袭和威胁所有人群。1985 年，艾滋病病毒传入我国，现在疫情已覆盖所有省、自治区、直辖市。2016 年我国报告艾滋病发病人数 54 360、死亡人数 14 091。截至 2017 年 9 月底，我国报告存活艾滋病病毒感染者和患者 74.7 万例。从传播途径来看，性传播是当前主要传播途径。

（考点：艾滋病的流行病学）

（三）发病机制

HIV 主要感染 CD4＋T 淋巴细胞，也能感染单核 - 巨噬细胞、B 细胞和小神经胶质细胞、骨髓干细胞等，导致 CD4＋T 淋巴细胞和其他易感细胞凋亡，使机体细胞免疫和体液免疫功能遭到破坏，最终发生免疫缺陷。临床上表现为各种机会性感染和继发性肿瘤。

（考点：HIV 主要感染的细胞）

二、护理评估

（一）流行病学资料

询问有无不良性交史，性伴侣中有无艾滋病感染者；是否吸毒；近 10 年有无输血、使用血制品史，是否为职业献血、献血浆者；是否接受过器官移植、人工授精；了解母亲的健康情况。

（二）身心状况

1. 临床表现　潜伏期较长，平均为 9 年，可短至数月，长达 15 年。从感染艾滋病病毒到发病有一个完整的自然过程，临床上将这个过程分为三期。

（1）急性期：通常发生在初次感染 HIV 的 2～4 周。大多数患者临床症状轻微，以发热最为常见，可伴有全身不适、头痛、盗汗、恶心、呕吐、咽痛、关节肌肉痛、皮疹和淋巴结肿大等，持续 1～3 周。此期血清可检出 HIV RNA 及 P24 抗原，而 HIV 抗体则在感染后数周才出现。

（2）无症状期：可从急性期进入此期，或无明显的急性期症状而直接进入此期。临床上没有任何症状，但血清中能检出 HIV 及 HIV 抗体，具有传染性。此期持续 6～8 年或更长，其时间长短与感染病毒的数量、病毒型别、感染途径、个体免疫状况差异、营养、卫生条件及生活习惯等因素有关。

（3）艾滋病期：为 HIV 感染晚期，此期临床表现主要为 HIV 相关症状、各种机会性感染及肿瘤。

1）HIV 相关症状：主要表现为持续 1 个月以上的发热、咳嗽、盗汗、腹泻；体重减轻 10% 以上；持续性全身淋巴结肿大等。淋巴结肿大的特点为除腹股沟淋巴结以外全身其他部位两处或两处以上淋巴结肿大，淋巴结直径≥1cm、质地柔韧、无压痛、无粘连，持续肿大 3 个月以上。

2）机会性感染：由于严重的细胞免疫缺陷而出现多种机会性病原感染，如肺孢子菌、马尔尼菲青霉菌、隐孢子菌、弓形虫、念珠菌、隐球菌、结核杆菌、巨细胞病毒、EB 病毒等，累及呼吸系统（如肺结核、细菌性肺炎、真菌性肺炎等）、中枢神经系统（如隐球菌脑膜炎、结核性脑膜炎、弓形虫脑病、病毒性脑膜炎等）、消化系统（如白色念珠菌食管炎、巨细胞病毒性食管炎、沙门菌病、细菌性痢疾、空肠弯曲菌肠炎及隐孢子虫性肠炎等)、口腔(如鹅口疮、舌毛状白斑、复发性口腔溃疡、牙龈炎等)、皮肤(如带状疱疹、传染性软疣、尖锐湿疣、真菌性皮炎、甲癣等)(图 3-1,彩图 3)、眼部(视网膜炎、脉络膜视网膜炎)。其中以肺孢子菌肺炎最常见,且是引起艾滋病患者死亡的主要原因,其临床表现主要是慢性咳嗽、短期发热、渐进性呼吸困难、发绀,仅少数患者肺部能闻及啰音。其他如口腔及食管的念珠菌感染也较常见。

3)肿瘤:恶性淋巴瘤、卡波西(Kaposi)肉瘤等。卡波西肉瘤可发生在皮肤、黏膜、内脏、淋巴结、肝、脾等处,表现为紫红或深蓝色浸润斑或结节(图 3-2,彩图 4),可融合成大片状,表面出现溃疡并向四周扩散。卡波西肉瘤也常侵犯肺部。

(考点:艾滋病临床分期及表现)

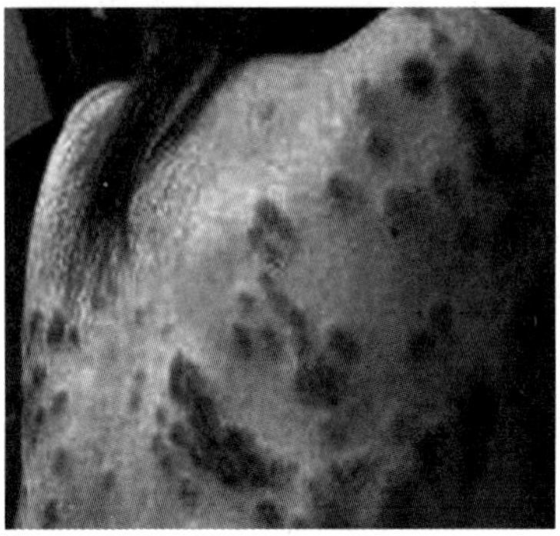

图 3-1 皮疹

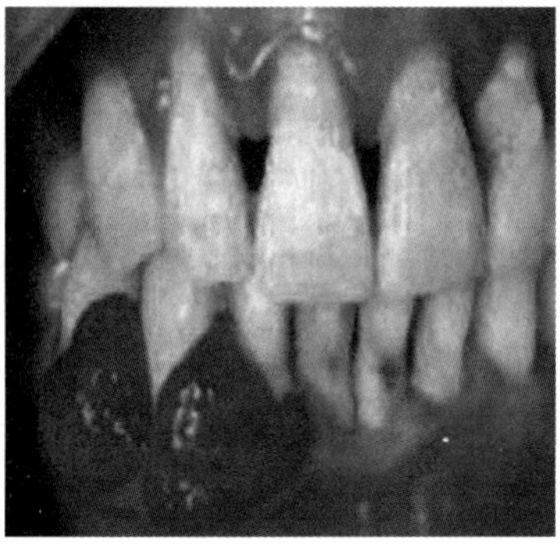

图 3-2 卡波西肉瘤

知识链接

艾滋病“窗口期”

艾滋病“窗口期”是指从人体感染 HIV 后到外周血液中能够检测出 HIV 抗体的这段时间。一般为 2 周至 3 个月,有时可达 6 个月,在这段时间内,血液中检测不到病毒抗体,但是人体具有传染性。只有等到“窗口期”过后,血液中才会有足够数量的艾滋病毒抗体可以被检测出来。但是不同个体对 HIV 的免疫反应不一,抗体出现的时间也不一致,尤其对近期具有高危行为的人,一次实验结果阴性不能轻易排除感染,应隔 2~3 个月再检查一次。

2. 心理-社会状况 由于艾滋病病情重尚无特效治疗,且患病很多情况下与不良行为有关,加之对疾病的恐惧心理,使得人们面对患者避而远之,使患者极易产生焦虑、恐惧、孤独及悲观失望的心理。

知识链接

图 3-3 艾滋病的标志——红丝带

世界艾滋病日

世界艾滋病日,是每年的 12 月 1 日。艾滋病的标志是红丝带(图 3-3)。红丝带标志的意义:红丝带像一条纽带,将全世界人民紧紧联系在一起,共同抗击艾滋病,它象征着我们对艾滋病患者和感染者的关心与支持;象征着我们对生命的热爱和对和平的渴望;象征着我们全面参与预防艾滋病的工作。

（三）辅助检查资料

1. 血常规检查 可有不同程度贫血，白细胞总数减少，淋巴细胞总数明显减少。

2. 免疫学检查 CD4＋T 淋巴细胞进行性减少 [正常为（0.8～1.2）$\times 10^9$/L]。

3. 病毒及特异性抗原和（或）抗体检测

（1）抗 -HIV 检测：一般用 ELISA 法做筛查试验，连续 2 次阳性（初筛和复检），再做蛋白免疫印迹试验（WB）或固相放射免疫沉淀试验进行确证，如阳性则诊断可以确立。

（2）HIV 抗原检测：ELISA 法检测血清中的 HIV P24 抗原，有助于抗体产生窗口期和新生儿早期感染的诊断。

（3）HIV RNA 检测：从患者血浆或脑脊液标本中检测 HIV RNA，可有助于诊断、判断疗效及预后。

4. 其他检查 一般可做 X 线、B 型超声波、内镜等检查，必要时进行 CT 及 MRI，有助于早期诊断机会性感染及肿瘤。

（四）治疗要点

目前艾滋病的治疗尚无特效的病因疗法，总的治疗原则为抗感染、抗肿瘤、杀灭或抑制 HIV 病毒、增强机体免疫机能。

1. 抗病毒治疗 是目前治疗艾滋病的重要手段。抗 HIV 药物主要分为核苷类反转录酶抑制剂、非核苷类反转录酶抑制剂和蛋白酶抑制剂三大类。高效抗反转录病毒疗法（HAART）又称鸡尾酒疗法，是指三种或三种以上的抗病毒药物联合使用的疗法，其既可最大限度抑制 HIV 复制，又能减少单一用药产生的抗药性，临床疗效已得到肯定；代表药有齐多夫定（zidovudine 或 azidothymidine，ZDV 或 AZT）、奈韦拉平（nevirapine，NVP）、利托那韦（ritonavir，RTV）。

2. 免疫调节剂治疗 可用白细胞介素 -2（IL-2）、粒细胞集落刺激因子（G-CSF）及粒细胞 - 巨噬细胞集落刺激因子（GM-CSF）、灵菌红素、干扰素（IFN）等，以改善免疫功能。

3. 机会性感染和肿瘤治疗 针对相应的病因，选择有效方法及药物。

4. 支持及对症治疗 输血、营养支持、补充维生素等。

（考点：艾滋病的治疗要点）

三、护 理 问 题

1. 体温过高 与 HIV 感染和继发其他感染有关。

2. 气体交换受损 与肺孢子菌肺炎等肺部感染有关。

3. 皮肤黏膜完整性受损 与病毒、真菌感染、卡波西肉瘤有关。

4. 营养失调：低于机体需要量 与腹泻、厌食、消耗大有关。

5. 社交孤立 与本病不易被社会接受有关。

6. 沮丧、恐惧 与受到他人鄙视和预后不良有关。

四、护 理 措 施

1. 隔离与消毒 严格执行艾滋病的消毒、隔离措施，实施血液、体液隔离。①地面用含有效氯 500mg/L 的消毒液每天擦拭两次。②病房内物品如桌子、椅子、呼叫器等用含有效氯 500mg/L 的消毒液擦拭，擦拭用抹布、拖布要专用，用后消毒。③患者因病情需外出做检查时，相关医技科室及使用过的轮椅、担架等，用含有效氯 500mg/L 的消毒液进行清洗、消毒。④患者直接接触的相关医疗器械立即清洁消毒，消毒方法按仪器要求处置。⑤规范处理医疗废物。

2．一般护理

（1）休息：艾滋病患者发生机会性感染时应绝对卧床休息。症状减轻后可逐步起床活动。病室应安静、舒适、空气清新。

（2）饮食：给予高热量、高蛋白、高维生素易消化饮食。注意食物色、香、味，促进患者食欲。不能进食、吞咽困难者予鼻饲；必要时给予静脉输液，注意维持水、电解质平衡。

3．病情观察 ①注意生命体征变化，特别是长期低热而原因不明者。②注意皮肤黏膜的颜色、温度、完整性，观察皮肤、口腔及肛门周围处皮肤是否出现斑块及破损。③若有并发症，需严密观察。④观察辅助检查结果，及时发现感染，及时治疗。⑤观察抗病毒药物的不良反应：食欲减退、恶心、呕吐、腹痛等胃肠道症状；头痛、多梦、四肢疼痛、麻木等神经系统症状；有无颜面和躯干部位出现斑丘疹伴有瘙痒；有无肝损害、骨髓抑制等中毒反应。

4．治疗配合 ①发热者可用物理或药物降温。②有疼痛者，确定疼痛部位，根据不同情况进行护理，按医嘱给予镇痛药。③密切观察呼吸困难的表现及血气分析情况等，协助患者采取半卧位或端坐位，给予氧气吸入等，应避免使用镇静剂及麻醉剂，以防抑制呼吸。④呕吐频繁者，禁食 2 小时；若恶心、呕吐减轻，应鼓励患者进食。进行口腔护理，保持口腔的清洁、卫生。遵医嘱给予止吐药。⑤腹泻者，遵医嘱给予止泻药，每次便后，用软卫生纸轻轻按擦后用温水清洗，涂上凡士林软膏或抗生素类软膏。⑥保持皮肤清洁，经常更换衣服、被褥，穿着柔软的内衣。经常修剪指甲，沐浴时使用液态中性沐浴液，以防刺激皮肤。长期卧床的患者，至少每 2 小时协助其翻身一次，必要时可使患者卧气垫床或使用气垫垫于臀部等易受压处。如有皮肤损伤，每天用生理盐水清洗后，若伤口伴有渗液则给予微波治疗，按医嘱给予药物治疗。严格执行无菌操作原则，避免医源性感染。

5．心理护理 艾滋病预后不佳，社会上人们对艾滋病也带有恐惧心理，使患者极易出现焦虑、抑郁、孤独无助或恐惧等心理障碍，甚至出现报复、自杀等极端行为，因此做好心理护理有重要意义。应注意以下几点：①构建良好护患关系：护士通过自己良好的语言、态度和行动去影响患者的认知，改变其不良的心理状态和行为。②尊重患者人格：尊重患者的隐私，聆听患者心声，取得患者的信任，达到护患合作的目的。③激励患者抗病积极性：鼓励患者主动参与治疗和护理工作，当医疗和护理取得进展时，指出这是与患者积极配合治疗分不开的。④争取家属支持：积极与患者家属和亲友沟通，良好的家庭、亲友关系能给患者以精神上的支持和鼓舞，提升其抗击病魔的斗志。⑤促进患者间的良好交流：为患者建立交流平台，使患者在同伴间得到帮助和关心。⑥创造优美舒适环境：优美舒适的环境能使患者心情舒畅。

五、健康教育

1．广泛宣传艾滋病的预防知识，使群众了解艾滋病的病因和感染途径，采取自我防护措施。

2．教育群众洁身自好，规范道德行为，能正确使用避孕套；严禁卖淫嫖娼，拒绝毒品，珍爱生命。

3．提倡使用一次性注射器，医疗器械重复使用时应严格消毒，做到一人一用；输血和使用血制品前要严格检查 HIV 抗体；避免共用牙刷、剃须刀等。

4．女性感染者应避免妊娠，已妊娠者可终止妊娠；或妊娠前应到专业医疗机构进行咨询，给予抗艾滋病病毒药物联合治疗、产时选择安全分娩、产后采取人工喂养等干预措施，可以大大降低 HIV 母婴传播概率。

5．避免直接接触患者的血液或体液，护理患者时要戴口罩、手套及穿隔离衣。患者用过的废弃物品应消毒后再做其他处理或焚烧。

（考点：艾滋病的健康教育）

知识链接

护患情景对话

患者：护士，我从来不吸毒，也没有到过色情场所，没有住过院，妻子也很健康，为什么会染上艾滋病呢？

护士：艾滋病的传染途径如性传播、血液传播、母婴传播是明显的途径，但一些不明显的途径容易被忽视，如不规范性医疗操作等均会引起艾滋病的传播，即使用被血液污染而又未经严格消毒的注射器、针灸针、拔牙工具。

患者：哦，我知道为什么会患上艾滋病啦，因为我的牙齿不好，多次在牙科诊所治疗，也许是那时染上的。

护士：除此以外，公用的剃刀、理发工具、美容穿耳洞工具，只要被污染后没有经过严格的消毒，均有传播艾滋病的可能。

患者：这样也可能？我从来都是到理发店理发的，也有刮破皮肤的时候。

护士：如果不小心刮破皮肤，经过 75% 的乙醇消毒也是可以避免染上艾滋病的。

第 2 节　病毒性肝炎患者的护理

案例 3-2　患者，男，28 岁，因右上腹不适、乏力，伴恶心、厌油食一周，近两天发现尿黄而就诊。体格检查：巩膜及皮肤黄染，心肺无异常，肝大肋下约 2cm、质软、有触痛，脾未触及。肝功能检查：谷丙转氨酶 280U/L，血胆红素 124.8μmol/L，尿中胆红素、尿胆原阳性。病原学检测 HBsAg、抗 -HBc 及 HBeAg 均阳性。

问题：1．该患者患了哪种类型肝炎？

2．主要护理诊断有哪些？

3．根据上述病情制订出有关护理措施。

4．如何做好预防和健康教育？

病毒性肝炎（viral hepatitis）简称肝炎，是由多种肝炎病毒引起的以肝脏损害为主的全身性疾病。临床以疲乏、食欲减退、肝大、肝功能异常为主要表现，部分病例出现黄疸。目前已明确的病原有 5 种，即甲型、乙型、丙型、丁型和戊型肝炎病毒，其中甲型和戊型主要表现为急性肝炎，而乙型、丙型、丁型多表现为慢性肝炎，部分可发展为肝硬化，且与肝癌的发生有密切关系。

一、概　　述

（一）病原学

1．甲型肝炎病毒（HAV）　是小核糖核酸病毒科的嗜肝 RNA 病毒属。HAV 通过胆汁从粪便中排出。其抵抗力较强，能耐受 56℃ 30 分钟、室温 1 周；25℃时在干粪中能存活 30 天。在贝壳类动物、污水、淡水、海水、泥土中能存活数月。60℃下 10～12 小时部分灭活，

100℃下 1 分钟全部灭活。紫外线（1.1W，0.9cm）1 分钟、余氯（1.5～2.5mg/L）15 分钟、3% 甲醛 5 分钟均可灭活。70% 乙醇 3 分钟可部分灭活。血清抗 -HAV-IgM 是 HAV 近期感染的指标。

2．乙型肝炎病毒（HBV） 属于嗜肝脱氧核糖核酸病毒科。HBV 的抵抗力很强，能耐受 60℃ 4 小时及一般浓度的消毒剂。煮沸 10 分钟、65℃ 10 小时或高压蒸汽灭菌法可以使其灭活。HBV 有三对抗原抗体系统：①表面抗原（HBsAg）与表面抗体（抗 -HBs）。②核心抗原（HBcAg）与核心抗体（抗 -HBc）。③ e 抗原（HBeAg）与 e 抗体（抗 -HBe）。

3．丙型肝炎病毒（HCV） 属于黄病毒科，为单股正链 RNA 病毒。HCV 对一般化学消毒剂敏感；100℃ 5 分钟或 60℃ 10 小时、高压蒸汽和甲醛熏蒸等均可灭活病毒。

4．丁型肝炎病毒（HDV） 为缺陷病毒，其复制需 HBV 的存在。

5．戊型肝炎病毒（HEV） 为杯状病毒科的新成员。HEV 不稳定，对高盐、氯仿、反复冻融敏感。在液氮中能长期保存，在中性偏碱的环境中较稳定。

（二）流行病学

1．传染源 ①甲型和戊型肝炎的传染源主要是急性期患者和亚临床感染者。甲型肝炎起病前 2 周到血清丙氨酸氨基转移酶（ALT）高峰期后 1 周传染性最强。②乙型、丙型和丁型肝炎的传染源是急性患者、慢性患者和病毒携带者。乙型肝炎的传染性贯穿整个病程。

2．传播途径 ①甲型和戊型肝炎主要经粪 - 口途径传播，通过污染的水源、食物、手、用具、玩具等而感染。水源或食物污染可导致暴发流行。②乙型、丙型和丁型肝炎主要经血液、母婴及性接触传播。

3．易感人群 ①甲型肝炎：在我国，大多在幼儿、儿童、青少年时期感染，以隐性感染为主，感染后可获持久的免疫力。②乙型肝炎：婴幼儿是 HBV 感染的最危险时期，随着年龄增长，发生 HBV 感染的概率逐渐减小。HBV 感染有家庭聚集现象。抗 -HBs 是一种保护性抗体，感染后或疫苗接种后出现抗 -HBs 者表示对 HBV 有免疫力。③丙型肝炎：抗 HCV 并非保护性抗体，感染后对不同株无保护性免疫。④丁型肝炎：与 HBV 以同时感染或重叠感染形式存在。⑤戊型肝炎：孕妇易患戊肝且病情严重，病死率高。

（考点：各型肝炎的传染源及传播途径）

二、护理评估

（一）流行病学资料

询问有无家人患病史及与肝炎患者密切接触史；是否进食未煮熟的海产品如贝类或其他不洁食物，或饮用被污染的水；是否接受过手术、血液透析，血液或血制品应用史、注射史等。

（二）身心状况

1．临床表现 潜伏期：甲型肝炎平均为 30 天（5～45 天）；乙型肝炎平均为 70 天（30～180 天）；丙型肝炎平均为 50 天（15～150 天）；戊型肝炎平均为 40 天（10～70 天）；丁型肝炎的潜伏期可能相当于乙型肝炎的潜伏期。

病毒性肝炎临床分型为急性肝炎、慢性肝炎、重型肝炎和淤胆型肝炎。

（1）急性肝炎

1）急性黄疸型肝炎：①黄疸前期。表现为食欲减退、厌油、恶心、呕吐、腹胀、腹痛和腹泻，还可有发热、疲乏、全身不适等，肝功能检查转氨酶升高。本期持续 5～7 天。②黄疸期。尿色加深如浓茶样（图 3-4，彩图 5），皮肤、巩膜黄染（图 3-5，彩图 6），黄疸约 2 周达到高峰。肝大、质软、边缘锐利、伴有压痛及叩痛。黄疸前期症状好转，发热消退。检测尿胆红素阳性，血清转氨酶及胆红素升高。本期持续 2～6 周。③恢复期。症状消失，黄疸消退，肝脏回缩，肝功能恢复正常。本期大多持续 1～2 个月。

图 3-4　肝炎胆红素尿

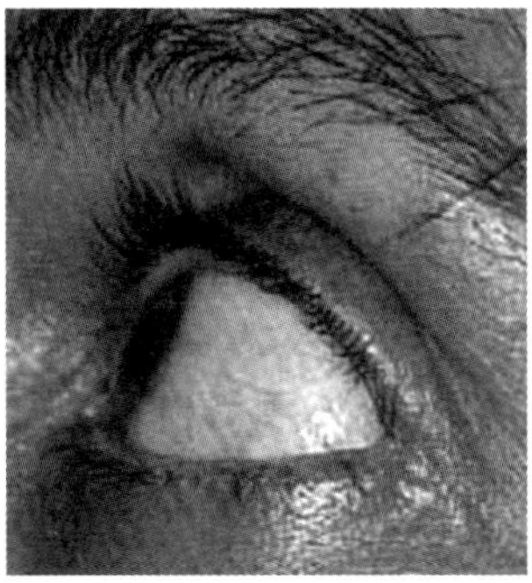

图 3-5　巩膜黄染

2）急性无黄疸型肝炎：发病率高于黄疸型。除无黄疸外，其余临床表现与急性黄疸型相似，是一种轻型的肝炎。

（2）慢性肝炎：是指急性肝炎迁延不愈病程超过半年者，及发病日期不明确或虽无肝炎病史，但肝组织病理学检查或根据症状、体征、肝功能及 B 超检查综合分析符合慢性肝炎表现者。慢性肝炎仅见于乙型、丙型、丁型肝炎。

1）轻度慢性肝炎：病情较轻，反复出现疲乏、食欲减退、厌油、肝区不适、肝大、轻压痛，也可有轻度脾大。部分病例症状、体征缺如。肝功能指标仅 1 项或 2 项轻度异常。

2）中度慢性肝炎：症状、体征、实验室检查居于轻度和重度之间。

3）重度慢性肝炎：有明显或持续的肝炎症状，伴有面色灰暗、肝掌、蜘蛛痣、肝脾大、肝功能持续异常。

（3）重型肝炎：是病毒性肝炎中最严重的一种类型，占全部病例的 0.2%～0.5%，病死率高。所有五型肝炎病毒感染均可导致重型肝炎。劳累、精神刺激、嗜酒、妊娠、使用损害肝脏药物、合并感染等常为诱因。表现为极度的乏力、食欲下降、频繁呕吐、腹胀等症状，黄疸进行性加深，可有出血倾向、中毒性巨结肠、腹水迅速增多、肝性脑病、急性肾功能不全（肝肾综合征）、凝血酶原时间显著延长及凝血酶原活动度（PTA）＜40%。重型肝炎分为急性、亚急性和慢性 3 型，以慢性重型肝炎最为常见。

1）急性重型肝炎：起病 2 周内出现重型肝炎的临床表现。肝性脑病、肝脏明显缩小、肝臭出现较早。

2）亚急性重型肝炎：起病 15 天至 26 周出现重型肝炎的临床表现。

3）慢性重型肝炎：在慢性肝炎或肝炎后肝硬化基础上发生的重型肝炎。

（4）淤胆型肝炎：也称毛细胆管炎型肝炎。起病类似急性黄疸型肝炎，但自觉症状较轻。主要表现为肝内淤胆，巩膜、皮肤黄染，皮肤瘙痒，粪便颜色变浅，肝大，肝功能检查血清胆红素明显升高，以直接胆红素为主。

（考点：肝炎的临床分型及表现）

2．心理－社会状况　因病程长且有传染性，患者常因担心传染给家人、害怕转为慢性、害怕久治不愈发展为肝硬化或肝癌或久病经济负担加重而产生紧张、焦虑、悲观等不良情绪。

（三）辅助检查资料

1．肝功能检查

（1）血清谷丙转氨酶（ALT）：是反映肝细胞功能的最常用指标。急性肝炎时明显升高；慢性肝炎和肝硬化时持续或反复、轻度或中度升高；重型肝炎时因肝细胞大量坏死可出现 ALT 快速下降。

（2）血清谷草转氨酶（AST）：升高。

（3）血清胆红素：黄疸型肝炎时升高；重型肝炎呈进行性升高，常超过 171μmol/L。

（4）血清蛋白：慢性肝炎中度以上、肝硬化、重型肝炎时白蛋白下降、球蛋白升高、A/G 比值下降甚至倒置。

（5）凝血酶原活动度（PTA）：PTA 高低与肝损害程度成反比，可用于重型肝炎的临床诊断和预后判断。PTA＜40% 是诊断重型肝炎的重要依据。

（6）血氨浓度：并发肝性脑病者可升高。

2．肝炎病毒病原学（标志物）检查

（1）甲型肝炎：血清抗-HAV-IgM 是早期诊断甲型肝炎最可靠的血清学标志。

（2）乙型肝炎：HBsAg 阳性见于乙肝病毒感染者；HBeAg 阳性提示乙肝病毒复制活跃，传染性强；HBV DNA 和 HBV DNA 聚合酶阳性是乙肝病毒复制和传染性强的直接标志。

（3）丙型肝炎：抗-HCV（包括 IgM 和 IgG）不是保护性抗体，是存在 HCV 感染的标志；HCV RNA 阳性是丙肝病毒感染和复制的直接标志。

（4）丁型肝炎：HDVAg 和（或）HDV RNA 阳性有确诊意义；抗 -HDV-IgM 阳性是现症感染的标志；高滴度抗-HDV-IgG 提示感染的持续存在。

（5）戊型肝炎：抗-HEV-IgM 和抗 -HEV-IgG 均可作为近期感染 HEV 的标志。

（考点：肝炎的辅助检查）

（四）治疗要点

治疗原则为采取综合性治疗，以休息、营养为主，辅以适当药物治疗，避免使用损害肝脏的药物。

1．休息　急性肝炎强调早期卧床休息，尽可能减少活动。慢性肝炎适当休息，病情好转后应注意动静结合，但要避免过劳。重型肝炎绝对卧床休息。

2．饮食　急性期以清淡、易消化饮食为宜。慢性期适当进食较多的蛋白质，以产氨少的乳类和蛋类为首选。不宜进食过多的糖，以免导致脂肪肝和糖尿病。禁酒。重型肝炎应严格控制饮食中的蛋白质。

3．药物治疗

（1）急性肝炎：主要是对症及支持治疗。急性丙型肝炎早期应用抗病毒药可降低慢性化率。

（2）慢性肝炎：根据患者的具体情况采取抗病毒、调整免疫、护肝、抗肝纤维化等治疗。

（3）重型肝炎：包括一般和支持疗法、促进肝细胞再生、防治并发症、人工肝支持系统、肝移植等综合措施。

三、护 理 问 题

1. 体温过高　与肝炎病毒感染有关。

2. 活动无耐力　与肝功能受损、能量代谢障碍有关。

3. 营养失调：低于机体需要量　与发热、摄入减少、呕吐、消化和吸收功能障碍有关。

4. 焦虑　与缺乏肝炎的知识、病痛导致的不适感、病情反复、久治不愈、担心预后及害怕传染家人有关。

5. 腹泻　与消化功能不良有关。

6. 舒适的改变：瘙痒　与黄疸有关。

7. 有感染的危险　与肝脏疾病、营养不良有关。

8. 有组织完整性受损的危险　与胆盐沉着刺激皮肤引起瘙痒、凝血因子缺乏导致出血倾向、病重而长期卧床有关。

9. 潜在并发症：肝性脑病　与血氨增高有关。

10. 潜在并发症：出血　与肝功能受损有关。

（考点：肝炎的主要护理问题）

四、护 理 措 施

1. 隔离与消毒　①甲型、戊型肝炎实施消化道隔离，自发病之日起隔离 3 周。②乙型、丙型、丁型肝炎实施血液 / 体液隔离。③患者的分泌物、排泄物及血液污染物须进行严格消毒处理。④对病毒携带者进行管理。⑤医护人员进行有创检查或操作应注意做好自我防护，一旦出现针刺伤则按职业暴露做进一步处理。

2. 休息　了解患者生活习惯，协助做好生活护理。向患者及家属解释导致乏力疲劳的原因，说明休息是肝炎治疗的重要措施，卧床休息时可增加肝脏血流量，降低机体代谢率，有利于炎症的恢复，并指导患者合理休息。急性肝炎、重型肝炎、慢性肝炎活动期、ALT 升高者应卧床休息，卧床期间鼓励患者床上缓慢活动肢体，以保持肌张力。待症状好转、黄疸消失、肝功能改善后，可逐渐增加活动量，但以不感疲劳为度。肝功能正常 1～3 个月后恢复日常活动及工作，避免过劳及重体力劳动。对于慢性肝炎患者宜根据病情和肝功能状况指导其合理安排休息，参加适当体力活动，避免劳累、继发感染等加重肝损害的诱因。

3. 饮食护理　向患者及家属解释导致营养失调的原因，说明合理饮食可以改善营养状况，促进肝细胞再生和修复，有利于肝功能恢复。根据饮食原则，结合病情，指导患者合理进食：①急性期消化道症状较明显，宜进食清淡、易消化、适合患者口味的低脂、含多种维生素的流质或半流质饮食。蛋白质每日 1.0～1.5g/kg；保证足够的热量，每日碳水化合物需 250～400g/kg。如食入量过少可喝糖水、果汁或静脉补充 10% 葡萄糖液加维生素 C 等，多吃水果、蔬菜等含维生素丰富的食物。如有严重呕吐，可按医嘱对症处理。黄疸消退，食欲改善后，应注意避免暴饮暴食。恢复期逐渐过渡至普通饮食，体重增加过快时应适当控制饮食。②慢性期适当增加蛋白质摄入，每日 1.5～2.0g/kg，以优质蛋白为主，如牛奶、鸡蛋、瘦肉、鱼等，并增加植物蛋白，如大豆及豆制品。③肝硬化合并腹水者的饮食（参照《内科护理》有关内容）。④各型肝炎均应避免长期高糖高热量饮食，以防诱发糖尿病和脂肪肝。⑤劝导患者戒烟禁酒，因乙醇中的杂醇油和亚硝胺可使脂肪变性和致癌；烟草中含有多种有害物质，能损害肝功能，抑制肝细胞生成和修复。

4．病情观察　密切观察病情变化，避免各种诱因，及早发现并发症，及时报告医生，并做好相应处理。主要观察以下几点：①监测生命体征，各型肝炎均有潜在感染的危险，体温监测尤为重要。②伴随症状有无好转，如疲乏、食欲减退、恶心、厌油症状是否改善；黄疸是否消退或加重。③排便情况，如每日大便次数、量、性状及颜色，必要时详细记录。④出血征象，如注射部位是否长时间出血不止，有无皮肤瘀斑、牙龈出血、鼻出血、呕血、便血等出血表现，应注意观察出血程度。⑤观察水和电解质失衡所致的症状、体征，如常见的血清钾和钠紊乱所导致的临床表现，有无腹胀、腹部隆起、移动性浊音等腹水的表现。⑥感染征象，重型肝炎易发生感染，以胆道、腹膜、肺多见，注意有无发热、腹胀、腹痛、腹泻、咳嗽、咳痰、尿频、尿急、尿痛等表现。⑦肝性脑病表现，早期表现为嗜睡、性格改变、烦躁和谵妄，后期表现为不同程度的昏迷、抽搐、锥体束损害体征、脑水肿和脑疝等，体检可见扑翼样震颤。⑧肝肾综合征表现，有无少尿、无尿，严格记录 24 小时出入液量，检测尿常规、血尿素氮、血清钾等变化。

5．对症护理　①患者发热时嘱其卧床休息，如无禁忌，应鼓励多饮水，每日摄入 2000ml 左右，以补充水分和促进毒素排泄；寒战时注意保暖；出汗时更换内衣和被褥；物理降温或按医嘱给予退热药；定时测体温并记录。②局部穿刺或注射后压迫止血 10～15 分钟，按医嘱给予止血药物、输入新鲜血浆或全血以补充凝血因子等；并嘱患者避免碰撞、损伤，戒除挖鼻、剔牙等不良习惯，以免诱发出血；鼻出血时，用 0.1% 肾上腺素棉球压迫止血或吸收性明胶绵填塞鼻道止血。③做好口腔和皮肤护理，严格消毒和无菌操作。每日早晚及饭后要漱口，不用硬毛牙刷刷牙；患者有黄疸伴皮肤瘙痒时，剪短指甲，避免直接用手搔痒，瘙痒重时可用手背或手掌轻擦或轻拍痒处，或用碳酸氢钠洗浴；注意防止继发感染。④并发肝性脑病患者应做好安全防护，以防患者出走、自伤、坠床等。

6．治疗配合　遵医嘱给予护肝药物，如多种 B 族维生素、维生素 C、葡醛内酯等。严格遵医嘱使用抗病毒药物，注意观察药物的疗效和不良反应。如使用干扰素时应向患者解释使用干扰素治疗的目的、药物反应和注意事项，注意观察发热、寒战、头痛、肌肉酸痛、乏力、一过性外周血细胞减少、精神异常等不良反应，并定时送检血标本。

知识链接

密切关注肝炎患者抗病毒治疗依从性问题

大量研究表明，疾病和治疗的水平与患者治疗依从性之间存在密切关系。知识缺乏及对治疗方案的不理解、治疗基本疗程长、药品价格较贵、治疗费用较大、患病后心理负担重等是导致肝炎患者抗病毒治疗依从性差的主要原因。因此，要对患者进行用药依从性教育，包括抗病毒治疗、规范治疗、定期复查的重要性，以及用药剂量、使用方法、不良反应等药物知识的宣教，要让患者充分了解中途停药可能导致耐药性现象出现贻误病情使治疗失败，重者导致肝功能严重损害甚至危及生命，告知漏服、加服、突然停药的危害，同时有效利用社会支持系统、心理护理、出院随访等措施，提高患者依从性。

7．心理护理　病室环境保持清洁、安静、空气新鲜、舒适，及时解除患者的不适感。多与患者沟通，根据其患病毒性肝炎的类型及临床特点，介绍疾病相关知识、预后、隔离的意义及主要措施等，鼓励患者说出所关心的问题，耐心细致地给予解答，使思想放松，精神分散，减轻焦虑及压抑情绪。指导患者保持豁达、乐观的心情，使其积极配合治疗，安心养病，自觉遵守并接受有关隔离制度和措施。

（考点：肝炎的护理措施）

五、健 康 教 育

1. 肝炎预防知识教育

（1）预防甲型和戊型肝炎的重点是切断粪 - 口传播途径，注意搞好环境卫生，做好粪便无害化处理，保护水源，加强个人与饮食卫生，食具定时消毒，饭前便后洗手等；在甲型肝炎流行期间接种甲型肝炎减毒活疫苗，密切接触者于接触后 10 日内接种人血清或胎盘球蛋白可减少或防止发病。

（2）预防乙型、丙型、丁型肝炎的重点是防止通过血液和体液的传播，HBsAg 和抗 -HCV 阳性者不能献血，阳性血液不得使用；生活用具应专用，并定时消毒，防止分泌物污染周围环境；严格消毒制度，推广应用一次性注射器具等；新生儿出生后 24 小时内立即接种乙型肝炎疫苗，对 HBsAg 阳性母亲的新生儿，还应在出生后 24 小时内尽早（最好在出生后 12 小时）注射乙型肝炎免疫球蛋白（HBIG）。

（3）凡接受过大手术、血液透析、输血或应用血制品的患者，应定期检测肝功能和肝炎病毒标记物。

（4）实施适当的家庭隔离，如采用家庭分餐制等。

2. 肝炎疾病知识教育　向患者和家属说明休息和合理饮食对肝炎康复的重要性。解释劳累、营养不良、吸烟、饮酒、暴饮暴食、不合理用药、感染、情绪不稳定等是肝炎复发和病情加重的危险因素，应尽可能避免。生活要规律、劳逸结合。学会自我护理，定期复查。

（考点：肝炎的护理措施）

第 3 节　麻疹患者的护理

案例 3-3　患儿，男，5 岁，上幼儿园半年，两天前出现发热、咳嗽、全身不适等类似上呼吸道感染的症状。体格检查：急性病容，体温 38.5℃，在近第二白齿正对的颊黏膜上可见灰白色的小点，周围有红晕，散在分布。入院后第 2 天，开始出现大小不等的斑丘疹，初为淡红色，后变成暗红色，首发于耳后，并逐渐向面部和躯干蔓延。

问题： 1. 该患儿最可能患了哪种疾病？

2. 说出本病例的流行病学特点。

3. 指出该患者的护理诊断。

麻疹（measles）是由麻疹病毒引起的急性呼吸道传染病。临床上以发热、咳嗽、流涕、眼结膜充血、口腔麻疹黏膜斑（又称柯氏斑）及皮肤出现斑丘疹为特征。病后有持久免疫力。本病属于乙类传染病，传染性强，易造成流行，需严格管理。

一、概　　述

（一）病原学

麻疹病毒属副黏液病毒，只有一个血清型，抗原性稳定。麻疹病毒在外界生存力不强，对日光及一般消毒剂均敏感，紫外线能很快灭活病毒，在空气飞沫中保持传染性不超过 2 小时，在流通空气或日光下半小时即失去活力，但耐寒、耐干燥，在 −70～−15℃可保存数月至数年。

（二）流行病学

1. 传染源　患者是唯一的传染源，发病前 2 日至出疹后 5 日内传染性极强，患者口咽、鼻、眼、气管的分泌物中均含有病毒，具有传染性。

2. 传播途径　主要通过空气飞沫传播。

3. 人群易感性　人群普遍易感。6个月至5岁的小儿多见。6个月以下的小儿，可因获取母体的抗体而减少发病，易感者接触患者后90%以上发病，病后可获得持久免疫力。

4. 流行特征　发病以冬、春季为多，但全年均可发生。自麻疹疫苗接种以来，麻疹流行虽得到了有效控制，但青少年和成人发病率仍在上升。

（三）发病机制

麻疹病毒侵入上呼吸道黏膜和眼结膜上皮细胞并复制，通过局部淋巴组织进入血液，形成第1次病毒血症。病毒被单核－巨噬细胞系统吞噬后在内繁殖并释放，大量病毒再次侵入血流，形成第2次病毒血症，出现高热和皮疹。

（考点：麻疹的流行病学）

二、护理评估

（一）流行病学资料

询问近期小儿所在托儿所、幼儿园有无麻疹流行，家人、邻居等密切接触者中有无麻疹患者，是否进行过麻疹疫苗接种，以往是否患过麻疹。

（二）身心状况

1. 临床表现　典型麻疹可分以下四期。

（1）潜伏期：约10天（6～18天），曾接受过被动或主动免疫者，可延至3～4周。在潜伏期内可有轻度体温上升。

（2）前驱期：也称发疹前期，一般为3～4天。这一期的主要表现类似上呼吸道感染。①发热，见于所有病例，多为中度以上发热。②咳嗽、流涕、流泪、咽部充血等其他症状，以眼症状突出，结膜发炎、眼睑水肿、眼泪增多、畏光、下眼睑边缘有一条明显充血横线（Stimson线），对诊断麻疹极有帮助。③麻疹黏膜斑（Koplik斑）：是麻疹早期诊断的重要依据，见于90%以上的患者，发生在病程的第2～3天，出现于双侧近第一磨牙颊黏膜上，为0.5～1mm针尖大小的灰白色小点，周围有红晕（图3-6，彩图7）。最初可仅有数个，在1～2天迅速增多，有时融合扩大成片，一般维持16～18小时，多于出疹后1～2日消失，可留有暗红色小点。④偶见皮肤荨麻疹、隐约斑疹或猩红热样皮疹，在出现典型皮疹时消失。⑤部分病例可有一些非特异症状，如全身不适、食欲减退、精神不振等。婴儿可有消化系统症状。幼儿常有呕吐、腹泻，在软腭、硬腭弓出现红色细小内疹。

（3）出疹期：多在发热后3～4天出现皮疹，一般持续3～5天出齐。出疹有一定顺序，首先见于耳后、发际，逐渐至前额、面、颈部，然后自上而下至胸、腹、背部及四肢，最后达手掌和足底。皮疹开始为淡红色斑丘疹，大小不等，稀疏不规则，压之褪色，疹间皮肤正常，皮疹可融合（图3-7，彩图8）。皮疹逐渐出现的同时，体温持续升高。体温高达40℃以上时，患者可出现严重的全身中毒症状，表现为谵妄、烦躁、嗜睡、抽搐、咳嗽加重等，多为一过性，热退后消失，与以后中枢神经系统合并症无关。此期肺部可闻及湿啰音，X线胸片检查可见肺纹理多或不同程度的弥漫性肺部浸润改变。

（4）恢复期：出疹3～4天后皮疹开始消退，消退顺序与出疹时相同；在无合并症发生的情况下，食欲、精神等其他症状也随之好转。疹退后，皮肤留有糠麸状脱屑及棕色色素沉

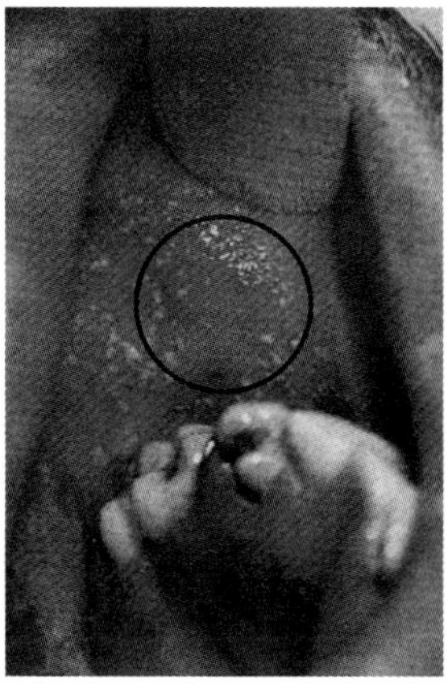

图 3-6　麻疹黏膜斑（Koplik 斑）

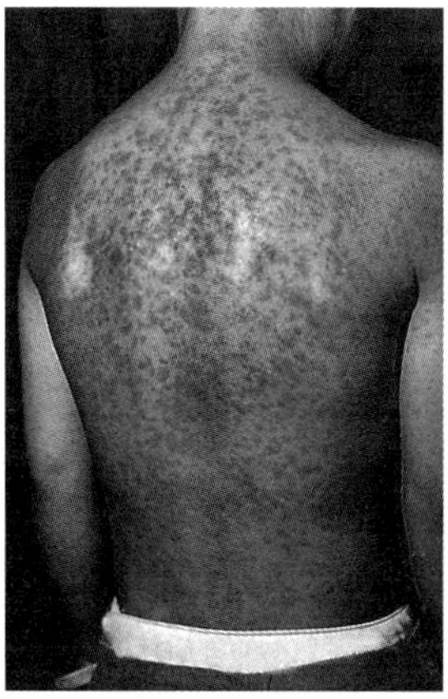

图 3-7　麻疹躯干部位皮疹

着，7～10 天痊愈。

（考点：麻疹临床分期及表现特点）

2. 心理 - 社会状况　患者因发热、出疹和全身不适等症状，可出现不同程度的烦躁、哭闹、拒食等情绪，父母也因此焦虑不安。需要评估患者或家属对疾病的认知情况，以及疾病对患者的家庭、生活或工作的影响。

（三）辅助检查资料

1. 病原学检查　宜在感染早期进行，前驱期患者口咽、鼻、眼分泌物均含有病毒，恢复期消失。可进行病毒分离、病毒抗原检测或核酸检测。核酸检测采用 RT-PCR 技术从标本中扩增麻疹病毒 RNA，是一种非常敏感和特异的诊断方法，尤其适用于因免疫功能低下而不能产生特异抗体的麻疹患者。

2. 抗体检测　IgM 抗体阳性是麻疹早期诊断的标准。IgG 抗体效价病程恢复期较早期呈 4 倍以上增高，具有临床意义。

3. 涂片检查　患者的口咽、鼻、眼分泌物涂片检查，发现多核巨细胞，具有早期诊断意义。

4. 血常规　白细胞总数降低，淋巴细胞相对增多。

（四）治疗要点

1. 一般治疗　卧床休息，房内保持适当的温度和湿度，有畏光症状时房内光线要柔和。给予容易消化的富有营养的食物，补充足量水分。保持皮肤、黏膜清洁。

2. 对症治疗　高热时可用小剂量退热剂；烦躁者可适当给予苯巴比妥等镇静剂；剧咳时用镇咳祛痰剂；继发细菌感染可给抗生素。麻疹患儿对维生素 A 需要量大，世界卫生组织推荐，在维生素 A 缺乏地区的麻疹患儿应补充维生素 A，小于 1 岁者每日给 10 万单位，年长儿童 20 万单位，共两日，有维生素 A 缺乏眼症状者 1～4 周后应重复。

三、护理问题

1. 体温过高　与病毒血症和肺部感染有关。
2. 皮肤完整性受损　与皮疹有关。
3. 潜在并发症　支气管肺炎、喉炎、心肌炎、脑炎等。
4. 有传播感染的可能　与呼吸道排出病毒有关。

四、护理措施

1. 隔离与消毒　隔离至出疹后5天，若有并发症可延长至10天。隔离期间护士接触患者后应在通风处停留20分钟左右。对在家中治疗的患者，必须将其安置在单人房间（婴幼儿可由家长陪伴），室内应开窗通风，限制外人，尤其是易感儿童进屋探视。患者用物如毛巾、衣被等应勤洗勤晒。

2. 一般护理　高热者卧床休息，病室内温湿度适宜，空气流通，阳光充足。给予清淡、易消化、营养丰富的流质或半流质饮食，多喝温开水和热汤，保证足够的水分摄入，有利于排毒、退热和透疹。少量多餐，无须忌口。

3. 病情观察　①注意生命体征变化，特别是体温和呼吸。②注意皮疹的出疹及消退，注意皮肤黏膜的完整性。③注意患者的出入量平衡情况。④密切注意热型和出疹时的表现，如出疹时高热骤退或疹出齐后高热不退、出现烦躁不安、呼吸急促、心率加快等症状则提示有并发症发生，应及时报告医生并协助做好相应处理。严重并发症的观察应重点放在婴幼儿。

知识链接

麻疹常见的并发症

1. 喉、气管、支气管　年龄较小的患儿，若继发细菌或病毒感染，可造成呼吸道阻塞。临床表现为声音嘶哑、犬吠样咳嗽、吸气性呼吸困难和三凹征，重者可窒息。

2. 肺炎　最常见的并发症。为细菌继发所致，常见致病菌有肺炎链球菌、金黄色葡萄球菌和流感嗜血杆菌等。

3. 麻疹脑炎　发病率较低，多于出疹后2～5天出现，表现为意识改变、惊厥、突然昏迷等。脑脊液可见轻度单核细胞及蛋白增多，但糖正常。

4. 营养不良与维生素A缺乏症　患者因高热、食欲缺乏，而出现营养状态改变，常见维生素A缺乏，角膜混浊、软化，病情进行性发展可导致失明。

4. 治疗配合　①出疹期一般不用退热，高热也不可滥用物理降温，退热药更应慎用，禁用冷敷，忌用乙醇擦浴，以免妨碍出疹。如无并发症，体温在38.5℃以上时，可酌情给小剂量退热药。②注意皮肤、口腔、鼻腔及眼的护理，发疹期应清洁皮肤，勤翻身和更换内衣。眼分泌物多时，可用0.9%氯化钠液或2%硼酸液清洗。

5. 心理护理　向患者及家属介绍关于麻疹的相关知识，缓解因病而生的焦虑和恐惧心理。指导家属做好患者的护理和病情监测及个人防护工作。

（考点：麻疹的护理措施）

五、健康教育

做好麻疹的预防宣传，特别要让孩子的家长知道麻疹是严重威胁儿童健康的一种传染病，要大力宣传接种麻疹减毒活疫苗对预防本病的重要作用。对麻疹的密切接触者应医学观察3～4周，以便早期进行隔离和治疗。流行期间易感儿不要去公共场所。新生儿需按照儿童免疫接种程序在出生后8个月接种麻疹减毒活疫苗。年幼体弱者接触麻疹患者后，应争取在5日内肌内注射人血丙种球蛋白0.1～0.2ml/kg进行被动免疫，可防止发病或减轻症状。

（考点：麻疹的隔离与预防）

第 4 节 流行性出血热患者的护理

案例 3-4 患者，男，29 岁，农民，所生活的地区鼠害比较严重，是流行性出血热疫区。患者近 10 天一直参加秋收，3 天前突发高热、寒战、头痛、全身酸痛，尤以肾区疼痛为甚。体格检查：体温 38℃，血压 100/60mmHg，烦躁，面色潮红，酒醉貌。睑结膜、咽部、颊黏膜充血、水肿，并有点状出血。全身皮肤散在瘀点、瘀斑，肾区叩击痛。辅助检查：WBC 16×10^9/L，N 0.83，L 0.17，RBC 5×10^{12}/L，PLT 62×10^9/L，Hb 150g/L；尿蛋白（+++），尿 RBC（++），可见各种管型尿。患者病情危重，情绪低落、焦虑。拟收住院，进一步检查治疗。

问题：1. 患者得了哪种疾病？
2. 有哪些护理诊断？
3. 给出主要护理措施。

流行性出血热（epidemic hemorrhagic fever，EHF）又称肾综合征出血热（hemorrhagic fever with renal syndrome, HFRS），是由流行性出血热病毒引起的自然疫源性疾病。临床上以发热、充血、出血、低血压休克和急性肾衰竭为特征。该病起病急，进展快，重症患者病死率高，是乙类传染病，需严格管理，也是我国目前重点控制的传染病之一。

一、概　述

（一）病原学

流行性出血热病毒也称汉坦病毒，属于布尼亚病毒科汉坦病毒属，为负性单链 RNA 病毒。由于抗原结构不同，流行性出血热病毒至少可分 20 个血清型，在我国流行的主要是Ⅰ型（野鼠型）和Ⅱ型（家鼠型）。其中Ⅰ型病毒感染引起的临床症状较Ⅱ型重。该病毒不耐热、不耐酸，加热 56℃ 30 分钟或 100℃ 1 分钟均可灭活，对紫外线和一般消毒剂也很敏感。

（二）发病机制

本病的发病机制尚不十分清楚，多数研究认为与病毒直接作用和病毒感染后诱发免疫损伤作用有关。主要有以下 2 种危害。①多器官损害：出血热病毒对人体呈泛嗜性感染，因而能引起多器官损害，其中肾脏损害最明显。损害形式主要为病毒的直接作用、免疫损伤作用等。②小血管病变：出血热病毒引起本病的基本病理变化是全身小血管广泛损伤，血管内皮细胞肿胀、变性、坏死，导致血管壁通透性和脆性增加，血浆外渗，引起组织水肿、出血。若血浆外渗严重，使血容量下降明显，可导致休克。以肾脏病变最明显，其次为心脏、脑垂体等。

（考点：EHF 发生休克、出血的原因）

（三）流行病学

1. 传染源　流行性出血热是人兽共患疾病，其主要宿主及传染源是啮齿类动物，主要是鼠类。在我国以黑线姬鼠和褐家鼠为主（图 3-8），林区主要是大林姬鼠，带病毒的动物可经粪、尿、唾液等排出病毒。

2. 传播途径　为多途径传播。①呼吸道传播：带病毒的鼠排泄物污染尘埃后可形成气溶胶，人经呼吸道吸入感染。②消化道传播：摄入被病毒污染的食物，经口腔及胃肠道黏膜感染。③接触传播：被鼠咬伤或者破损的皮肤直接接触有病毒的排泄物感染。④母婴传播：孕妇感染

图 3-8 褐家鼠（左）和黑线姬鼠（右）

本病后，病毒可经胎盘感染胎儿。⑤虫媒传播：鼠的寄生虫螨类也可能传播本病。

3. 人群易感性 人群普遍易感，病后可获持久免疫力。Ⅰ型病毒感染后产生的特异性 IgG 抗体可维持 1～30 年，Ⅱ型病毒感染后产生的特异性 IgG 抗体多在 2 年内消失。

4. 流行特征 ①地区性：本病广泛流行于亚欧大陆，我国为高流行区，流行趋势由北向南、由农村向城市扩展。②季节性：全年均可发病，但有明显的季节高峰，黑线姬鼠传播的流行高峰为每年 11 月至次年 1 月；褐家鼠的传播以 3～5 月为流行高峰。③人群分布：发病以男性青壮年较多，尤其是农民、矿工和野外作业者。

（考点：流行性出血热的传染源和传播途径）

二、护 理 评 估

（一）流行病学资料

询问是否来自出血热流行区，有无与鼠类接触史，或进食被鼠的尿、唾液和粪便污染的水和食物，曾否在野外作业及宿营，既往是否患过此病，是否进行了预防接种。同时注意患者的年龄、职业。

（二）身心状况

1. 临床表现 潜伏期 4～46 日，平均 1～2 周。主要表现为发热、出血、肾损害三大症状，典型患者病程分为 5 期，即发热期、低血压休克期、少尿期、多尿期和恢复期。轻型患者分期不明显，多有越期现象，而重型患者常出现发热期、休克期及少尿期重叠的现象。

（1）发热期：突起畏寒、高热，24 小时内体温可迅速升至 39～40℃，热型一般以稽留热为主，持续 3～7 天。体温越高，热程越长，则病情越重。伴随有全身中毒症状，如头痛、腰痛、眼眶痛（三痛）及关节肌肉酸痛；食欲减退、恶心、呕吐、腹痛、腹泻等；部分患者出现嗜睡、烦躁不安、谵妄、神志恍惚等神经系统症状。出现毛细血管损伤表现（图 3-9，彩图 9），如在颜面、颈部、胸部出现充血性皮疹（皮肤三红）；球结膜出现渗出性水肿；在腋下、胸背部出现出血点或呈条索状，甚至有少数患者出现呕血、便血、咯血等。出现蛋白尿、血尿和尿量减少等肾脏损害的表现。

（2）低血压休克期：多在发热期末或热退时出现，少数热退后发生，出现代偿性低血压、低血压倾向、低血压，最后发展为休克，一般发生于病程的第 4～6 天，持续 1～3 天。持续时间的长短，取决于病情轻重和治疗措施是否及时、正确等。严重者可为顽固性休克，易并发弥散性血管内凝血（DIC）、急性呼吸窘迫综合征（ARDS）、急性肾衰竭、脑水肿等。

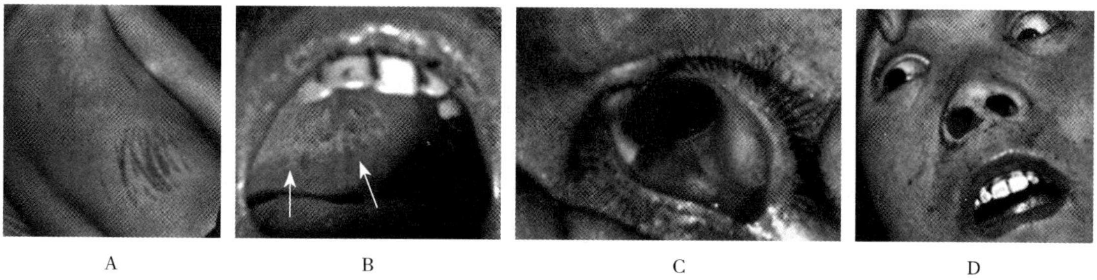

图3-9　流行性出血热毛细血管损伤表现

（3）少尿期：是本病进入极期的标志，具有明显特征，一般发生在起病后第5～8天，持续2～5天，病情越重，则持续时间越长。以少尿或无尿，尿毒症，水和电解质、酸碱平衡紊乱为特征，严重者出现高血容量综合征和肺水肿。

（4）多尿期：多发生在病程的第9～14天，持续7～14天。尿量500～2000ml/d为移行期，血尿素氮、肌酐仍可上升；尿量2000ml/d为多尿早期，后期可达3000ml/d以上。此期可再次出现继发性休克、急性肾衰竭及电解质紊乱。

（5）恢复期：多尿期后一般情况好转，尿量逐渐恢复至2000ml/d或以下。一般需1～3个月体力才能恢复。部分患者恢复期后出现慢性肾功能损害、高血压、垂体功能减退。

（6）并发症：腔道出血（消化道出血最常见）、继发性感染、中枢神经系统病变、心源性肺水肿、ARDS、自发性肾破裂、心肌损害和肝损害等。

知识链接

流行性出血热患者发热期主要表现口诀

发烧脸红酒醉貌，头痛腰痛胜感冒，皮肤黏膜出血点，恶心呕吐蛋白尿。

（考点：典型流行性出血热患者的临床分期）

2．心理－社会状况　了解患者及其家属对本病的认识，患者是否出现恐惧、焦虑等不良情绪，是否有性格改变。

（三）辅助检查资料

重点了解患者的血常规、尿常规、血液生化及血清学检查结果。

1．血常规检查　常出现白细胞总数增高，可达（15～30）×10^9/L，出现异型淋巴细胞有助于诊断；血小板常有不同程度下降。

2．尿常规检查　早期即可出现蛋白尿，可伴有血尿和管型尿；少数患者尿中可出现膜状物（为凝血块、蛋白和上皮细胞共同构成的凝聚物）。

3．血液生化检查　在低血压休克期血尿素氮和血清肌酐开始升高，少尿期升高最明显；休克期和少尿期以代谢性酸中毒为主（pH、CO_2CP下降）；血清钠、氯、钙在病程中均降低，血钾在少尿期增高、多尿期降低。

4．血清学检查　可检出特异性抗原和特异性抗体，作为本病的诊断依据。

（四）治疗要点

1．治疗原则　本病以综合疗法为主，治疗原则为“三早一就”，即早发现、早休息、早治疗和就近治疗。早期可应用抗病毒治疗（如利巴韦林、干扰素等），中晚期主要是对症治疗，重点防治休克、出血和肾衰竭（过“三关”）。

2．各期治疗要点 ①发热期的治疗以控制感染，减轻血浆外渗，改善中毒症状和预防DIC为目的。②低血压休克期重点是积极补充血容量，以早期、快速、适量为原则，晶体与胶体之比为3∶1，晶体液以平衡液为主，并注意纠正酸中毒和改善微循环。③少尿期要严格控制入量，以稳定机体内环境、利尿、导泻、透析疗法为主。④多尿期的治疗则应注意维持水和电解质的平衡，防治继发感染。⑤恢复期的治疗为补充营养，定期复查肾功能，逐步恢复活动与工作。

（考点：流行性出血热的治疗原则）

三、护理问题

1．体温过高 与流行性出血热病毒感染引起的病毒血症有关。

2．组织灌注量改变 与全身广泛小血管损害有关。

3．体液过多 与病变损害肾脏致少尿有关。

4．有组织完整性受损的危险 与皮肤黏膜瘀点、瘀斑有关。

5．潜在并发症：腔道出血、内脏出血、DIC、肺水肿、继发感染等。

6．营养失调：低于机体需要量 与发热、呕吐、进食减少、大量蛋白尿有关。

7．知识缺乏：缺乏流行性出血热的相关知识。

四、护理措施

1．消毒与隔离 在单间病室内严密隔离至病后10天，患者的分泌物、排泄物及污染物及时严格消毒，病室每日消毒并严格探视制度，防止交叉感染。

2．休息与体位 疾病早期应绝对卧床休息，协助患者保持舒适体位，切忌随意搬动，以免加重出血；嘱咐患者不要过早下床活动，恢复期可逐渐增加活动量。

3．饮食与营养 不同病期的患者饮食要求不同，高热期、低血压休克期宜给予高热量、高维生素饮食，适当增加饮水量；少尿期则应给予高糖、高维生素、低钾、低钠、低蛋白饮食，严格限制饮水量；而多尿期应遵医嘱注意液体、电解质、蛋白质和维生素的补充，指导患者摄取高蛋白、高糖和富含多种维生素的食物，如鱼、虾、蛋、瘦肉、新鲜水果、蔬菜等，尤其注意摄取含钾多的食物。

4．对症护理

（1）高热的护理：以物理降温为主，如头部冰帽、大血管处放冰袋，高热伴四肢厥冷可用温水擦浴，但不能使用乙醇擦浴，以免加重皮肤的充血、出血损害。遵医嘱使用小剂量退热剂，但忌用大剂量和发汗退热药，以防大量出汗诱发低血压休克。

（2）皮肤黏膜的护理：减少对皮肤的不良刺激，保持床铺清洁、干燥、平整，衣裤应宽松、柔软，出汗较多时应及时更换。帮助患者定时变换体位，骨突处用软垫适当衬垫。避免推、拉、拽等动作，以免造成皮肤的破损，测血压时袖带绑扎不可过紧和时间过长，以防加重皮下出血。做好口腔护理，保持口腔黏膜的清洁、湿润，及时清除口腔分泌物及痰液。保持会阴部清洁，留置导尿应做到无菌操作，定时膀胱冲洗。

（3）低血压休克的护理：一旦出现休克症状，配合医生采取以下措施。①迅速建立静脉通道，按医嘱准确、快速、适当地输入液体以扩充血容量，并及时输入碱性溶液及血管活性药物，以迅速纠正休克。注意观察心功能状况，避免发生急性肺水肿。②给予吸氧。③患者可因出血导致循环衰竭，应做好交叉配血、备血及其他的输血准备工作。④备好抢救药品及物品。

（4）体液过多的护理：注意控制补液量和补液速度，按“量出为入，宁少勿多”的原则输入液体，出现高血容量综合征时应减慢输液速度或停止输液，遵医嘱给予利尿、导泻等处理，如发生急性肾衰竭时给予相应的护理，对需要透析治疗的患者，配合做好透析护理。

5. 病情观察　密切监测生命体征和意识状态的变化，注意观察体温骤降、烦躁不安、脉搏增快、脉压缩小等休克早期征象。观察皮肤黏膜瘀点、瘀斑情况，注意有无呕血、便血、咯血、颅内出血等腔道及内脏出血征象。密切观察尿量及尿液的颜色变化，严格记录24小时出入液量，注意有无腹胀、恶心、呕吐、厌食等消化道症状，监测血尿素氮和血肌酐的变化。密切观察病程进展情况和治疗效果，注意电解质、酸碱平衡的监测和凝血功能的检查。

6. 用药护理　遵医嘱使用抗病毒药物、止血药物，并给予抗休克、抗DIC等治疗，注意观察药物疗效和不良反应。

7. 心理护理　给患者和家属介绍疾病相关知识并告知病情变化。细心倾听患者的诉说，并尽力满足其需求。多与患者沟通，给予关爱和支持，减轻患者心理压力，增强战胜疾病的信心。

五、健康教育

1. 宣传流行性出血热的相关知识　包括其流行条件、临床表现、防治要点等。

2. 宣传流行性出血热的预防措施　强调防鼠、灭鼠是预防本病的关键。在野外工作或疫区工作时应加强个人防护，按要求戴口罩，穿“五紧服”，系好领口、袖口等，不直接用手接触鼠类及其排泄物，防止鼠类排泄物污染食物。重点人群可进行流行性出血热灭活疫苗接种。

3. 对患者和家属的指导　正确认识疾病，只要做到“三早一就”，预后较好，但恢复期一般较长，出院后仍需继续休息1～3个月。休息期间要做到生活有规律，保证足够的睡眠，参与力所能及的活动，避免劳累，加强营养，以促进康复，并定期随访复查血压及肾功能。

（考点：流行性出血热的护理措施）

第5节　狂犬病患者的护理

案例3-5　患者，男，45岁。40天前被其饲养的宠物犬咬伤手指，有少许出血，未对伤口进行处理，未接种狂犬疫苗。近2天出现恐水、怕风、咽喉部紧缩、吞咽困难等症状而入院。体格检查：体温39℃，脉搏120次/分，血压100/68mmHg，神志清楚，表情极度恐惧，大量流涎，烦躁不安。声、光、风刺激均可引起咽肌痉挛及全身肌肉抽搐。主诉伤口处有发麻及蚁走样感觉。辅助检查：血白细胞12.2×10^9/L，中性粒细胞0.85，淋巴细胞0.15。初步诊断为狂犬病。患者处于极度恐惧状态，家属悲痛欲绝。

问题：1. 根据以上病情及流行病学资料考虑诊断狂犬病的依据？
2. 可提出哪些护理诊断？
3. 列出主要的护理措施。

狂犬病（rabies）又称恐水症，是由狂犬病毒引起的一种人畜共患的中枢神经系统急性传染病。人多因被病犬、病猫或野生动物咬伤或抓伤而感染发病。临床表现以特有的恐水、怕风、恐惧不安、咽肌痉挛、进行性瘫痪等为特征。病死率几乎达100%。狂犬病是迄今人类唯一病死率高达100%的急性传染病。近十年来，我国狂犬病发病人数逐年下降，由2007年3300例减少至2016年的644例，防控工作取得了很大成效，但因狂犬病而导致死亡的人数仍高居我国法定传染病报告死亡人数的前三位，成为一个较为突出的公共卫生问题，引起了社会各界的广泛关注。

一、概　　述

（一）病原学

狂犬病毒属弹状病毒科，呈子弹形，由最外层的脂质双分子层外膜、结构蛋白外壳和负载遗传信息的RNA分子构成。目前普遍认为狂犬病毒有四个不同的血清型。狂犬病毒抵抗力非常弱，在表面活性剂、甲醛、升汞、酸碱环境下会很快死去，并且对热和紫外线极其敏感。

（二）发病机制

狂犬病毒自皮肤破损处侵入人体内，对神经组织有强大的亲和力，其病程可分为3个阶段。

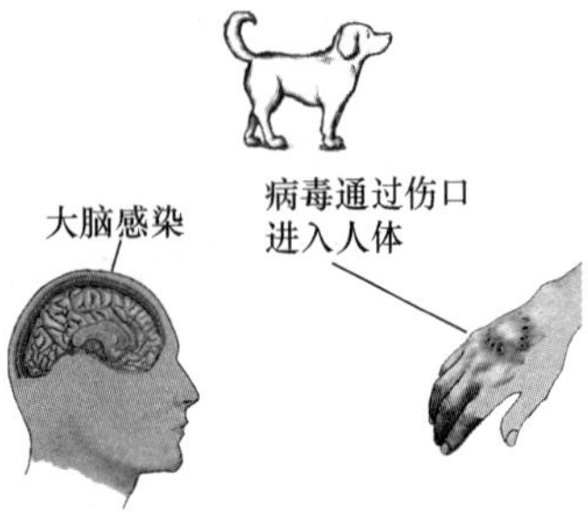

图3-10　狂犬病毒感染

①局部组织繁殖期：病毒自咬伤部位侵入后，先在伤口附近的肌细胞内小量繁殖，并停留1～2周或更久。②侵入中枢神经期：由伤口近处的末梢神经向中枢神经做向心性扩展进入脊髓，进而入脑，主要侵犯脑干、小脑等处的神经细胞，一般不进入血流（图3-10）。③向各器官扩散期：病毒从中枢神经向周围神经呈离心性扩散，侵入各器官组织。由于迷走、舌咽及舌下脑神经受损，致吞咽肌及呼吸肌痉挛，可出现恐水、吞咽困难和呼吸困难等症状。交感神经受累时可出现唾液分泌和出汗增多。

具特征性的病变是神经细胞质内可见嗜酸性包涵体，称为内基小体，为狂犬病毒的集落，呈圆形或椭圆形，染色后呈樱红色，具有诊断意义。

被病兽咬伤后是否发病与下列因素有关：①咬伤部位为头、面、颈、手指处，神经血管分布丰富，发病机会多。②咬伤严重，伤口深而大者发病率高。③伤口及时彻底清洗处理者可减少发病机会。④及时、全程、足量注射狂犬病疫苗者发病率低。⑤被咬者的免疫功能低下则易发病。

（考点：狂犬病毒主要侵害部位）

（三）流行病学

1. 传染源　带狂犬病毒的动物是本病的传染源，在我国95%以上狂犬病是由狂犬所致，其次为猫、猪、牛、马等家畜和野兽。患者的唾液可含有少量病毒，但一般认为不是主要传染源。

2. 传播途径　主要通过被病犬咬伤、抓伤引起传播，也可由带病毒唾液经伤口、舔伤的黏膜和皮肤而侵入。少数可在病犬宰杀、剥皮、切割等过程中被感染。

3. 易感人群　人被病犬咬伤后的发病率为15%～30%，被病狼咬伤后发病率为50%～60%。若能及时处理伤口，并正确接种疫苗，本病发病率可降至0.15%左右。

（考点：狂犬病的传染源和传播途径）

二、护 理 评 估

（一）流行病学资料

询问有无被可疑病犬、病猫等咬伤、抓伤、舔伤史，有否及时进行伤口处理和立即用狂犬病疫苗进行全程预防接种。

（二）身心状况

1. 临床表现　潜伏期长短不一，5 日至 19 年或更长，一般为 1～3 个月。临床分两型，兴奋型（典型）最常见，瘫痪型偶见。兴奋型又分前驱期、兴奋期和麻痹期。

（1）前驱期：持续 1～4 日，主要表现为局部感觉异常，在已愈合的伤口附近及其神经通路上有麻、痒或疼痛感，其远端可有间歇性放射刺痛，四肢有蚁走感，同时常出现全身症状，如低热、头痛、乏力、烦躁、恐惧不安等，继之对声、光、风等刺激敏感且有咽喉发紧症状。

（2）兴奋期：持续 1～3 日，主要表现为怕水、怕风、怕声、怕光和兴奋不安，恐怖异常。最典型的症状为恐水，饮水、见水、闻流水声甚至谈到饮水都可诱发严重的咽肌痉挛，因此常渴极而不敢饮，饮后也无法下咽。微风、音响、触摸等也可引起咽肌痉挛（图 3-11）。严重者可伴呼吸肌痉挛而发生呼吸困难，甚至全身抽搐。自主神经系统功能也亢进，表现为大汗、心率增快、血压升高、唾液分泌增加（图 3-12）。因不能饮水且多汗故常有脱水。体温常升高至 38～40℃。神志大多清晰，偶可出现精神失常、谵妄、幻听等，但咬人者少见。

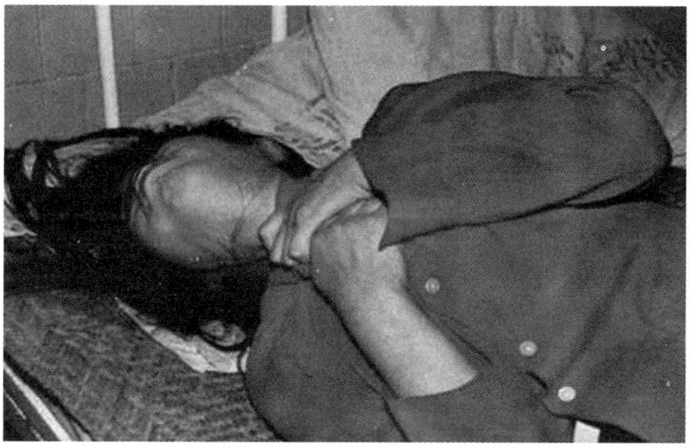

图 3-11　狂犬病咽肌痉挛

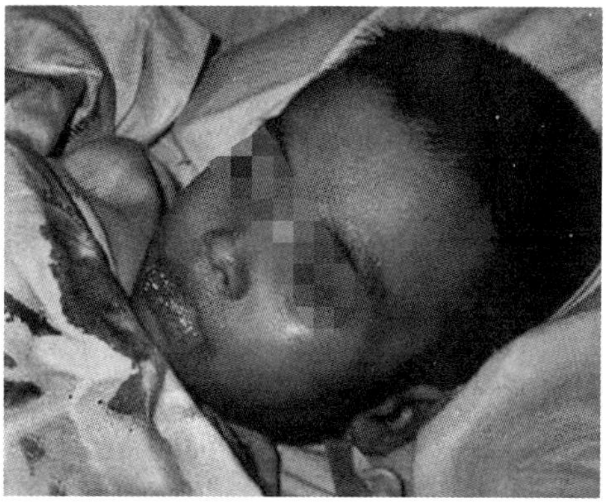

图 3-12　狂犬病患者大量流涎

（3）麻痹期：持续 6～18 小时。患者渐趋安静，痉挛发作停止，出现各种瘫痪，其中以肢体瘫痪较为多见，也可有眼肌、面肌及咀嚼肌瘫痪，表现为眼球运动障碍、下颌下垂、口流唾液，同时也可有失音、感觉减退、反射消失、瞳孔散大、呼吸微弱或不规则、昏迷，常因呼吸和循环衰竭而迅速死亡。

整个病程平均 4 日，一般不超过 6 日，超过 10 日者极少见。

2. 心理 - 社会状况　患者因极度恐水、怕风、呼吸肌及咽肌痉挛等严重病症带来的极大痛苦及家属的误解而产生恐惧、绝望的心理。家属因患者病情重、预后差而产生焦虑、悲观情绪。

（考点：狂犬病的临床表现）

（三）辅助检查资料

1. 血、尿常规　周围血白细胞总数轻中度升高，中性粒细胞一般占 80% 以上。尿常规检查可发现轻度蛋白尿，偶有透明管型。

2. 脑脊液　脑脊液压力可稍增高，细胞数稍增多，一般不超过 200×10^6/L，主要为淋巴细胞，蛋白轻度增高，糖及氯化物正常。

3. 免疫学检查 血清中和抗体于病后 6 日测得，病后 8 日 50% 呈阳性，15 日时全部阳性。疫苗注射后，中和抗体大多<10U，而临床患者可达 640U。

4. 病毒分离 有活检与尸检两个途径，前者从唾液、脑组织、脑脊液及尿沉渣等均可分离出病毒，以脑组织阳性率最高。尸检时，咬伤局部、心包、肾上腺、胰、肝等均可获阳性培养。

（四）治疗要点

目前尚无特效疗法，以对症、支持等综合治疗为主。

1. 单病室隔离患者，防止唾液污染。

2. 尽量保持环境和患者安静，减少水、光、风、声等刺激。

3. 狂躁时用镇静剂；加强监护和治疗，吸氧，必要时气管切开；注意内环境稳定，维持呼吸和循环功能等。

三、护理问题

1. 皮肤完整性受损 与动物咬伤或抓伤有关。

2. 有受伤的危险 与患者高度兴奋、狂躁有关。

3. 有暴力行为的危险 与患者高度兴奋、狂躁有关。

4. 恐惧 与患者预感有生命危险、恐水、怕风有关。

5. 体液不足 与患者恐水，不能饮水及进食、多汗等有关。

四、护理措施

（一）隔离与休息

接触隔离；患者应卧床休息，狂躁患者应注意安全，必要时给予约束。

（二）有暴力行为危险的护理

1. 严密隔离，单室专人护理，病室应安静、避光、不放水容器，周围不要有噪声、流水声。

2. 严格执行陪护制度，减少家属探视，同时室内悬挂深色窗帘，液体用黑色塑料袋包裹或衣物遮盖，操作过程中不提及水字，并不使液体触及患者。门、桌、椅用布包裹，避免或减少不必要的刺激，如光、风吹、音响、水声等。

3. 各种检查、治疗及护理操作应简化，并尽量使用镇静剂后集中进行，动作轻快。

4. 患者安静时及时给予修剪指甲，必要时给其戴棉制手套；尽量用静脉留置针，并用纸板等物品做好固定，避免烦躁时针头脱落；躁动不安时加床栏或适当约束，防止发生外伤或伤及他人。

5. 遵医嘱使用镇静药物如地西泮、苯巴比妥、氯丙嗪、异丙嗪等，并观察药物效果，做好记录。

（三）饮食护理

评估、记录吞咽困难的程度。选择容易吞咽的软食，供给足够的热量、蛋白质和维生素。给患者提供充足的进食时间，必要时遵医嘱给予鼻饲或静脉补充营养。大多数患者神志清醒，内心恐惧，医护人员应关心、体贴，使患者有安全感。

（四）低效性呼吸形态的护理

1. 严密观察病情，做好各项护理记录。

2. 保持呼吸道通畅，及时清除口腔及呼吸道分泌物。

3．遵医嘱适时给予氧气吸入。

4．备好急救药品及器械，必要时做好气管插管、气管切开准备。

（五）护理患者的同时医护人员要做好个人防护

医护人员须戴口罩，穿隔离衣及戴手套。患者流涎或有呕吐时需加铺一次性中单，小便失禁时给患者用接尿器，必要时插导尿管。患者的分泌物、排泄物及其污染物，均需严格消毒后焚烧并深埋，患者住过的病室及用过的物品要彻底消毒。

（六）心理护理

对狂犬病患者应倍加爱护与同情，因大多数患者神志清晰，内心恐惧不安，故对患者应关心体贴、语言谨慎，做好治疗与专人护理，使患者有安全感。

五、健 康 教 育

1．大力宣传狂犬病的预防知识　严格管理家犬、家猫等，凡可疑病兽均应立即杀死，并烧毁或深埋。讲述被犬咬伤后立即、彻底进行伤口处理及注射狂犬病疫苗对降低狂犬病发病率的重要作用。

2．伤口处理　尽快用 0.1% 苯扎溴铵或 20% 肥皂水（两者不能合用）彻底冲洗伤口至少 30 分钟，并挤出污血；深部伤口用注射器插入进行冲洗。冲洗后以 70% 乙醇及 2% 碘酊涂擦伤口。伤口一般不予缝合，也不宜包扎。此外，可使用破伤风抗毒素及抗生素预防感染。

3．预防接种　①主动免疫。疑为狂犬病的动物咬伤、抓伤者，应立即用狂犬病疫苗进行全程预防接种。常用的是地鼠肾疫苗，全程 5 针，在 30 天内注射完毕，按程序分别在第 0、3、7、14 和 30 日各注射 1 针（2ml）。严重咬伤者可加用疫苗，全程 10 针，即当日至第 6 日每日一针，之后分别于第 10、14、30、90 日再各注射 1 针。②被动免疫。使用抗狂犬病免疫血清，成人剂量为 20ml，以一半剂量做伤口四周及底部的浸润注射，另一半剂量肌内注射。或用人狂犬病免疫球蛋白，1 次肌内注射剂量为 20U/kg。③高危人群暴露前预防接种。如接触狂犬病的工作人员、兽医、山洞探险者、动物管理人员，应做疫苗接种，每次 2ml，共 3 次，肌内注射。

（考点：狂犬咬伤伤口处理和预防接种）

第 6 节　流行性乙型脑炎患者的护理

案例 3-6　患者，女，28 岁，农民。于 2010 年 8 月 6 日开始发热、头痛、头晕、周身疲乏、四肢肌肉酸痛，之后体温逐日上升，头痛加重，伴恶心呕吐，至 8 月 10 日体温达 40.7℃，出现神志恍惚，答非所问，下肢瘫痪。既往体健，无传染病史，无传染病接触史，既往未接种过乙脑疫苗，家中及周围蚊子较多。入院体格检查：T 39.5℃，P 90 次 / 分，R 32 次 / 分，BP 120/80mmHg，昏迷状态，被动体位，对重刺激尚有反应。双侧瞳孔等大，对光反射存在，颈项强直。心肺无异常，腹平软，肝脾未触及。两下肢呈迟缓性瘫痪，腱反射未引出，巴宾斯基征（－），凯尔尼格征（±）。血常规：白细胞 15.6×10^9/L，中性粒细胞 0.58，淋巴细胞 0.42。脑脊液检查：外观无色透明，压力增高，白细胞 250×10^6/L，蛋白 0.69g/L，糖 0.5g/L，氯化物 7.4g/L。临床诊断：流行性乙型脑炎。

问题：1．如何对该患者进行护理评估？

2．可提出哪些护理诊断？

3．列出主要的护理措施。

流行性乙型脑炎（epidemic encephalitis B）简称乙脑，是由乙脑病毒引起的以脑实质为主要病变的中枢神经系统急性传染病。临床特征为高热、惊厥、抽搐、意识障碍、呼吸衰竭、脑膜刺激征及其他神经系统症状。重症患者可出现中枢性呼吸衰竭，病死率高，部分患者可留有后遗症。乙脑属于乙类传染病，需严格管理。

一、概　　述

（一）病原学

乙脑病毒属黄病毒科，为 RNA 病毒，具有嗜神经性，其抗原性较稳定，人与动物感染后体内可产生补体结合抗体、中和抗体及血凝抑制抗体。乙脑病毒在外界抵抗力不强，不耐热，对乙醚和酸均很敏感，易被一般消毒剂杀灭，加热 100℃ 2 分钟或 56℃ 30 分钟可灭活，但能耐低温和干燥。

（二）流行病学

1. 传染源　乙脑是人兽共患的疾病，猪是本病的主要传染源，其次是马、牛、羊、鸡、鸭等。

知识链接

为什么猪是乙脑的主要传染源，而不是人？

动物感染乙脑病毒后并不发病，但血中含有大量病毒而成为传染源。在流行区家畜、家禽感染率高，可在动物中先引起流行，因猪饲养面广、更新快、感染后病毒血症时间长病毒数量多，而成为最主要的传染源，其中幼猪的感染率可高达 100%。人感染乙脑病毒后，血中病毒数量少，病毒血症期短，故作为传染源意义不如动物。

2. 传播途径　蚊虫叮咬是乙脑的主要传播途径，三带喙库蚊是主要传播媒介。蚊虫可携带病毒越冬并经卵传代，成为乙脑病毒长期的储存宿主，乙脑病毒在蚊体内增殖，动物被蚊叮咬后形成“蚊－动物－蚊”循环。

3. 人群易感性　人群普遍易感，但感染后仅少数发病，大多为隐性感染［乙脑患者与隐性感染者之比为 1∶（1000～3000）］，发病以 10 岁以下儿童居多，感染后可获持久免疫。近年来由于儿童广泛接种疫苗，发病率有所下降，但成人和老年人发病比例相对增高。

4. 流行特征　本病具有严格的季节性，主要流行于夏、秋季，80%～90% 的病例集中于 7、8、9 三个月内，这与气温、雨量和蚊虫孳生密度高峰有关。多发生于儿童，我国多数地区都有乙脑病例报道。

（考点：乙脑流行病学）

（三）发病机制

乙脑病毒感染人体后，首先在单核－巨噬细胞内繁殖，继而入血，一般只形成短暂的病毒血症，多数情况下乙脑病毒不侵入中枢神经系统而呈现隐性感染或轻型感染，仅在少数情况下（机体免疫力低下，病毒量多，毒力强），病毒才通过血脑屏障进入中枢神经系统（图 3-13），引

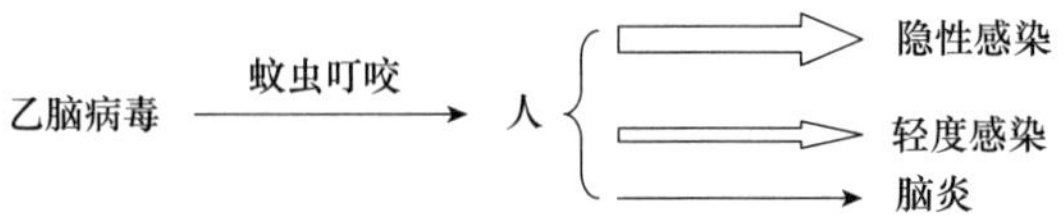

图 3-13　乙脑发病机制示意图

起脑实质广泛性炎症损害，其中以大脑皮质、间脑和中脑病变最为严重。脑实质病变、颅内压升高、脑水肿等，可引起意识障碍、惊厥或抽搐、呼吸衰竭等临床表现，以及与脑实质损伤部位相应的神经系统症状和体征。

二、护 理 评 估

（一）流行病学资料

询问居住地有无病猪、蚊虫密度及被蚊虫叮咬史，当地有无乙脑流行，近期是否接种过乙脑疫苗，以往是否患过乙脑。

（二）身心状况

1. 临床表现　潜伏期为 4～21 日，一般为 10～14 日。典型临床经过分为 4 期。

（1）初期：为发病的第 1～3 日。起病急，体温在 1～2 日升高，可达 39～40℃，伴头痛、恶心、呕吐，部分患者可有嗜睡，少数患者出现颈项强直及抽搐。

（2）极期：为病程第 4～10 日。初期症状加重，以脑实质受损症状为主。

1）持续高热：为乙脑必有的症状，体温可高达 40℃以上，体温越高，持续时间越长，则病情越重。此期一般持续 7～10 日，重者可长达 3 周。

2）意识障碍：为乙脑的主要症状，可表现为定向力障碍、嗜睡、昏睡、昏迷或谵妄（图 3-14）。昏迷越早、越深、时间越长，则病情越重。此期一般持续 1 周左右，重者可长达 4 周。

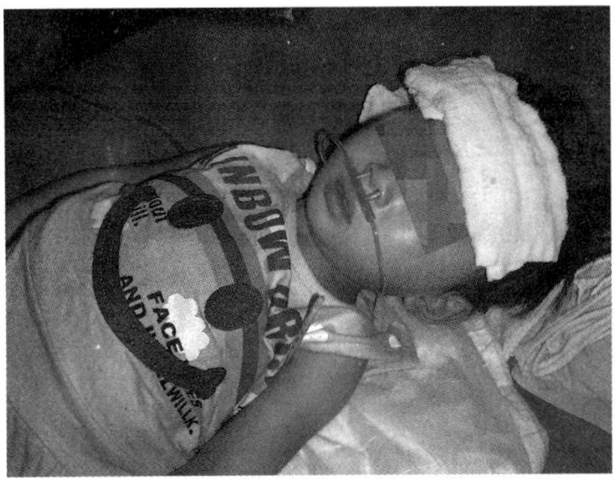

图 3-14　乙脑患者持续高热、昏迷

3）惊厥或抽搐：是乙脑的严重症状之一，轻者仅见于面部、手、足局部抽搐，重者肢体呈痉挛抽搐，甚至全身强直性抽搐，历时长短不等（数分钟至数十分钟），常伴有意识障碍。频繁抽搐可使缺氧和脑水肿加重，严重者导致发绀，甚至呼吸暂停。惊厥或抽搐发生的频率、程度、持续时间与病情严重程度有关。

4）呼吸衰竭：是乙脑最严重的表现，也是本病的主要死亡原因，见于重症和极重症患者。主要表现为呼吸节律不规则及幅度不均，如呼吸表浅、双吸气、叹息样呼吸、潮式呼吸等，最后呼吸停止；可伴有剧烈头痛、呕吐等颅内压增高的表现。如发生脑疝，患者除出现上述呼吸异常外，可伴昏迷、瞳孔忽大忽小、呼吸常突然停止等表现。也可因呼吸道阻塞、并发肺炎或脊髓受损所致呼吸肌麻痹而出现周围性呼吸衰竭，出现呼吸先增快后减慢、呼吸减弱、呼吸困难、发绀等，但呼吸节律整齐。

高热、抽搐和呼吸衰竭是极期的严重症状，三者之间互相影响，可形成恶性循环，其中中枢性呼吸衰竭是乙脑最主要的死亡原因。

5）神经系统症状和体征：①浅反射减退或消失，深反射先亢进后消失，病理反射如巴宾斯基 Babinski 征阳性。②脑膜刺激征，如颈项强直、凯尔尼格（Kernig）征阳性。③其他，如吞咽困难、失语、听觉障碍、肢体瘫痪、精神异常、大小便失禁或尿潴留（因自主神经受累引起膀胱和直肠麻痹）。

（3）恢复期：多数患者于发病 10 日后进入恢复期，体温逐渐下降，症状逐日好转，一般于

2 周左右完全恢复。重症患者恢复较慢，经治疗后多于 6 个月内恢复。

（4）后遗症期：少数重症患者在发病 6 个月后仍有精神、神经症状（如迟钝、失语、痴呆、吞咽困难、肢体瘫痪等），称为后遗症。发生率为 5%～20%，积极治疗后大多有不同程度的恢复，但癫痫后遗症常可持续终身。

（5）并发症：发生率为 10% 左右。以支气管肺炎最常见，多因昏迷患者呼吸道分泌物不易咳出或应用人工呼吸器后引起。此外，也可出现肺不张、败血症、尿路感染、压疮、消化道出血等并发症。

2．心理－社会状况　因发病急，进展快，症状表现突出，加之重症患者恢复较慢、预后差，少数留有后遗症，常可引起患者悲观失望，产生恐惧、焦虑不安等不良情绪。

知识链接

乙脑的临床分型

1．轻型　体温在 38～39℃，神志清楚，无明显临床表现，无后遗症，病程约为 1 周。

2．普通型　体温在 39～40℃，意识障碍，头痛、呕吐、脑膜刺激征阳性，病理反射阳性，无后遗症，病程 7～14 天。

3．重型　体温 40℃以上，昏迷，反复或持续抽搐，瞳孔缩小，病理反射阳性，有不同程度后遗症。

4．极重型　体温 40℃以上，深度昏迷，反复或持续强烈抽搐，常出现呼吸衰竭和脑疝，有严重后遗症。

（三）辅助检查资料

1．血常规　白细胞总数常为（10～20）$\times 10^9$/L，中性粒细胞增至 80% 以上。

2．脑脊液　压力增高，外观清亮或微混，白细胞计数多在（50～500）$\times 10^6$/L，分类早期以中性粒细胞为主，以后则以单核细胞为主。蛋白轻度增高、糖正常或偏高，氯化物正常。

3．血清学检查　特异性 IgM 抗体检查阳性可作为早期诊断之用。血凝抑制试验双份血清效价呈 4 倍增高有临床诊断意义。

4．脑部 CT 检查　乙脑早期可见病变部位出现低密度、境界欠清、与血管分布无关的改变，具有诊断价值。

（四）治疗要点

目前尚无有效的抗病毒药物，可试用利巴韦林、干扰素等药物，治疗以积极对症处理为主，降低乙脑病死率的关键是做好高热、惊厥和呼吸衰竭等危重症状的抢救。

1．高热采用物理降温和药物降温，高热伴抽搐者可采用亚冬眠疗法。

2．惊厥或抽搐时应去除病因和镇静止痉，如脑水肿以降低颅内压治疗为主；脑实质病变引起的抽搐，常首选地西泮，肌内注射或缓慢静脉注射；呼吸道痰液阻塞导致脑缺氧时应及时给予吸痰、吸氧。

3．中枢性呼吸衰竭，主要应用脱水剂和血管扩张剂（如东莨菪碱）改善微循环，减轻和消除脑水肿，及时清除呼吸道分泌物，必要时行气管插管或气管切开术，应用呼吸兴奋剂，使用呼吸机进行人工辅助呼吸，并适当应用抗菌药物预防感染。

4．有后遗症者，酌情予以针灸、理疗、按摩、高压氧治疗、语言及功能训练等。

三、护理问题

1．体温过高 与病毒血症及脑部炎症有关。

2．营养失调：低于机体需要量 与高热、呕吐、吞咽困难或昏迷不能进食有关。

3．焦虑 与病情重、预后差有关。

4．有受伤的危险 与脑实质炎症、脑水肿、高热及脑缺氧等导致患者出现惊厥、意识障碍有关。

5．潜在并发症：呼吸衰竭。

四、护理措施

（一）隔离与消毒

按虫媒隔离，隔离至体温恢复正常。

（二）一般护理

急性期严格卧床休息，将患者安置于安静、光线柔和、有防蚊设备的病室内，控制室温至30℃以下。嘱患者做好皮肤、眼、鼻、口腔的清洁护理。避免噪声、强光刺激，有计划集中安排各种检查、治疗、护理操作，减少对患者的刺激，以免诱发惊厥或抽搐。

鼓励患者多进食清淡流质饮食，如牛奶、豆浆、米汤、绿豆汤、果汁、西瓜水等；有吞咽困难或昏迷不能进食者给予鼻饲，制订合理的鼻饲计划，或遵医嘱静脉补充足够的营养和水分。

（三）病情观察

密切观察呼吸频率及节律、血压、意识状态，观察瞳孔形状、大小变化及对光反应等。观察患者有无两眼凝视，面部肌肉及口角、指（趾）抽动或惊厥等，如发现异常及时告知医生，并积极协助处理。遵医嘱使用镇静药物时注意观察患者的呼吸和意识状态，严格掌握药物剂量及用药间隔时间。观察患者有无呼吸困难、发绀、叹息样呼吸等呼吸衰竭症状，观察有无烦躁、喷射性呕吐、双侧瞳孔不等大、血压升高等脑疝症状。

（四）治疗配合

目前对乙脑治疗尚无有效的抗病毒药物，以积极对症和护理为主，尤其是对高热、惊厥和呼吸衰竭等危重症状的处理是抢救患者、降低病死率的关键。

1．高热护理 积极采取物理降温措施，如温水擦浴、头部予以冰帽、冰袋冷敷体表大血管处，或冷盐水灌肠，尽快将体温控制在38℃左右；同时采用地面洒水、放置冰块、电扇吹风、空调等措施降低室温，以利于皮肤辐射散热；或者遵医嘱使用退热药物或应用亚冬眠疗法，注意观察疗效及药物不良反应；定时监测并记录体温，直至体温恢复正常。

2．惊厥的护理 若出现烦躁不安、口角抽动、两眼凝视、眼球震颤、肌张力增高等，立即让患者取仰卧位，头偏向一侧，松解衣领，清理口鼻分泌物。并用缠有纱布的压舌板或开口器置于上下齿之间，以防止咬伤舌头，必要时用舌钳拉出舌头，以防舌后坠阻塞呼吸道。可遵医嘱使用止惊药。

3．呼吸衰竭的护理 及时清理呼吸道分泌物，按医嘱应用呼吸兴奋剂，必要时行气管切开术，使用人工呼吸机进行人工辅助呼吸。

（五）心理护理

关心患者，多与患者沟通，讲解乙脑的相关知识，解除患者焦虑不安、紧张、恐惧、急躁等不良情绪，尤其对有功能障碍或后遗症者，鼓励患者积极配合治疗，指导患者亲属给予心理支持和帮助，以利于康复。

（考点：乙脑的护理措施）

五、健 康 教 育

（一）宣传乙脑的预防知识

1. 说明防蚊、灭蚊和疫苗接种是预防乙脑的关键性措施。

2. 对 10 岁以下的儿童和从非流行区进入流行区的易感者进行乙脑疫苗接种。

3. 在流行季节加强对家畜的管理，尤其是幼猪，如有条件在流行季节前进行疫苗接种，有助于降低人群发病率。

4. 在流行季节，如出现高热、头痛、意识障碍时应尽快送医院诊治。

（二）对患者和家属的指导

1. 了解和掌握有关疾病知识。

2. 乙脑患者如有后遗症、功能障碍，应向患者及亲属说明积极治疗的意义，尽可能在 6 个月内恢复，鼓励患者坚持治疗和康复训练，以防成为不可逆的后遗症。

3. 教会家属切实可行的护理措施及康复疗法，如按摩、肢体功能训练及语言训练等，协助患者恢复健康。

（考点：乙脑预防的关键措施）

第 7 节　登革热患者的护理

案例 3-7　患者，男，29 岁，农民。3 天前开始出现乏力，1 天前出现发热畏寒，最高体温 39.2℃，感觉全身肌肉关节疼痛，头痛头晕，食欲减退，乏力加重。于 9 月 4 日就诊。患者家住广东，起病前有蚊子叮咬史，既往体健，无传染病史。体格检查：体温 38.7℃，脉搏 94 次 / 分，呼吸 20 次 / 分，血压 120/75mmHg；神志清，精神稍疲倦，颜面潮红，双下肢膝关节以下可见针尖大小的暗红色出血点，躯干皮肤散在浅红色斑丘疹；其余检查未见异常。实验室检查：血白细胞 3.1×10^9/L，登革病毒 NSI 抗原（+）、IgM 抗体（+）。临床诊断：登革热。

问题：1. 该患者临床表现及流行病学有何特点？

2. 可提出哪些护理诊断？

3. 列出主要的护理措施。

登革热（dengue fever）是由伊蚊传播登革病毒所致的急性传染病。其临床特点为突起发热、头痛，全身肌肉、骨骼和关节痛，疲乏、皮疹、淋巴结肿大及白细胞减少。

一、概　　述

（一）病原学

登革病毒属虫媒病毒 B 组中的黄病毒属，为 RNA 病毒，可分四个血清型，各型之间及与乙型脑炎病毒之间有部分交叉免疫反应。登革病毒不耐热，50℃ 30 分钟或 100℃ 2 分钟即可灭活，但耐低温与干燥，将患者血液贮存于冰箱内，可保持传染性数周。用乙醚、紫外线或 0.65% 甲醛可使之灭活。

（二）发病机制

登革病毒随伊蚊叮咬侵入人体，在单核 - 巨噬细胞系统复制，然后进入血流引起第一次病毒血症，而后病毒再次在组织中的巨噬细胞、外周血液的大单核细胞内复制，再进入血流形成第二次病毒血症，引起临床症状。机体产生的抗登革病毒抗体（又称促进性抗体）可促进病毒在上述细胞内复制，并与登革病毒形成免疫复合物，进而激活补体系统，导致血管通透性增加。同时抑制骨髓中白细胞、血小板系统，导致白细胞、血小板减少和出血倾向。

（三）流行病学

1. 传染源　患者和隐性感染者是主要传染源。在流行期间，轻型和隐性感染者的人数远较典型患者多，可能是更重要的传染源。患者在潜伏期末和发热期内有传染性。

2. 传播途径　通过蚊虫叮咬传播。我国海南省以埃及伊蚊为主，广东、广西地区则以白纹伊蚊为主。伊蚊也可能是登革病毒的储存宿主。

3. 人群易感性　在新流行区居民普遍易感，但发病以成人为主。而在地方性流行区因当地成年居民几乎都有免疫力，发病者以儿童为多。感染后对同型病毒有较巩固的免疫力，可维持多年；对异型病毒也有 1 年以上的交叉免疫。

（考点：登革热流行过程的三个环节）

4. 流行特征　登革热广泛流行于全球热带及亚热带地区，尤其是东南亚、太平洋岛屿及加勒比海地区，我国东南部是登革热流行区。全年均可发病，多见于夏秋雨季。通常先发生于城镇，而后向农村蔓延。新疫区暴发流行时来势凶猛，涉及面广，地方性流行区则有隔年发病率升高的趋势。

二、护 理 评 估

（一）流行病学资料

询问有无去过登革热流行区，既往是否患过此病，居住地蚊虫密度，有无蚊虫叮咬史。同时注意患者的发病季节和发病年龄。

（二）身心状况

1. 临床表现　潜伏期 2～15 日，通常为 5～8 日。典型登革热的表现为以下几点。

（1）发热与毒血症状：成人起病急骤，畏寒、高热，24 小时内体温可高达 40℃，持续 5～7 日后骤退至正常。部分患者发热 3～5 日后降至正常，1 日后又再上升，称为双峰热或马鞍热型。发热同时伴有头痛、眼球后痛、背痛，骨、关节、肌肉痛，极度乏力，恶心、呕吐，偶有腹痛、腹泻或便秘等。早期见颜面潮红、结膜充血及浅表淋巴结肿大。脉搏早期加速，后期可呈相对缓脉。

（2）皮疹：于病程第 3～6 日出现，多为斑丘疹或麻疹样皮疹（图 3-15，彩图 10），也有猩红热样疹或瘀点，可同时有两种以上皮疹。皮疹分布于全身，多有痒感，很少脱屑，持续 3～4 日后消退。

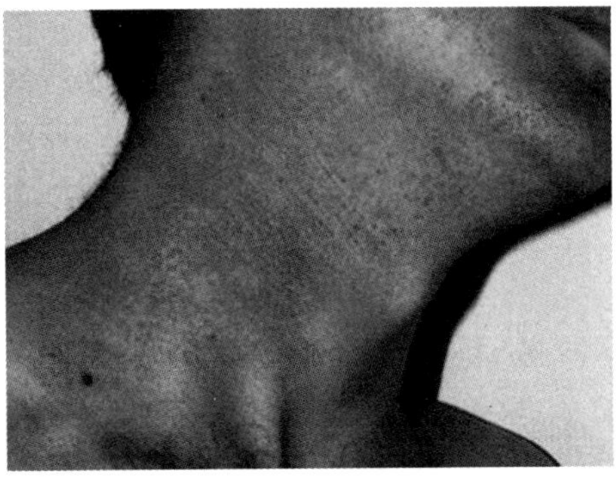

图 3-15　登革热皮疹

（3）出血：可有不同程度出血现象，如皮下出血、注射部位瘀点瘀斑、牙龈出血、鼻出血、呕血、便血、咯血、血尿等，多发生在病程的第 5～8 日。

（4）其他：约 25% 患者有轻度肝大。

（考点：典型登革热的临床表现）

2. 心理－社会状况　本病起病急，病情重，短期内变化迅速，常使患者及家属感到恐惧、焦虑。评估时注意了解患者及家属对疾病的发生、发展、流行及预防等方面的认识情况。

（三）辅助检查资料

1. 血常规　白细胞总数减少，中性粒细胞减少，有异常淋巴细胞。

2. 尿常规　可有少量蛋白、红细胞。

3. 血清学检查　单份血清补体结合试验滴度超过 1：32，红细胞凝集抑制试验滴度超过 1：1280 有诊断意义；双份血清，恢复期抗体滴度比急性期升高 4 倍以上可确诊。

4. PCR 法　检测急性期血清中的病毒 RNA，用于早期诊断和血清型鉴定。

5. 病毒分离　取早期患者血液，接种于白纹伊蚊细胞株（C6/36）、分离病毒后须经特异性中和试验或血凝抑制试验加以鉴定。

（四）治疗要点

1. 一般治疗　急性期应卧床休息，给予流质或半流质饮食，做好口腔和皮肤的清洁护理，保持大便通畅。

2. 对症治疗

（1）高热：物理降温，慎用解热镇痛药。毒血症状严重者短期内可使用小剂量肾上腺皮质激素。

（2）重型登革热有脑膜炎症状时，应及时使用脱水剂，如 20% 甘露醇快速静脉滴注或静脉注射，地塞米松静脉滴注等。甘露醇可与呋塞米等强效利尿药交替使用。

（3）补液：对大量出汗、呕吐、腹泻而导致脱水的患者应及时补液。在静脉补液过程中应密切观察病情，以防脑水肿的发生。

（4）休克：要快速补液扩充血容量，可适当应用低分子右旋糖酐或血浆。休克的治疗原则同其他感染性休克。

（5）出血：有出血倾向者可先用卡巴克络或酚磺乙胺、维生素 C、维生素 K 等，大出血时可输新鲜全血或血小板。有 DIC 者使用肝素。

三、护理问题

1. 体温过高　与登革病毒感染导致毒血症有关。
2. 有皮肤完整性受损的危险　与皮肤黏膜皮疹、瘀点有关。
3. 组织灌注量改变　与病变导致血管壁损伤和通透性增加有关。
4. 焦虑　与病情严重，短期内变化迅速有关。
5. 疼痛　与血管壁损伤和通透性增加有关。
6. 潜在并发症：急性血管内溶血。
7. 知识缺乏：缺乏登革热疾病相关的知识。

四、护理措施

1. 消毒与隔离　在有防蚊设备的病室中隔离至完全退热。病室安静清洁，空气新鲜流通，定期进行紫外线消毒。

2. 休息与体位　嘱患者卧床休息，保证足够睡眠，并注意保暖。

3. 饮食与营养　给营养丰富、清淡可口、易消化的流质或半流质饮食，少量多餐，避免刺激性食物。呕吐频繁不能进食者则静脉补充营养，昏迷者给予鼻饲饮食。

4. 密切观察病情变化　注意血压、脉搏、皮肤温度，如发现面色苍白、四肢厥冷、发绀、皮肤呈花斑状、血压下降或瘀点、瘀斑迅速融合成片，应立即报告医生并按休克患者进行护理。

5. 治疗配合

（1）高热护理：高热时以物理降温为主，如给予冷敷头部及大动脉，慎用止痛退热剂。若高热不退、毒血症状明显者，遵医嘱可用小剂量肾上腺皮质激素。

（2）皮肤护理：观察和评估皮疹、瘀点的部位、大小及消长情况。加强皮肤护理，做到以下几点：①保持床铺清洁平整，皮肤清洁干燥，及时更换被污染的被服，大小便随时清理。②保护皮疹瘀点，必要时可垫以气垫或空心圈。皮疹、瘀点在吸收过程中常有痒感，应给患者剪短指甲，避免抓破皮肤。③如瘀点破溃，先以生理盐水洗净局部，继之用红外线灯以适当距离进行烘烤，局部可涂抗生素软膏，完毕后局部敷消毒纱布。患者所用尿布及内衣裤应煮沸消毒。

（3）用药护理：遵医嘱使用有效药物，注意观察药物疗效及副作用。如出血情况严重，血小板减少，疑有 DIC 者，应备好肝素和鱼精蛋白，及时按医嘱进行抗凝治疗。静脉滴注肝素时应注意滴速缓慢，并且不能和其他药物混合。

6. 心理护理　向患者及家属解释疾病症状及治疗方法，给予心理支持，消除患者紧张、焦虑等不良反应，保持良好的心理状态。

五、健 康 教 育

1. 开展有关预防登革热的宣传教育　流行季节防止被媒介蚊虫叮咬，如使用蚊帐等防蚊设备。搞好环境卫生，消灭蚊虫孳生地。

2. 对患者和家属的指导　①给患者介绍有关登革热发生及病情变化、临床表现的相关知识，增强患者与疾病斗争的信心。②指导患者合理安排工作、学习和休息，保证充足睡眠，生活规律，注意劳逸结合，避免精神过度紧张和过度劳累，保持身心愉快。③指导患者及家属进行病情观察，以及早发现和防治急性血管内溶血、精神异常、心肌炎、肝肾综合征、尿毒症、急性脊髓炎等并发症。

（考点：登革热的预防）

第 8 节　手足口病患者的护理

案例 3-8　患儿，女，2 岁 8 个月，发热、口痛、咳嗽、头痛、手心及足底出现红色皮疹 2 天，收住院。体格检查：体温 39℃，脉搏 95 次 / 分，呼吸 24 次 / 分，血压 100/64mmHg。精神委靡，易激惹，偶见四肢抖动，手、足、口及臀部可见红色斑丘疹、疱疹。实验室检查：WBC 16.5×10^9/L，咽部分泌物 EV71 特异性核酸检测（＋）。X 线检查显示：双肺野纹理增粗、增多，有斑点状及小片状模糊影，边缘欠清。患儿所在的托儿所有手足口病发生。该患儿初步诊断为手足口病。家长焦虑不安，担心孩子病情加重。

问题： 1. 该患儿可能的感染途径是什么？

2. 可提出哪些主要护理诊断？

3. 如何制订护理措施并指导家长实施？

手足口病（hand-foot-mouth disease, HFMD）是由多种肠道病毒引起的急性传染病。机体感染病毒后，多呈隐性感染，少数发病。多发生于学龄前儿童。临床主要特征为发热、口痛、皮疹（手、足、口、臀等部位斑丘疹、疱疹、溃疡）。

手足口病是世界范围广泛流行的传染病，1957 年新西兰首次报道，1959 年命名手足口病。近年来，我国部分地区先后发生由肠道病毒 71 型感染引发的手足口病疫情，引起社会的广泛关注。2008 年我国原卫生部决定，将手足口病列入法定传染病的丙类传染病，需进行监督管理。

一、概　　述

（一）病原学

1．病原学　引起手足口病的肠道病毒包括柯萨奇病毒 A 组 16、4、5、7、9、10 型，B 组 2、5、13 型；埃可病毒和肠道病毒 71 型。其中以柯萨奇病毒 A16 型（Cox A16）和肠道病毒 71 型（EV 71）最为常见。肠道病毒传染性强，易引起暴发或流行。

肠道病毒适合在湿、热的环境下生存与传播，对紫外线及干燥敏感，各种氧化剂（高锰酸钾、漂白粉等）、甲醛、碘酒都能灭活病毒，病毒在 50℃可被迅速灭活。

（二）流行病学

1．传染源　人是肠道病毒的唯一宿主，患者和隐性感染者均为本病的传染源。病毒存在于患者的上呼吸道、口、鼻、咽分泌物、疱疹液、大便中，传染性很强。通常以发病后一周内传染性最强。其传染性可持续至症状、体征消失后数周。

2．传播途径　①主要通过消化道传播。②经呼吸道传播：吸入带病毒的飞沫被感染。③接触传播：接触患者的口鼻分泌物、皮肤或黏膜疱疹液、污染的手、污染的物品、患者的粪便等而感染，其中污染的手是接触传播中的关键媒介。

3．人群易感性　人对肠道病毒普遍易感，感染后可获得特异性免疫力，持续时间尚不明确。病毒的各型间无交叉免疫。本病多发生于学龄前儿童，6 个月至 5 岁以下儿童多见，尤以 3 岁以下年龄组发病率最高。

4．流行特征　本病分布极广泛，发病以夏秋季多见，常呈暴发流行后散在发生，流行期间，可发生幼儿园和托儿所集体感染和家庭聚集发病现象。肠道病毒传染性强、隐性感染比例大、传播途径复杂、传播速度快，在短时间内可造成较大范围的流行。

（考点：手足口病的流行病学特点）

二、护理评估

（一）流行病学资料

询问近期小儿所在托儿所、幼儿园有无手足口病流行，家人、邻居等密切接触者中有无手足口病患者。

（二）身心状况

1．临床表现　潜伏期多为 2～10 天，平均 3～5 天。

（1）轻症病例

1）发热：首发症状常为急起发热，体温 38℃左右，可持续 1～2 天，部分患者伴有咳嗽、流涕、喷嚏等感冒样症状，或食欲缺乏、恶心、呕吐、腹痛等胃肠道症状。

2）口痛：婴幼儿表现拒食，与口腔疱疹破溃后形成口腔溃疡有关。

3）皮疹：典型病例口腔黏膜出现散在疱疹，手、足和臀部出现斑丘疹、疱疹，疱疹周围可有红晕，疱内液体较少（图 3-16，彩图 11）。具有不痒、不痛、不结痂、不结疤"四不特征"。同一患者手、足、口、臀病损不一定同时出现。多在一周内痊愈，预后良好。

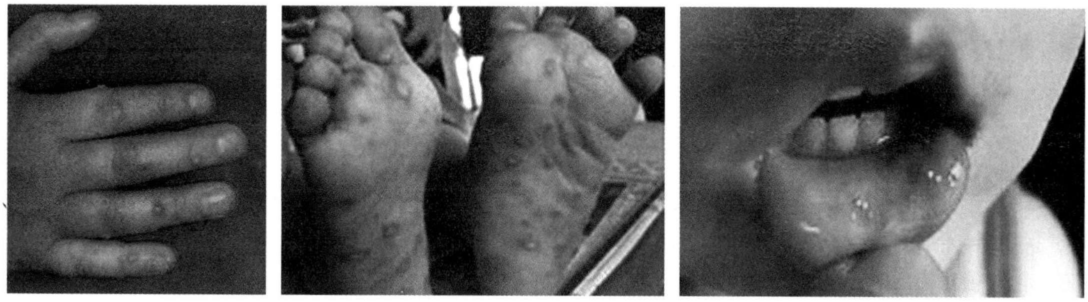

A　　B　　C

图 3-16　手足口病手、足、口部疱疹

（2）重症病例：少数病例（尤其是小于 3 岁者）病情进展迅速，在发病 1～5 天出现脑膜炎、脑炎、脑脊髓炎、肺水肿、循环障碍等，极少数病例病情危重，可致死亡，存活病例可留有后遗症。

1）神经系统表现：精神差、嗜睡、易惊、头痛、呕吐、谵妄甚至昏迷；肢体抖动，肌阵挛、眼球震颤、共济失调、眼球运动障碍；无力或急性弛缓性麻痹；惊厥。体格检查可见脑膜刺激征，腱反射减弱或消失，巴宾斯基征等病理征阳性。

2）呼吸系统表现：呼吸浅促、呼吸困难或节律改变，口唇发绀，咳嗽，咳白色、粉红色或血性泡沫样痰液；肺部可闻及湿啰音或痰鸣音。

3）循环系统表现：面色苍灰、皮肤花纹、四肢发凉，指（趾）发绀；出冷汗；毛细血管再充盈时间延长。心率增快或减慢，脉搏浅速或减弱甚至消失；血压升高或下降。

（3）隐性感染：隐性感染与显性感染之比为 100∶1，成人多以隐性感染为主，儿童多以显性感染为主。

（考点：手足口病的典型临床表现）

2．心理－社会状况　由于发热、出疹、全身不适等使小儿哭闹、拒食，家属焦虑不安。一旦出现并发症时，家属更感紧张、恐惧。评估时注意了解家属对疾病的发生、发展、预后及预防等方面的认识情况。

（三）辅助检查资料

1．血常规　白细胞计数正常或降低，病情危重者白细胞计数可明显升高。

2．病原学检查　CoxA16、EV71 等肠道病毒特异性核酸阳性或分离到肠道病毒。咽、气道分泌物、疱疹液、粪便阳性率较高。

3．血清学检查　急性期与恢复期血清中 CoxA16、EV71 等肠道病毒和抗体有 4 倍以上的升高。

4．其他检查

（1）血生化检查：部分病例可有轻度谷丙转氨酶（ALT）、谷草转氨酶（AST）、肌酸激酶同工酶（CK-MB）升高，病情危重者可有肌钙蛋白（cTn）、血糖升高。C 反应蛋白（CRP）一般不升高。乳酸水平升高。

（2）血气分析：呼吸系统受累时可有动脉血氧分压降低、血氧饱和度下降，二氧化碳分压升高，酸中毒。

（3）脑脊液检查：神经系统受累时，脑脊液外观清亮，压力增高，白细胞计数增多，多以单核细胞为主，蛋白正常或轻度增多，糖和氯化物正常。

（4）必要时可行胸部 X 线、磁共振、脑电图、心电图等检查。

（四）治疗要点

1．普通病例的治疗

（1）一般治疗：注意隔离，避免交叉感染。适当休息，清淡饮食，做好口腔和皮肤护理。

（2）对症治疗：发热等症状采用中西医结合治疗。

2．重症病例的治疗

（1）神经系统受累：①控制颅内高压，限制液体入量，甘露醇降颅压，必要时加用呋塞米。②酌情应用糖皮质激素治疗，病情稳定后，尽早减量或停用。③酌情应用免疫球蛋白。④其他对症治疗，如降温、镇静、止惊。⑤严密观察病情变化，密切监护。

（2）呼吸、循环衰竭：①保持呼吸道通畅，吸氧。②确保两条静脉通道通畅，监测呼吸、心率、血压和血氧饱和度。③呼吸功能障碍时，及时气管插管使用正压机械通气。适当给予镇静、镇痛。④在维持血压稳定的情况下，限制液体入量（有条件者根据中心静脉压、心功能、有创动脉压监测调整液量）。⑤头肩抬高 15°～30°，保持中立位；留置胃管、导尿管。⑥根据血压、循环的变化可选用米力农、多巴胺、多巴酚丁胺等药物；酌情应用利尿药物治疗。⑦保护重要脏器功能，维持内环境的稳定。⑧监测血糖变化，严重高血糖时可应用胰岛素。⑨抑制胃酸分泌，可应用胃黏膜保护剂及抑酸剂等。⑩继发感染时给予抗生素治疗。

（3）恢复期治疗：①促进各脏器功能恢复。②功能康复治疗。③中西医结合治疗。

三、护理问题

1．体温过高　与肠道病毒感染有关。

2．皮肤、黏膜完整性受损　与皮疹、黏膜疹有关。

3．营养失调：低于机体需要量　与高热、出疹、不思饮食有关。

4．潜在并发症：心肌炎、脑炎、脑膜炎等。

四、护理措施

1．消毒隔离　将患儿及时隔离，限制外出，直到发热、皮疹消退。患儿居室内应定期开窗通风，保持空气新鲜流通，温度适宜，有条件的家庭每日可用紫外线或醋熏蒸进行空气消毒。患儿用过的物品如餐具、玩具等应彻底消毒，一般可用含氯的消毒液浸泡，不宜浸泡的物品可置于日光下曝晒。呕吐物及粪便用含氯消毒液处理。

2．饮食护理　给予高蛋白、高维生素，营养丰富易消化的流质或半流质饮食，如牛奶、鸡蛋汤、菜粥等，少食多餐，食物宜温凉、无刺激性。多饮温开水。对于因口腔溃疡疼痛而拒食、拒水而造成脱水、酸中毒者，要给予补液，及时纠正水和电解质紊乱。

3．皮肤护理　保证患儿衣服、被褥清洁，衣着应舒适、柔软，床铺平整干燥。剪短指甲，必要时包裹患儿双手；臀部有皮疹时应随时清理患儿的大小便，保持臀部清洁干燥；应尽量穿软底鞋，少活动；物理降温时动作要轻柔，以减轻皮疹破损。皮疹已破溃者，局部皮肤可涂抹抗生素药膏，以防继发感染。

4．口腔护理　患儿易出现因口腔溃疡疼痛而拒食、流涎、哭闹不眠等，注意保持口腔清洁，加强口腔护理，每次进食前后，嘱给患儿用温水或生理盐水漱口，不会漱口的患儿可用棉棒蘸生理盐水轻轻地清洁口腔；已有溃疡者，可将维生素 B_2 粉剂直接涂于口腔糜烂部位，或涂金霉素、鱼肝油、锡类散等，以消炎止痛和促进溃疡面愈合。口腔涂药后，嘱患者闭口 10 分钟，不可马上漱口、饮水及进食，以保证疗效。

5．密切观察病情变化　定时测量生命体征，注意观察患儿有无高热、烦躁、呼吸急促、胸闷、头痛、昏睡、恶心、呕吐、脑膜刺激征等，若发现异常，及时报告医生，做好抢救准备。

6．心理护理　要用温和的态度，爱护体贴患儿，消除患儿的陌生感和恐惧感，保持情绪稳定，避免哭闹，争取配合治疗。

五、健康教育

手足口病传播途径多，婴幼儿和儿童普遍易感。做好儿童个人、家庭和托幼机构的卫生是预防本病感染的关键。宣传防病知识，指导家长做好婴幼儿卫生保健，做到饭前、便后洗手；对玩具、餐具要定期消毒；家庭室内保持通风换气。注意婴幼儿的营养、休息，避免日光暴晒，防止过度疲劳。流行期间家长尽量少让孩子到人群拥挤的公共场所，减少被感染机会。一旦确诊为手足口病，应嘱咐患者勿到公共场所，对未住院治疗的患者应教会其做好口腔护理、皮肤护理和饮食调整，对家中易患人群可给予板蓝根冲剂、抗病毒冲剂等预防感染。

第 9 节　流行性感冒患者的护理

案例 3-9　患者，女，37 岁。两天前去探望患流感的同事，回来后出现畏寒、乏力、头痛、肌肉关节酸痛等症状，未加重视，今日上午体温升至 40℃，遂来就诊。体格检查：急性病容，咽部充血红肿，无分泌物，肺部可闻及干啰音。

问题： 1．根据以上病情你考虑患者患了哪种疾病？

2．可提出哪些护理诊断？

3．列出主要的护理措施。

流行性感冒（influenza）简称流感，是由流感病毒引起的一种常见的急性呼吸道传染病。潜伏期为数小时至 4 天，一般为 1～3 天。临床上以高热、头痛、乏力、全身酸痛等全身中毒症状重而呼吸道卡他症状较轻为特征，流感病毒传染性强，容易发生变异，尤其是甲型流感病毒，曾多次引起大流行。

一、概　　述

（一）病原学

流感病毒属正黏液病毒，呈球形，为 RNA 病毒。根据其内部及外部抗原结构不同，可分为甲、乙、丙三型，其中甲型流感病毒传染性极强，最容易发生变异，可感染人和多种动物，为人类流感的主要病原，常引起大流行和中小流行，乙型和丙型流感病毒相对较少，较稳定，且仅感染人类。

流感病毒不耐热，对紫外线及常规消毒剂敏感。100℃ 1 分钟或 56℃ 30 分钟即可灭活，对常用消毒剂敏感（1% 甲醛、过氧乙酸、含氯消毒剂等）。但对低温和干燥耐受力强，能在真空干燥或 −20℃以下长期存活。

（二）流行病学

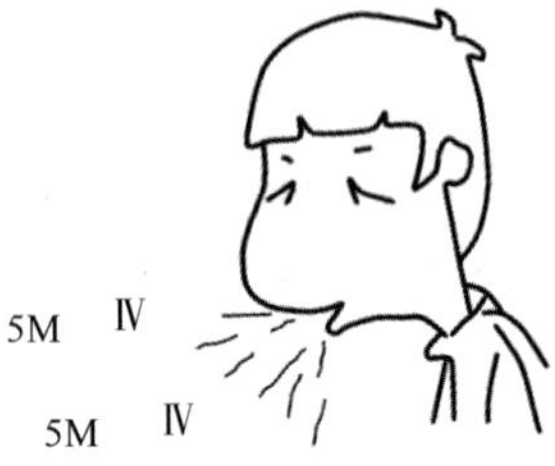

图 3-17　病从口出

1. 传染源　流感患者及隐性感染的病毒携带者为主要传染源。自潜伏期至发病后 7 天内均有传染性，病初 2～3 天传染性最强。动物也可能传播流感。

2. 传播途径　以空气飞沫方式（图 3-17）为主，通过近距离说话、咳嗽、打喷嚏等方式传播。此外，通过污染的手和日常用具也可传播。流感病毒在空气中大约能存活 30 分钟，人群拥挤且空气不流通的地方极易传播。

3. 易感人群　普遍易感，病后有一定的免疫力。各型流感之间、甲型流感不同亚型之间无交叉免疫，可反复发病。

4. 流行特征　①流行特点：突然发生，迅速传播，2～3 周达高峰，发病率高，流行期短，为 6～8 周，常沿交通线传播。②一般规律：先城市后农村，先集体单位，后分散居民。③流行季节：四季均可发生，以冬春季居多。南方在夏秋季也可见流感流行。

甲型流感常引起暴发流行，甚至大流行，2～3 年发生小流行 1 次，根据世界上已发生的 4 次大流行情况分析，一般 10～15 年发生一次大流行；乙型流感，呈暴发或小流行；丙型以散发为主。

（考点：流行过程的三个环节及流行特征）

（三）发病机制

流感病毒侵入呼吸道黏膜的上皮细胞内复制，借病毒神经氨酸酶的作用而释出，再侵犯临近细胞使感染扩散，引起呼吸道炎症及全身中毒症状。

知识链接

人感染高致病性禽流感

人感染高致病性禽流感，是由禽流感病毒引起的人急性呼吸道传染病，简称人禽流感，属于乙类传染病，但按甲类强制管理。禽流感病毒属于甲型流感病毒属，能感染人类病毒亚型有 H5N1、H7N9 等，其中感染 H5N1 型病毒者病死率较高。

二、护理评估

（一）流行病学资料

询问当地是否有流感流行或有成批动物死亡，是否去过流感流行区，近期是否接触过流感患者，有无流感疫苗接种史。

（二）身心状况

1. 临床表现

（1）单纯型流感：全身症状明显，呼吸道卡他症状轻微。多表现为畏寒、高热、乏力、头痛、全身肌肉关节酸痛等症状。体格检查：急性病容，咽部充血红肿，无分泌物，肺部可闻及干啰音。

（2）肺炎型流感：较少见，多发生于老年人、儿童、孕产妇或原有慢性基础疾病的人群。多表现为高热持续不退，剧烈咳嗽、咳血痰、呼吸困难、发绀，严重者可发生呼吸衰竭。体格检查：肺部可闻及干湿啰音。X 线胸片可见两肺有散在的絮状阴影。痰培养无致病细菌生长，对抗生素治疗不敏感。可因呼吸循环衰竭而死亡，病死率高。

（3）中毒性流感：以中枢神经系统及心血管系统损害为特征。多表现为高热不退，血压下降，谵妄、惊厥、脑膜刺激征等脑炎及脑膜炎症状。

（4）胃肠炎型流感：少见，以腹泻、腹痛、呕吐等消化道症状为主。

（考点：流感分型及临床特点）

知识链接

胃肠炎型流感与普通感冒的区别

胃肠炎型流感跟普通感冒有较大区别，即咽痛、打喷嚏等呼吸道症状不明显，消化系统的症状突出，如出现发热、恶心、呕吐、腹胀、腹痛、腹泻等。所以很多人在发病初期，均误当成是急性胃肠炎自行服用抗生素来治疗。

2．心理－社会状况　部分患者会因高热、头痛、全身肌肉关节酸痛而出现焦虑、烦躁等情绪。因此，需及时评估患者和家属对疾病的认知情况，评估患者患病后可能对家庭和工作产生的影响，评估社会支持系统的作用等。

（三）辅助检查资料

1．血常规　白细胞总数正常或降低，淋巴细胞增高，若合并细菌感染，白细胞总数及中性粒细胞上升。

2．病毒分离　是流感诊断最常见和最可靠的方法之一。急性期患者的口咽含漱液接种于鸡胚即可分离出病毒。

3．血清抗体检测　患者早期（发病头 3 天内）和恢复期（2～4 周后）双份血清抗体效价呈 4 倍以上升高，则为阳性。

4．胸部 X 线　注意胸部 X 线片检查是否有肺部斑片状阴影，但无肺实变体征。

（四）治疗要点

1．一般治疗　卧床休息，多饮水，给予流质或半流质饮食，适宜营养，补充维生素。进食后以温开水或温盐水漱口，保持口鼻清洁。全身症状明显时予抗感染治疗。

2．对症治疗及防止继发感染。

3．病原治疗　目前尚无特效药物。中毒症状重或肺炎型流感可酌情应用利巴韦林（孕妇禁用）、干扰素、金刚烷胺等。

4．中医中药治疗　以清热解毒、芳香化浊为主。

三、护 理 问 题

1．体温过高　与病毒感染有关。

2．活动无耐力　与发热、毒血症有关。

3．潜在并发症：气体交换受损　与并发肺炎致通换气功能障碍有关。

四、护 理 措 施

（一）隔离与消毒

以飞沫隔离为主，接触隔离为辅。至少隔离一周或隔离至症状消失。病室进行空气消毒，如乳酸加热蒸发消毒。污染物品可煮沸、紫外线照射、84 消毒液或 1% 漂白粉消毒。接触患者后，及时洗手，避免污染的手接触口、眼、鼻。

（二）一般护理

监测体温变化，注意休息，多饮水，保持皮肤清洁，及时更换衣被。合理饮食可以及时补充能量，改善活动耐力。给予高热量、高维生素、高蛋白、易消化的食物，多吃新鲜水果，忌食辛辣和刺激性食物。体温升高者，可酌情用物理降温和药物降温。

（三）病情观察

严密观察病情变化，如有咳嗽、咳痰、呼吸费力、口唇发绀，提示气体交换受损，应指导患者咳嗽排痰，痰液黏稠者可给予超声雾化；呼吸费力者，应取半卧位，及时输氧；出现发绀要报告医生，遵医嘱给予进一步处理。

（四）治疗配合

鼻塞者给予局部热敷或麻黄素滴鼻液滴鼻；咽痛、声嘶患者嘱少讲话，含服护咽剂（如西瓜霜、喉宝等）。

（五）心理护理

针对患者的心理变化采用交谈、倾听、支持等方法，及时解除患者的心理负担，增强患者战胜疾病的信心。

（考点：流感的护理措施）

五、健 康 教 育

（一）加强宣传教育

宣传流行性感冒与普通感冒即“伤风”是两种不同的疾病，流感的传染性更强，致病作用与危险性更大。介绍流感的一般防护知识。

（二）健康指导

1．在流行季节或流行区，使群众了解引起流感的诱因，加强体育锻炼，提高机体抵抗力；注意劳逸结合，戒烟，避免受凉和过度疲劳，注意保暖；保持室内空气新鲜、阳光充足。

2．可进行预防接种。流感流行期间尽可能避免人群集聚，少去人群集中的公共场所，对公共场所定期进行空气消毒，患者及健康人群外出均应戴符合规定的口罩进行防护（图 3-18）。如发现患者，应实施早期隔离治疗，接触患者后要用消毒液或流动水洗手。

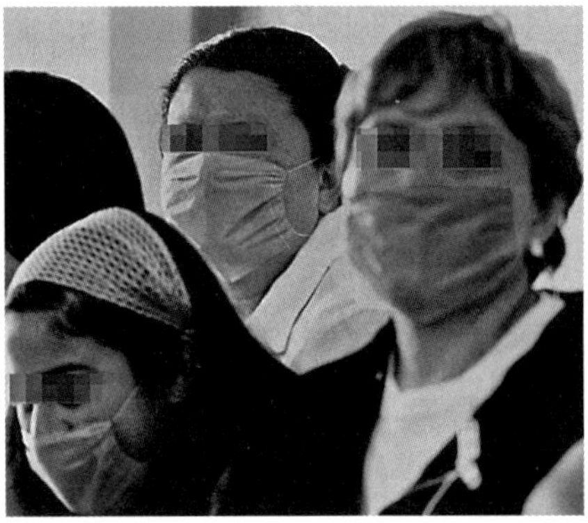

图 3-18　戴符合规定的口罩进行防护

第 10 节　流行性腮腺炎患者的护理

案例 3-10　患儿，男，7 岁，因发热、双侧腮腺肿大 1 日，于 2009 年 4 月 13 日上午来医院就诊。患儿无咳嗽，无腹痛、呕吐、腹泻，未服过任何药物。体格检查：体温 38.3℃，脉搏 118 次 / 分，神志清楚，发热面容，营养发育中等。双侧腮腺轻度肿大，腮腺管口发红，压之无脓性分泌物。口腔无感染灶，颈软，心率 118 次 / 分，律齐，心音有力。双肺未闻干湿啰音，肝、脾未触及，神经系统正常。外周血白细胞 4.7×10^9/L，中性粒细胞 0.44，淋巴细胞 0.56。

问题： 1. 根据以上病情考虑患儿患了哪种疾病？

2. 可提出哪些护理问题？

3. 列出主要的护理措施。

流行性腮腺炎（epidemic parotitis mumps）是由腮腺炎病毒引起的急性呼吸道传染病，其临床表现为发热及腮腺非化脓性肿胀疼痛。腮腺炎病毒除侵犯腮腺、颌下腺、舌下腺等唾液腺外，还可以引起睾丸炎、卵巢炎和胰腺炎、脑膜脑炎等。本病少年儿童多见，好发于冬春季。

一、概　　述

（一）病原学

腮腺炎病毒属于副黏液病毒科，单股 RNA 病毒。病毒呈不规则圆形，核壳体壳膜外层含血凝素、血溶素和神经氨酸酶。人是腮腺炎病毒的自然宿主，发病早期可在患者的唾液、尿液、血液，并发脑膜炎患者的脑脊液等处分离到病毒。感染后无论发病与否均能产生免疫反应，病毒极少发生变异，各株间抗原性相近，迄今腮腺炎病毒只有一个血清型，再次感染少见。腮腺炎病毒对外界抵抗力弱，病毒可被 75% 乙醇、1% 甲酚、0.2% 甲醛 2～5 分钟杀灭，加热至 56℃，10～20 分钟也可灭活病毒，紫外线照射后病毒迅速死亡。但在 −70℃可以存活数年。

（二）流行病学

1. 传染源　患者及隐性感染者均为传染源，后者无症状，因此传播的意义更大。患者腮腺肿大前 7 天至肿大后 9 天均可从唾液中分离出病毒，故此 2 周内具有高度传染性。无腮腺肿大的其他器官感染者也能从唾液和尿中排出病毒。

2. 传播途径　主要通过空气飞沫传播，接触患者的唾液及其污染物也可传染。

3. 人群易感性　人群对本病普遍易感，感染后可获持久免疫力。80% 的成人曾因显性或隐性感染而获得一定的免疫力，发病率较低。1 岁以内的婴儿由于体内尚有从母体获得的特殊性抗体，发病者较少。故约 90% 的病例为 1～15 岁的少年儿童。

4. 流行特征　本病为世界性疾病。全年均可发病，温带地区以冬春季为高发。本病多为散发，托儿所、幼儿园等儿童机构和其他学校可出现流行。多数病例发生在 5～15 岁。

（考点：流行性腮腺炎流行病学）

（三）发病机制

腮腺炎病毒自呼吸道侵入人体后，在局部黏膜上皮细胞和局部淋巴结中复制，然后进入血流，形成第一次病毒血症，播散至唾液腺（如腮腺）、非唾液腺（如性腺）及其他组织（如中枢神经系统），引起腮腺炎和脑膜炎。病毒在此进一步复制后再次侵入血流，形成第二次病毒血症，并侵犯第一次病毒血症未累及的器官，尤其是除腮腺以外的其他腺体如睾丸、卵巢、胰腺、肠腺、胸腺、甲状腺等，因此临床上出现不同器官相继发生病变。脑膜炎、睾丸炎可发生于腮腺肿大之前，或始终无腮腺肿大。主要病理特征是腮腺非化脓性炎症。

二、护 理 评 估

（一）流行病学资料

询问患者发病前2～3周有无与流行性腮腺炎患者接触史，有无腮腺炎疫苗接种史，是否曾患过流行性腮腺炎，同时注意患者的发病季节和发病年龄。

（二）身心状况

1. 临床表现　潜伏期15～25天，平均18天。

（1）典型症状与体征：患者大多无前驱症状，部分患者可有倦怠、畏寒、食欲缺乏、低热、头痛等症状。发病1～2天后出现耳部疼痛并出现腮腺肿大，体温多为轻中度升高，也可高至40℃。通常一侧腮腺先肿大，1～4天后对侧也肿大，腮腺肿大以耳垂为中心向前、后、下发展（图3-19），面部因腮腺肿大而变形，局部皮肤紧张发亮但不发红，触之有疼痛感，开口及咀嚼时疼痛明显，含食酸性食物胀痛加剧，常可波及邻近的颌下腺、舌下腺及颈部淋巴结，腮腺管口红肿呈脐形，挤压无脓性分泌物。腮腺肿大可持续5天左右，之后逐日减退，全部病程7～12天。

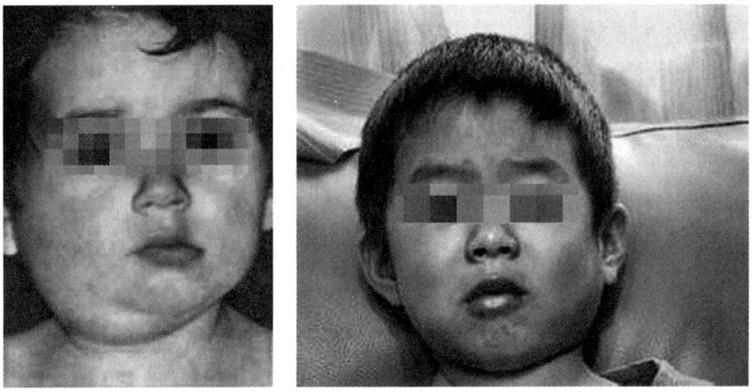

A　　B

图3-19　流行性腮腺炎腮腺肿大

（2）脑膜炎：为儿童腮腺炎中最常见的并发症。并发脑膜炎的神经症状常在腮腺炎发病后4～5天出现，少数患者脑膜炎可先于腮腺炎或无腮腺炎，常表现为发热、头痛、嗜睡、呕吐、脑膜刺激征阳性等。症状一般在1周左右消失。腮腺炎病毒引发的脑炎或脑膜脑炎常有高热、谵妄，重症者可出现抽搐、昏迷甚至死亡。

（3）睾丸炎：多发生在青春期后的男性患者。睾丸炎常发生在腮腺炎起病后的4～5天，肿大的腮腺消退时，开始为睾丸疼痛，后出现肿胀伴触痛。有些患者症状较轻，但大多数患者可出现高热、寒战、头痛、背痛等全身反应，急性期症状可持续3～4天，10天左右消退。病变大多侵犯一侧睾丸，双侧睾丸炎发生率约30%。部分患者在发病1周或数月后继发不同程度的睾丸萎缩，但极少发生不育症。

（4）卵巢炎：可发生在成年女性。症状多较轻，可出现下腹部压痛，下腰部酸痛，月经不调等，不影响受孕。

在腮腺炎发病前后还可能发生急性胰腺炎、心肌炎、肾炎、乳腺炎和甲状腺炎等疾病。

（考点：流行性腮腺炎的临床表现）

2. 心理 – 社会状况　流行性腮腺炎是呼吸道常见传染病，因疼痛明显、进食困难、外表形象的改变及担心影响工作和学习，常使患者出现焦虑、抑郁等心理变化。评估时注意了解患者及家属对疾病的发生、发展、流行及预防等方面的认识情况。

（三）辅助检查资料

1. 常规检查　白细胞总数正常或稍增高，淋巴细胞相对增多，有睾丸炎者白细胞数可增加。尿常规一般正常，有肾损害时尿中可出现蛋白和管型。

2. 淀粉酶测定　90% 的患者发病早期血清和尿淀粉酶增高，其增高幅度与腮腺肿胀程度成正比，但也有可能与胰腺受累有关。

3. 血清学检查　应用 ELISA 法检测患者急性期血清中有否抗腮腺炎病毒特异性 IgM 抗体，以做出近期感染的诊断。也可采用补体结合试验和血凝抑制试验检测，如恢复期特异性 IgG 抗体有 4 倍或 4 倍以上增高者，即判断为阳性。还可应用特异性抗体检测腮腺炎病毒抗原或逆转录 – 聚合酶链反应（RT-PCR）法检测腮腺炎病毒 RNA, 以提高早期诊断的阳性率。

4. 病毒分离　可在发病早期采取患者唾液或尿液、脑脊液、血液标本，及时接种鸡胚或人胚肾等敏感细胞，进行病毒分离试验。

5. 脑脊液检查　在无脑膜炎并发症患者中，约 50% 的病例脑脊液中白细胞数轻度增加，且能从脑脊液中分离出腮腺炎病毒。并发脑膜炎时脑脊液的变化与其他病毒性脑炎相同。

（四）治疗要点

1. 一般治疗　患者应隔离、卧床休息至腮腺肿大消退，加强口腔护理，饮食以流食、软食为主，避免酸性食物，注意口腔卫生，饭后用生理盐水漱口。

2. 抗病毒治疗　发病早期可试用利巴韦林，成人 1g/d、儿童 15mg/（kg · d），静脉注射，疗程 5～7 天。成人腮腺炎合并睾丸炎时可用干扰素治疗。

3. 对症治疗　头痛和腮腺胀痛可应用镇痛药；睾丸胀痛可用棉花垫和丁字带托住肿大的睾丸，早期局部可进行冷敷。

4. 并发症治疗　对并发脑膜脑炎、心肌炎患者，可应用肾上腺皮质激素如地塞米松。如出现剧烈头痛、呕吐疑为颅内高压的患者，可应用 20% 甘露醇快速静脉滴注，每 4～6 小时 1 次，直至症状好转。

5. 预防睾丸炎　男性成人患者在发病早期可口服己烯雌酚。

6. 中医中药治疗　可采用清热解毒，软坚散结等中药制剂治疗。如板蓝根注射液每次 2～4ml，2 次 / 日，肌内注射，疗程 5～7 天。普济消毒饮、板蓝根 60～90g 水煎服，板蓝根冲剂口服。紫金锭、醋调如意金黄散、醋调青黛调匀外敷。或用蒲公英、鸭脚草、水仙花根、马齿苋等捣烂外敷，可减轻局部胀痛。

三、护理问题

1. 体温过高　与腮腺炎病毒急性感染有关。

2. 疼痛　与腮腺及周围组织水肿有关。

3. 潜在并发症：睾丸炎　与腮腺炎病毒侵入睾丸有关。

4. 潜在并发症：脑膜炎　与腮腺炎病毒直接侵犯中枢神经系统有关。

5. 有传播感染的危险　与腮腺炎病毒可经呼吸道传播有关。

四、护理措施

（一）消毒与隔离

实施呼吸道隔离，隔离期自发病开始到腮腺肿大完全消退为止，约3周，一般不少于10天。对患者呼吸道分泌物及其污染物品应用1%来苏溶液或0.2%～1%次氯酸钠溶液消毒。食具及金属、玻璃等制品可煮沸消毒，病房空气用紫外线照射消毒，每天一次。

（考点：流行性腮腺炎的隔离措施）

（二）一般护理

1. 休息　发热期适当卧床休息，保持室内空气新鲜，温湿度适当。

2. 饮食与营养　保持口腔清洁，给高热量、高维生素易消化的流质或半流质饮食，避免进食酸、辣、甜、干、硬食物，防止腮腺肿胀疼痛加剧。成人每天饮水1500ml以上，以利于汗液蒸发散热。

（三）病情观察

1. 观察及评估患者腮腺肿胀程度、局部疼痛程度、淋巴结有无肿大及发展情况并做记录。

2. 如出现持续发热、剧烈头痛、嗜睡、烦躁、呕吐、颈项强直或惊厥等，提示有脑膜脑炎发生的可能，应及时报告医生，予以相应治疗与护理。

3. 如出现高热、寒战、睾丸肿痛坠胀感等症状，提示发生了睾丸炎，可采用“丁”字带托起阴囊消肿或局部冰袋冷敷止痛，可遵医嘱给予解热镇痛药或糖皮质激素。

4. 在腮腺肿胀数天后如出现中上腹剧痛、压痛和腹肌紧张并伴发热、寒战、呕吐、腹胀、腹泻或便秘等，提示可能发生了胰腺炎，应及时报告医生加以处理。

（四）治疗配合

1. 减轻疼痛　注意保持口腔清洁，常用温生理盐水或复方硼砂溶液漱口；可进行局部间歇冷敷，减轻炎症充血及疼痛；也可采用中成药青黛散调醋局部湿敷。

2. 体温过高　监测体温，如体温超过39℃，可采用物理降温或口服适当退热药物。保持患者皮肤清洁干燥，出汗多者应勤换内衣、床单，注意避免受凉。

3. 用药护理　遵医嘱予以抗病毒药物、糖皮质激素等药物，注意有无副作用。

（五）心理护理

向患者介绍疾病临床表现及治疗方法，并说明本病为自限性疾病，多数预后良好，给予心理支持，消除患者焦虑、抑郁等不良反应，保持良好的心理状态。

（考点：流行性腮腺炎的护理措施）

五、健康教育

1. 积极宣传预防接种的重要性，重点是做好儿童的预防接种工作；在腮腺炎流行期间，应避免带儿童到人群密集的公共场所，儿童机构应加强空气消毒措施。

2. 对无并发症的患者，不需住院，可在家进行隔离治疗，但应做好本病的知识教育如腮腺炎的症状、流行特点等，重点强调并发症的预防及观察，如出现并发症应立即住院治疗。

第 11 节　水痘患者的护理

案例 3-11　两周前，某幼儿园有一位小朋友确诊为水痘。昨日上午，该幼儿园老师发现明明精神状态差，触摸他的皮肤有发热感，并有轻度咳嗽症状，立即电话通知家长带其看病。今天早上明明的妈妈打电话来请假，说明明身上皮肤出现红色斑疹，表面有散在的小水疱。

问题：1. 根据以上病情你考虑明明患了哪种疾病？
2. 列出主要的护理措施。
3. 应该如何预防？

水痘（varicella，chickenpox）和带状疱疹（herpes zoster）是由水痘－带状疱疹病毒（varicella-zoster virus, VZV）引起的两种不同表现的疾病。原发感染为水痘，潜伏在感觉神经节的 VZV 再激活则引起带状疱疹。水痘为小儿常见急性传染病，临床特征是分批出现的皮肤黏膜的斑疹、丘疹、疱疹及结痂，全身症状轻微。带状疱疹多见于成人，其特征是沿身体单侧感觉神经相应皮肤节段出现成簇的疱疹，常伴有局部神经痛。

一、概　述

（一）病原学

VZV 与单纯疱疹病毒、巨细胞病毒及 EB 病毒同属疱疹病毒科，只有一个血清型，在体外抵抗力弱，不耐酸，不耐热，对乙醚敏感，在痂皮中不能存活，但在疱液中 −60℃可长期存活。人是该病毒唯一已知自然界宿主。

（二）流行病学

水痘全年均可发生，以冬春季节多见。

1. 传染源　患者为唯一传染源。病毒存在于病变皮肤黏膜组织、疱疹液及血液中，可由鼻咽分泌物排出体外，出疹前 1 天至疱疹完全结痂均有传染性。

2. 传播途径　水痘传染性很强，主要通过空气飞沫和直接接触水痘疱疹液传播，易感儿接触后 90% 发病。也可通过污染的用具、输血和胎盘传播。

3. 易感人群　人群普遍易感，水痘主要发生于儿童，成人少见。病后免疫力持久，一般不再发生水痘，但体内高效价抗体不能清除潜伏的病毒，故多年后仍可发生带状疱疹。

（考点：水痘的传染源及传播途径）

（三）发病机制

病毒经上呼吸道或经直接接触侵入人体，在局部皮肤、黏膜细胞内复制，然后进入血流和淋巴液，在单核－巨噬细胞系统内再次增殖后释放入血流，形成短期（3～4 天）病毒血症，病毒散布全身各组织器官，引起病变。临床上水痘皮疹分批出现与病毒间歇性播散有关。

二、护理评估

（一）流行病学资料

注意水痘发病季节，询问是否到过有水痘疫情的地区，当地有无水痘流行，近期是否接触过水痘－带状疱疹患者。

（二）身心状况

1. 临床表现 潜伏期12～21天，平均14天。

（1）前驱期：发病较急，可无症状或仅有轻微症状，也可有低热或中等程度发热、头痛、全身不适、乏力、食欲减退、咽痛、咳嗽等，持续1～2天。

（2）出疹期

1）皮疹形态：初为红斑疹，数小时后变为深红色丘疹，再经数小时发展为疱疹，位置表浅，形似露珠水滴，椭圆形，3～5mm大小，壁薄易破，周围有红晕。疱疹液初透明，数小时后变为混浊，若继发化脓性感染则成脓疱，常因瘙痒使患者烦躁不安。1～2天后疱疹从中心开始干枯结痂，周围皮肤红晕消失，再经数日痂皮脱落，一般不留瘢痕。若继发感染则脱痂时间延长，可能留有瘢痕。

2）皮疹分布：水痘皮疹先后分批陆续出现，每批历时1～6天，皮疹数目为数个至数百个不等，皮疹数目越多，则全身症状也越重。呈向心分布，先出现于躯干和四肢近端，躯干皮疹最多，其次为头面部，四肢远端较少，手掌、足底更少。部分患者鼻、咽、口腔、结膜和外阴等处黏膜可发疹，黏膜疹易破，形成溃疡，常有疼痛。

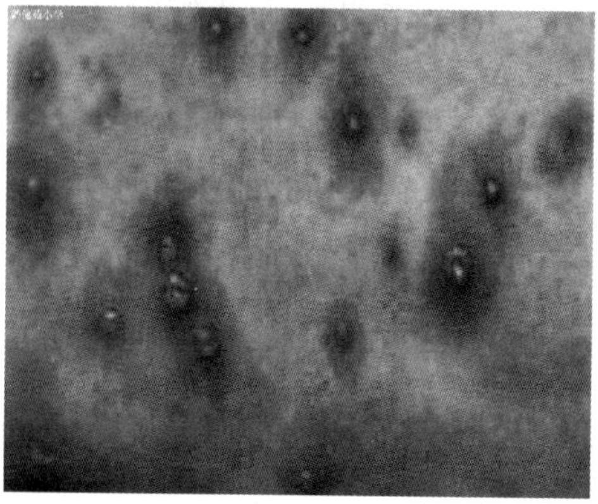

图3-20 水痘多形态皮疹

3）皮疹演变：一般水痘皮疹经过斑疹、丘疹、疱疹、结痂各阶段，但最后一批皮疹可在斑丘疹期停止发展而陷退，发疹2～3天后，同一部位常可见斑疹、丘疹、疱疹和结痂同时存在（图3-20，彩图12）。

水痘为自限性疾病，10天左右自愈。儿童患者全身症状及皮疹均较轻，成人及婴儿病情较重，皮疹多而密集，病程可长达数周，易并发水痘肺炎。免疫功能低下者易形成播散性水痘，病情重，高热及全身中毒症状重，皮疹多而密集，易融合成大疱型或呈出血性、继发感染者呈坏疽型。若多脏器受病毒侵犯，病死率极高。妊娠早期感染水痘可能引起胎儿畸形，妊娠期水痘较非妊娠期妇女重。若发生水痘后数天分娩也可发生新生儿水痘性肺炎、水痘脑炎、水痘肝炎、间质性心肌炎及肾炎等。

（考点：水痘皮疹的特点）

2. 心理-社会状况 注意水痘发病不同阶段患者的心理状况，水痘初发时，患者因缺乏相关的知识，常感紧张；皮肤瘙痒时，常有焦虑；出现并发症时会感到恐惧。

（三）辅助检查资料

1. 疱疹刮片 可见多核巨细胞及细胞核内包涵体。

2. 病原学检查 应用病毒分离等方法查找疱疹液及病变处细胞中的病原体。通过PCR检测到患者呼吸道上皮细胞和外周血白细胞中的特异性核酸。

3. 抗体检测 免疫学检测补体结合抗体高滴度或双份血清抗体滴度升高4倍。

（四）治疗要点

1. 一般治疗与对症治疗 水痘急性期应卧床休息，注意水分和营养补充，做好皮疹护理，避免因抓伤而继发细菌感染。

2. 抗病毒治疗 有免疫缺陷或应用免疫抑制剂的水痘患者、新生儿水痘或播散性水痘肺炎、脑炎等严重患者应及早使用抗病毒药。首选阿昔洛韦、阿糖腺苷静脉滴注。早期使用 α- 干扰素能较快抑制皮疹发展，加速病情恢复。

3. 防治并发症　皮肤继发感染时加用抗菌药物，因脑炎出现脑水肿颅内高压者应脱水治疗。肾上腺皮质激素对水痘病程有不利的影响，可导致病毒的扩散，一般不宜应用；但病程后期水痘已结痂，若并发重症肺炎或脑炎，中毒症状重、病情危重者可酌情使用。眼部疱疹，除应用抗病毒治疗外，也可用阿昔洛韦眼药水滴眼，并用阿托品扩瞳，以防虹膜粘连。

三、护理问题

1. 体温过高　与病毒感染、致热源释放入血有关。

2. 有皮肤完整性受损的危险　与病毒作用于皮肤组织细胞有关。

3. 焦虑　与缺乏对水痘疾病的知识有关。

4. 潜在并发症：肺炎、脑炎。

四、护理措施

1. 隔离与消毒　飞沫隔离为主，接触隔离为辅，隔离至疱疹全部结痂或出疹后 7 天。无并发症者可在家隔离。

2. 一般护理　发热期建议卧床休息。给予高热量、高维生素、适量蛋白、易消化的流质或半流质饮食，忌食辛辣和刺激性食物。鼓励患者多吃水果、多饮水，保持皮肤清洁。常更换衣服，穿着柔软、宽松的衣服。忌用肥皂，以免刺激。

3. 病情观察

（1）观察病情变化：观察生命体征、精神状态、皮疹进展等病情变化，并应及时报告医生，按医嘱处理。

（2）观察有无并发症：如有咳嗽、咳痰、呼吸费力、口唇发绀及头痛呕吐等，发现后及时报告医生，按医嘱处理。

4. 治疗配合

（1）皮肤黏膜护理：皮肤瘙痒可应用炉甘石洗剂或 5% 碳酸氢钠溶液局部涂擦，严重时可口服抗过敏药物，避免因抓伤皮肤而继发细菌感染。疱疹破裂可涂安尔碘或抗生素软膏，保持局部清洁干燥。若继发感染，可局部应用抗生素软膏。

（2）用药护理：肾上腺皮质激素可导致皮疹泛化或继发感染，故水痘患者不宜使用。

5. 心理护理　讲解水痘的相关知识，如病因、诱因、治疗、预防，指导患者休息、饮食及生活护理。介绍发热、皮疹等症状的处理方法和注意事项。对患者提出的问题及时给予解答，消除患者顾虑。采用交谈、倾听、支持等方法，及时解除患者的心理负担，增强患者战胜疾病的信心。

（考点：水痘的护理措施）

五、健康教育

一般水痘患者应在家隔离治疗至疱疹全部结痂或出疹后 7 天。易感儿及孕妇避免与水痘患者、带状疱疹患者接触。应重视通风及换气，患者呼吸道分泌物和污染用品及时消毒处理，托儿机构宜用紫外线消毒。被动免疫用水痘 - 带状疱疹免疫球蛋白肌内注射，接触后 12 小时内使用有预防功效。

自测题

A_1/A_2 型题

1. 艾滋病最重要的传播途径是（　　）
   A. 器官移植　　B. 人工授精
   C. 性接触　　D. 输液
   E. 输血
2. 下列哪一项在护理艾滋病时要重点防治（　　）
   A. 淋巴结肿大　　B. 机会性感染
   C. 吞咽困难　　D. 肌肉关节痛
   E. 皮疹
3. 艾滋病的健康教育不包括（　　）
   A. 提倡使用一次性注射器
   B. 洁身自好，规范道德行为
   C. 女性感染者要避免妊娠
   D. 护理患者时戴口罩、手套，穿隔离衣
   E. 不要直接接触患者的血液，但体液可以
4. HIV 感染人体后主要侵犯和破坏哪种细胞（　　）
   A. 红细胞　　B. 白细胞
   C. T 淋巴细胞　　D. 巨噬细胞
   E. 单核细胞
5. 艾滋病病毒感染者体液含有大量病毒，具有很强传染性的是（　　）
   A. 血液　　B. 尿液
   C. 泪液　　D. 汗液
   E. 呕吐液
6. 关于艾滋病，下列哪项是错误的（　　）
   A. 是由人免疫缺陷病毒引起的
   B. HIV 感染主要通过性行为直接传播
   C. HIV 可通过胎盘传给胎儿
   D. HIV 感染后潜伏期很短，患病后很快死亡
   E. 输入有感染的供血者的血制品，同样可致病
7. HIV 不可能被下列哪种消毒方法灭活（　　）
   A. 高压湿热消毒法
   B. 75% 乙醇浸泡
   C. 0.2% 次氯酸钠浸泡
   D. 0.5% 漂白粉浸泡
   E. 紫外线照射
8. HIV 不能通过下列哪一条途径传播（　　）
   A. 性接触　　B. 输血
   C. 母婴　　D. 吸毒
   E. 握手
9. 艾滋病最主要的预防措施是（　　）
   A. 治疗和隔离患者
   B. 治疗和隔离无症状的病毒携带者
   C. 切断传播途径
   D. 对高危人群进行人工主动免疫
   E. 对接触者采用人工被动免疫
10. 慢性病毒性肝炎患者避免摄入过高热量的目的在于（　　）
    A. 没有必要
    B. 减轻肝脏的负担
    C. 避免加重胃肠道负担
    D. 防止脂肪肝、糖尿病发生
    E. 以免诱发肝性脑病
11. 预防乙型肝炎的最佳措施是（　　）
    A. 隔离患者
    B. 对接触者进行医学观察
    C. 接种乙肝疫苗
    D. 注射乙肝免疫球蛋白
    E. 防止医源性传播
12. 患者，男，25 岁，1 周来食欲缺乏。查：血 ALT 130U/L，血清总胆红素 30μmol/L（1.76mg/dl），抗-HAV-IgG（＋），HBsAg（＋），HBeAg（＋），抗-HBc IgM（＋）。应诊断为（　　）
    A. 急性甲型肝炎
    B. 急性乙型肝炎
    C. 急性黄疸型乙型肝炎
    D. 乙型肝炎病毒携带者
    E. 急性甲型肝炎合并黄疸型乙型肝炎
13. HAV 和 HEV 的感染过程大多呈现为（　　）
    A. 急性自限性肝炎　B. 慢性肝炎
    C. 慢性病毒携带状态 D. 易发展成肝硬化
    E. 易转变为肝癌
14. 下列哪项不是急性病毒性肝炎的临床特征（　　）
    A. 食欲减退、恶心　B. 乏力
    C. 大便呈陶土色　D. 肝大及肝功能损害
    E. 部分病例出现黄疸
15. 被乙型肝炎患者血液污染的针头刺破皮肤后，正确的处理是（　　）
    A. 挤出伤口的血，并用流动水冲洗，边挤边冲

B. 0.5% 碘伏消毒
C. 立即注射高效价乙型肝炎免疫球蛋白＋乙型肝炎疫苗
D. 完成自身和接触源患者血清 HBsAg 相关调查
E. 以上都对

16. 关于甲型和乙型病毒性肝炎的流行病学，下列哪项是错误的（　　）
A. 甲型肝炎的传染源主要是患者，而乙型肝炎主要是患者及病毒携带者
B. 甲型肝炎患者主要经消化道传播，而乙型肝炎主要通过血液和母婴途径传播
C. 病后均可产生免疫力，甲、乙两型之间无交叉免疫
D. 水源或食物污染可引起甲肝的暴发流行，乙肝有家庭聚集现象
E. 丙种球蛋白对甲型、乙型肝炎均有较好的预防效果

17. 麻疹早期具有诊断意义的临床表现是（　　）
A. 斑丘疹　　B. 结膜充血红肿
C. 类似“上感”症状　D. 麻疹黏膜斑
E. 肺部湿啰音

18. 典型麻疹的出疹顺序是（　　）
A. 面部—躯干—四肢
B. 面部—躯干—四肢—手掌足底
C. 四肢—躯干—面部—颈部
D. 上肢—前胸—下肢—背部
E. 耳后—颈部—面部—躯干—四肢—手掌足底

19. 下列哪项不是麻疹的流行病学特征（　　）
A. 主要经空气飞沫传播
B. 发病以夏秋季为多
C. 小儿发病率高
D. 患者是唯一的传染源
E. 病后可获持久免疫力

20. 患儿，2 岁，发热 4 天，出疹 1 天，不易采取的护理措施是（　　）
A. 立即隔离
B. 保持室内温湿度适宜，空气流通
C. 鼓励多饮水
D. 清洁鼻、眼分泌物
E. 迅速用药物退热

21. 流行性出血热的主要传染源是（　　）
A. 鼠类　　B. 猫
C. 猪　　D. 犬
E. 家兔

22. 流行性出血热的基本病变是（　　）
A. 全身小血管内皮细胞损害
B. 损害局限于心脏、肾脏
C. 血管和淋巴管内皮细胞损害
D. 全身大血管内皮细胞损害
E. 主要是小血管周围炎性细胞浸润

23. 流行性出血热发生休克的主要原因是（　　）
A. 心肌损害
B. 水电解质紊乱
C. 继发感染
D. 全身小血管广泛损害，血浆外渗
E. 出血

24. 流行性出血热早期出血的主要原因是（　　）
A. 广泛小血管损害及血小板减少和功能障碍有关
B. 肝素类物质增加
C. DIC
D. 纤维蛋白溶解亢进
E. 尿毒症所致的毒性物质增加

25. 流行性出血热低血压休克期多发生于病程的（　　）
A. 第 1～2 日　　B. 第 2～3 日
C. 第 4～6 日　　D. 第 6～7 日
E. 第 8～10 日

26. 下列哪项不是流行性出血热发热期的表现（　　）
A. 头痛、腰痛、眼眶痛
B. 可呈稽留热或弛张热
C. 可有食欲减退
D. 血压明显降低
E. 颜面、颈部和胸部皮肤充血潮红

27. 流行性出血热的主要死亡原因是（　　）
A. 尿毒症　　B. 高血钾
C. 消化道大出血　　D. 心力衰竭
E. 休克

28. 流行性出血热患者肾脏损害的早期标志是尿中出现（　　）
A. 血尿　　B. 膜状物
C. 大量蛋白　　D. 细胞
E. 管型

29. 流行性出血热患者病情开始好转的标志是

（　　）

A．体温恢复正常　B．休克纠正

C．尿量＜1000ml/d　D．尿量＞2000ml/d

E．进入恢复期

30．流行性出血热患者低血压休克期的主要护理诊断是（　　）

A．体温过高　B．组织灌注量不足

C．急性肾功能不全　D．肺水肿

E．潜在性感染

31．某患者诊断为“流行性出血热”少尿期，在输液过程中出现胸闷、心悸、呼吸困难、喘鸣，双肺有散在湿啰音，此时应立即（　　）

A．放血　B．吸氧

C．停止输液　D．使用强心剂

E．血液透析

32．患儿，男，10岁，因发热6天，少尿2天，疑为流行性出血热而收住入院。体格检查：呼吸急促，颜面、双眼睑明显水肿，双肺满布中小水泡音，抢救的关键是（　　）

A．静脉输液

B．毒毛花苷K静脉滴注

C．庆大霉素肌内注射

D．阿司匹林口服

E．呋塞米静脉注射后无效则行血液透析

33．流行性出血热患者发病后第5～8天，尿量＜400ml，出现氮质血症、代谢性酸中毒、电解质紊乱、高血容量综合征、肾性脑病等，此为（　　）

A．发热期　B．低血压休克期

C．少尿期　D．多尿期

E．恢复期

34．狂犬病毒对什么组织有强大的亲和力（　　）

A．神经组织　B．结缔组织

C．肌肉组织　D．胶原组织

E．皮肤、黏膜

35．狂犬病患者最具特征性的临床表现是（　　）

A．兴奋狂躁　B．恐水怕风

C．畏光惧声　D．进行性瘫痪

E．呼吸困难

36．狂犬病患者死亡的原因主要是（　　）

A．心功能不全　B．肾衰竭

C．脑疝形成　D．昏迷

E．呼吸、循环衰竭

37．被狂犬咬伤后，下列哪项护理措施不对（　　）

A．伤口用20%肥皂水或0.1%新洁尔灭溶液彻底冲洗

B．冲洗后用75%乙醇涂擦

C．伤口缝合包扎

D．用免疫血清注入伤口底部及周围

E．注射狂犬疫苗

38．给狂犬病患者伤口换药时，下列做法不正确的是（　　）

A．穿隔离衣、戴手套

B．先用20%肥皂水，再用0.1%新洁尔灭溶液进行伤口局部冲洗

C．换下的敷料及时烧毁

D．用过的器械严格消毒

E．换药后用新洁尔灭溶液泡手

39．狂犬病的常见传染源不包括（　　）

A．病猫　B．病犬

C．病狼　D．狂犬病患者

E．嗜血蝙蝠

40．狂犬病的病死率几乎为（　　）

A．20%　B．40%

C．60%　D．80%

E．100%

41．乙脑的主要传染源是（　　）

A．蚊虫　B．猪

C．患者　D．隐性感染者

E．轻度感染者

42．在我国，乙脑的发病季节主要集中在（　　）

A．8、9、10月　B．7、8、9月

C．3、4、5月　D．5、6、7月

E．6、7、8月

43．预防乙脑的主要措施是（　　）

A．管理好动物传染源

B．及时发现并隔离患者

C．防蚊灭蚊

D．预防接种

E．防蚊灭蚊及预防接种

44．乙脑的主要传播媒介是（　　）

A．库蚊　B．白纹伊蚊

C．埃及按蚊　D．中华按蚊

E．以上均可

45．登革热的传播途径是（　　）

A．血液传播

B. 伊蚊叮咬传播
C. 三带喙库蚊叮咬传播
D. 接触传播
E. 多途径传播

46. 哪项不是典型登革热的临床表现（　　）
A. 发热伴毒血症状　B. 皮疹
C. 浅表淋巴结肿大　D. 不同程度出血
E. 周围血常规白细胞数增多

47. 预防登革热的根本措施是（　　）
A. 预防接种
B. 防蚊灭蚊
C. 预防接种＋防蚊灭蚊
D. 药物预防
E. 以上都不是

48. 手足口病的主要传播途径（　　）
A. 皮肤黏膜接触
B. 消化道和皮肤黏膜接触
C. 消化道和呼吸道
D. 呼吸道和皮肤黏膜接触
E. 消化道、呼吸道和皮肤黏膜接触

49. 手足口病发病率最高的年龄组（　　）
A. 1～2 岁　B. 3 岁以下
C. 4～5 岁　D. 5 岁以下
E. 学龄前儿童

50. 关于手足口病的临床表现，错误的是（　　）
A. 急性起病，常有发热
B. 手、足、臀部斑丘疹、疱疹
C. 口腔黏膜出现散在疱疹
D. 可伴有咳嗽、流涕、食欲缺乏等症状
E. 常出现脑膜炎、脑炎、肺水肿、循环障碍等危重病情，可致死亡

51. 关于手足口病的“四不特征”，下列哪项不符（　　）
A. 不痒　B. 不痛
C. 不结痂　D. 不结瘢痕
E. 不红肿

52. 关于手足口病，下列哪项描述正确（　　）
A. 属于甲类传染病　B. 属于乙类传染病
C. 属于丙类传染病　D. 不属于法定传染病
E. 手足口病是属于乙类传染病，但要按照甲类传染病进行管理

53. 流感病毒中传染性极强且最易发生变异的是（　　）
A. 甲型和乙型　B. 甲型和丙型
C. 甲型　D. 乙型
E. 丙型

54. 关于流行性感冒下列叙述正确的是（　　）
A. 由副黏病毒引起
B. 宜给予高热量、低维生素、高蛋白、易消化的食物
C. 所有流感均有发热及全身中毒症状
D. 各型之间无交叉免疫，可反复感染
E. 乙型流感病毒极易发生变异

55. 关于流感患者的护理措施错误的是（　　）
A. 接触患者后，及时洗手
B. 痰液黏稠者可给予超声雾化
C. 该病通过飞沫传染，故尽量避免与患者谈话
D. 鼻塞者给予局部热敷
E. 呼吸费力者，应取半卧位，及时输氧

56. 患儿，男，4 岁，已确诊为流行性感冒，因鼻塞而哭闹不安，护士正确的处理方式是（　　）
A. 鼻部冷敷　B. 口服麻黄素
C. 按摩　D. 麻黄素滴鼻
E. 针灸

57. 患儿，女，9 岁，发热 4 天，双耳垂下肿痛 3 天，呕吐 1 次来诊。体格检查：体温 38.4℃，呼吸 22 次 / 分，脉搏 104 次 / 分，血压 102/60mmHg。神志清，双侧腮腺 4cm×4cm，有压痛，咽红，腮腺管口有红肿，心、肺未发现异常，诊断为流行性腮腺炎。该病最常见的并发症是（　　）
A. 脑膜炎　B. 睾丸炎
C. 中耳炎　D. 心肌炎
E. 肺炎

58. 流行性腮腺炎的主要传播途径是（　　）
A. 呼吸道传播　B. 消化道传播
C. 血液传播　D. 虫媒传播
E. 母婴传播

59. 流行性腮腺炎隔离时间是（　　）
A. 1 周　B. 2 周
C. 3 周　D. 4 周
E. 5 周

60. 流行性腮腺炎的主要临床特点为（　　）
A. 常见颌下肿大为最早征象
B. 发热、头痛、呕吐
C. 以耳垂为中心的腮腺肿胀

D．伴有颈项强直

E．颈部和下颌淋巴结肿大

61．流行性腮腺炎的并发症，以下哪项不正确（　　）

A．脑膜炎或脑膜脑炎是儿童最常见的并发症

B．无腮腺肿大者也可出现脑膜炎或脑膜脑炎

C．儿童易并发睾丸炎

D．成年妇女可并发卵巢炎

E．可并发胰腺炎

62．患儿，女，7岁，诊断为流行性腮腺炎。护士指导家长饮食护理，正确的是（　　）

A．鼓励患儿多饮水

B．可每日给适量的干果

C．可选择高纤维食品

D．可选择高热量的牛肉

E．选择刺激唾液分泌的酸性食物

63．患儿，男，7岁，诊断为流行性腮腺炎。护士对其健康指导，不正确的是（　　）

A．鼓励患儿多饮水

B．睾丸肿痛时可用丁字带

C．忌酸、辣、硬而干燥的食物

D．本病为自限性疾病，无特殊疗法

E．如合并脑膜脑炎，则应长期口服肾上腺皮质激素

64．水痘的主要传播途径是（　　）

A．血液传播　　B．虫媒传播

C．飞沫传播　　D．消化道传播

E．接触污染的用物传播

65．对水痘的叙述错误的是（　　）

A．皮疹分批出现，斑疹、疱疹、丘疹和结痂等不同形态并存

B．皮疹呈向心分布

C．仅通过呼吸道传播

D．为自限性疾病，10天左右自愈

E．患者是主要传染源

66．患儿，女，3岁，已经确诊为水痘，因皮疹痒感难忍而哭闹不止，护士正确的处理方式是（　　）

A．局部涂炉甘石洗剂止痒

B．局部涂甲紫溶液

C．局部涂抗生素软膏

D．局部涂安尔碘

E．局部涂液状石蜡

A_3/A_4 型题

（67～70题共用题干）

患者，男，37岁，个体户，曾涉足色情场所。近1个月来乏力、干咳、体重减轻、全身不适。护理体检：神清，消瘦，体温37.8℃，口腔黏膜溃疡，肝脾轻度肿大，全身浅表淋巴结肿大、质软、无压痛、无粘连。实验室：HIV抗原阳性、抗-HIV阳性、HIV-RNA阳性。诊断为艾滋病。

67．对确诊最有意义的是（　　）

A．慢性咳嗽

B．体重减轻

C．口腔黏膜溃疡

D．全身浅表淋巴结肿大、质软、无压痛、无粘连

E．HIV抗原阳性、抗-HIV阳性、HIV-RNA阳性

68．最可能的传播途径是（　　）

A．热带地区蚊虫叮咬而感染

B．性接触而感染

C．常在饭店吃饭而感染

D．使用宾馆浴缸而感染

E．使用了不洁的牙刷而感染

69．患者处于艾滋病的哪一时期（　　）

A．急性感染期

B．无症状感染期

C．持续性全身淋巴结肿大综合征期

D．艾滋病期

E．以上都不是

70．对该患者应采取哪种隔离（　　）

A．肠道隔离　　B．严密隔离

C．接触隔离　　D．血液／体液隔离

E．呼吸道隔离

（71～73题共用题干）

患者，男，16岁，乏力、食欲减退、黄疸进行性加深10天，尿少2天，神志不清1天。身体评估：嗜睡、烦躁不安、明显黄疸、皮肤瘀斑，肝未扪及、肝浊音界缩小，扑翼样震颤阳性。实验室检查：血清总胆红素255μmol/L（15mg/dl），ALT 200U/L，凝血酶原时间40秒（对照15秒）。

71．考虑该患者患了哪种疾病（　　）

A．急性黄疸型肝炎　B．淤胆型肝炎

C．急性重型肝炎　　D．亚急性重型肝炎

E．慢性重型肝炎

72．考虑出现了什么并发症（　　）
A．肝性脑病　　B．出血
C．肝肾综合征　　D．肝性脑病、出血
E．肝性脑病、出血、肝肾综合征

73．下列护理措施中，错误的是（　　）
A．绝对卧床休息，加床档，专人护理
B．严格限制蛋白质饮食，蛋白种类以优质蛋白为主，如鸡蛋、牛奶
C．低钠饮食，停止摄入含钾食物
D．注意神志变化，定时翻身以防压疮
E．记录 24 小时出入水量，限制入水量

（74～76 题共用题干）

患儿，男，3 岁，高热 4 天，出疹 1 天。入院查体：精神状态差，体温 39.1℃，眼结膜充血，面部和胸背部可见淡红色斑丘疹，压之褪色，疹间皮肤正常。

74．考虑可能患了哪种疾病（　　）
A．麻疹　　B．风疹
C．幼儿急疹　　D．猩红热
E．药物疹

75．该患儿应该隔离多久，才能上幼儿园（　　）
A．起病后 1 周　　B．出疹后 5 天
C．出疹后 10 天　　D．皮疹消退
E．退疹后 3 天

76．病程的第 7 天，皮疹及体温逐渐消减，但患儿突然出现咳嗽加重，鼻翼扇动和轻度的发绀，最可能并发了（　　）
A．肺炎　　B．喉炎
C．脑炎　　D．心肌炎
E．呼吸道梗阻

（77、78 题共用题干）

患者，女，28 岁，农民。发热 5 天伴全身痛、乏力、腰痛，2 天来尿少收住入院。体格检查：神志清楚，体温 39℃，血压 140/95mmHg，颜面皮肤充血，球结膜水肿，胸背部可见出血点，心肺未见异常，肾区叩击痛阳性，神经系统未见异常。血常规：白细胞 35×10^9/L，淋巴细胞 40%；尿常规：蛋白（＋＋＋），偶见管型。

77．该病的诊断可能性最大是（　　）
A．钩端螺旋体病　　B．流行性出血热
C．肾盂肾炎　　D．白血病
E．流脑

78．患者入院后应立即给予哪项处理（　　）
A．给予激素免疫抑制治疗
B．应用干扰素
C．环磷酰胺免疫调节治疗
D．利尿导泻
E．低分子右旋糖酐疏通微循环

（79～81 题共用题干）

患者，男，农民，因发热、全身酸痛 4 天入院。体格检查：结膜充血，面、颈、胸部潮红，腋下有搔抓样出血点，尿蛋白（＋＋），大便潜血（＋）。

79．护士首先判断该患者最可能的诊断是（　　）
A．败血症　　B．肾炎
C．钩端螺旋体病　　D．伤寒
E．EHF

80．确诊最有价值的辅助检查是（　　）
A．流行性出血热 IgM 抗体
B．血培养
C．血常规
D．流行性出血热 IgG 抗体
E．尿常规

81．患者高热伴有四肢厥冷，降温可采用（　　）
A．大血管冷敷　　B．阿司匹林
C．温水擦浴　　D．乙醇擦浴
E．大剂量退热剂

（82、83 题共用题干）

患儿，男，6 岁，因恐惧、喉头紧缩感，不能饮水 2 天收住入院。体格检查：神清，表情极度恐怖，呼吸急促，口唇发绀，T 39℃，P 112 次 / 分，室内电风扇吹风及提及水声均可诱发患儿明显咽喉肌痉挛。追问病史，1 个月前曾被路边野狗咬伤，当时右侧面部皮肤有破损，未做任何处理。

82．护士首先判断该患者最可能为（　　）
A．传染性疾病，怀疑狂犬病
B．呼吸道感染，怀疑肺结核
C．气胸
D．上呼吸道感染
E．精神异常

83．护士最恰当的处理是（　　）
A．急诊按序就诊
B．回家继续观察
C．进一步询问病史
D．将患儿尽早隔离在安静、避光的房间
E．高热者给予药物降温

（84、85 题共用题干）

患者，男，19 岁，因被犬咬伤 3 个月，饮水困难、怕风 2 天入院。临床诊断为狂犬病。

84. 哪项不是典型狂犬病的临床表现（ ）

A. 恐惧 B. 皮疹

C. 极度兴奋 D. 咽肌痉挛

E. 大量流涎

85. 犬咬伤后的处理以下哪项最为恰当（ ）

A. 肥皂水清洗伤口

B. 接种狂犬病疫苗 1 针

C. 接种狂犬病疫苗 3 针

D. 全程接种狂犬病疫苗

E. 正确处理伤口和接种疫苗

（86～88 题共用题干）

患者，男，20 岁，农民，因突然发热 3 天以流行性乙型脑炎收入院。体格检查：意识不清楚，体温 39.5℃，脉搏 125 次 / 分，呼吸 40 次 / 分，节律不整，对光反射迟钝。肺部可闻及干湿啰音，颈项强直阳性。有蚊虫接触史。

86. 此期患者可能出现的三大凶险症状是（ ）

A. 高热、意识障碍、呼吸衰竭

B. 循环衰竭、呼吸衰竭、意识障碍

C. 高热、抽搐、呼吸衰竭

D. 高热、呼吸衰竭、肾衰竭

E. 高热、抽搐、意识障碍

87. 护理过程中，若发现两眼凝视、口角抽动，考虑可能是（ ）

A. 意识丧失 B. 脑疝

C. 脑水肿 D. 惊厥

E. 呼吸衰竭

88. 下列护理措施中，错误的是（ ）

A. 取仰卧位，头偏向一侧

B. 用缠有纱布的压舌板置于上下齿之间

C. 松解衣领，清理口鼻分泌物

D. 绑住患者四肢，以防惊厥时坠地

E. 保持病室内安静整洁

（89～91 题共用题干）

患者，男，29 岁，3 天前开始出现乏力，1 天前出现发热畏寒，最高体温 39.2℃，感觉全身肌肉、关节疼痛，头痛头晕，食欲减退，乏力加重。于 9 月 4 日就诊。患者家住广东，起病前有蚊子叮咬史。体格检查：体温 38.7℃，脉搏 94 次 / 分，呼吸 20 次 / 分，血压 120/75mmHg；颜面潮红，双下肢膝关节以下可见针尖大小的暗红色出血点，躯干皮肤散在浅红色斑丘疹。实验室检查：血白细胞 3.1×10^9/L，登革病毒 NSI 抗原（＋）、IgM 抗体（＋）。

89. 护士首先判断该患者最可能患了什么病（ ）

A. 流行性出血热 B. 流行性感冒

C. 过敏性紫癜 D. 登革热

E. 疟疾

90. 对明确病因诊断有较大意义的是（ ）

A. 突起高热达 39.2℃

B. 头痛、全身肌肉关节疼痛

C. 浅红色斑丘疹

D. 白细胞减少

E. 登革病毒 NSI 抗原（＋）、IgM 抗体（＋）

91. 下列处理恰当的是（ ）

A. 隔离至完全退热

B. 按医嘱积极静脉输液

C. 使用乙醇擦浴以降温

D. 解热镇痛药有利于本病退热

E. 应早期进行抗病毒治疗

（92、93 题共用题干）

患者，女，25 岁，因乏力、咽部不适、头痛和全身肌肉酸痛等症状来院就诊。体格检查：急性病容，体温 39.5℃，咽部充血红肿，无分泌物。

92. 患者最可能的诊断是（ ）

A. 单纯性流感 B. 肺炎型流感

C. 中毒性流感 D. 胃肠炎型流感

E. 禽流感

93. 关于该患者的护理措施错误的是（ ）

A. 进行呼吸道和接触隔离

B. 鼓励患者多喝水、多吃水果

C. 向患者介绍流感相关知识

D. 含服西瓜霜可缓解咽痛

E. 多吃辛辣食物刺激排汗

（94～96 题共用题干）

患儿，男，6 岁，发热伴右耳下疼痛 3 天，腹痛半天入院。体格检查：体温 40℃，右腮腺肿胀压痛明显，中上腹压痛，无反跳痛。

94. 护士考虑该患儿可能是（ ）

A. 腮腺炎并发脑膜炎

B. 腮腺炎并发胰腺炎

C. 腮腺炎并发睾丸炎

D. 腮腺炎并发卵巢炎

E. 腮腺炎并发胃肠炎

95．为进一步诊断应立即协助医生做的检查是（　　）

A．尿常规　B．血常规

C．血、尿淀粉酶　D．大便常规

E．脑脊液

96．应该做的隔离是（　　）

A．严密隔离　B．血液隔离

C．消化道隔离　D．呼吸道隔离

E．虫媒隔离

（97、98 题共用题干）

患儿，男，8 岁，发热 3 天，双耳垂下肿痛 3 天，无恶心呕吐来诊。体格检查：体温 38.8℃，呼吸 24 次 / 分，脉搏 110 次 / 分。神志清，双侧腮腺 3cm×3cm，有压痛，咽红，腮腺管口有红肿，心、肺未发现异常。血清学检查：抗腮腺炎病毒特异性 IgM 抗体（＋）。诊断为流行性腮腺炎。

97．患儿目前主要的护理问题是（　　）

A．体温过高　B．疼痛

C．睾丸炎　D．脑膜炎

E．有传播感染的危险

98．应采取的主要的护理措施是（　　）

A．减轻疼痛　B．发热护理

C．睾丸炎护理　D．脑膜炎护理

E．隔离

（99～101 题共用题干）

患儿，女，4 岁，发热两天，身上开始出现皮疹一天，遂来就诊。体格检查：体温 38.7℃，躯干部位可见红色斑丘疹，部分已经形成疱疹。

99．该患儿最可能的临床诊断是（　　）

A．麻疹　B．风疹

C．药物疹　D．水痘

E．荨麻疹

100．下列可引起患者皮疹泛化，病情加重的是（　　）

A．不合理的应用抗生素

B．合并感染

C．患儿年龄较小或有基础性疾病

D．口服药物

E．使用肾上腺皮质激素

101．隔离时间最宜在（　　）

A．痂皮全部脱落　B．疱疹全部结痂

C．疱疹开始结痂　D．出疹后 5 天

E．出疹后 3 天

（李朝中　曾志励　杨艳霞　杨传林）

第4章 细菌性传染病的护理

第1节 霍乱患者的护理

案例 4-1 患者，男，18岁，因腹泻2天、尿少1天于8月29日入院。患者2天前开始出现腹泻，大便水样，每天10～12次，无腹痛。1天前出现口渴，声音嘶哑，尿量减少。体格检查：体温36.0℃，脉搏90次/分，呼吸22次/分，血压85/60mmHg。神志清，精神较差。眼窝凹陷，皮肤干燥，弹性差。心肺无异常，腹平软，肝脾未触及。当地有霍乱流行，患者担心得了霍乱被隔离起来，心情很焦虑。

问题： 1. 为明确诊断患者需做哪些实验室检查？

2. 你能提出哪些护理诊断？

3. 请给出主要的护理措施。

霍乱（cholera）是由霍乱弧菌引起的烈性肠道传染病，被我国传染病防治法列为甲类传染病。临床表现轻重不一，轻症多见。典型临床表现为起病急骤，无痛性剧烈腹泻、大量米泔水样便，伴有恶心、呕吐，致脱水、电解质紊乱及酸碱失衡、肌肉痉挛，严重者导致循环衰竭、急性肾衰竭。

一、概　　述

（一）病原学

霍乱弧菌呈弧形或豆点状，革兰染色阴性，无荚膜，不形成芽孢。菌体末端有一鞭毛，运动活泼，暗视野显微镜下呈穿梭状或流星状运动（图4-1，彩图13）。根据霍乱弧菌的生化性状，O抗原的特异性和致病性等不同，将霍乱弧菌分为O1群（包括古典生物型和埃尔托生物型）、非O1群和不典型O1群。近年来新发现引起流行的非O1群霍乱弧菌血清型，定名为O139霍乱弧菌，类似埃尔托生物型。霍乱弧菌产生肠毒素、神经氨酸酶、血凝素和内毒素，其中霍乱肠毒素是致病的主要因素。目前以埃尔托生物型霍乱弧菌引起的霍乱居多，此型霍乱弧菌对外界抵抗力强，在自然条件适宜的环境中可存活较长时间，一般在未经处理的水中可存活

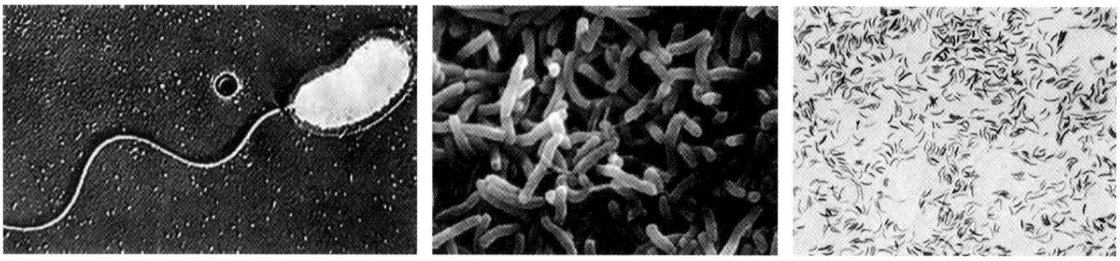

A　　B　　C

图4-1　霍乱弧菌形态

1～3 周，在水果、蔬菜中存活 1 周。霍乱弧菌对热、干燥、阳光、酸及一般消毒剂均敏感，干燥 2 小时、55℃ 10 分钟或煮沸即可杀灭，在正常胃酸中仅存活 4 分钟。

（二）发病机制

霍乱弧菌侵入人体后是否发病取决于机体免疫力和霍乱弧菌致病力两个方面的因素。霍乱弧菌经口进入胃后，在正常情况下，一般可被胃酸杀灭，当胃酸分泌减少或入侵弧菌数量较多时，未被杀死的弧菌在小肠碱性肠液内迅速大量繁殖，产生外毒素，即霍乱肠毒素。肠毒素能与肠黏膜上皮细胞上的受体（神经节苷酯）迅速结合，从而激活黏膜细胞中的腺苷酸环化酶（AC），促使三磷酸腺苷（ATP）转变为环磷酸腺苷（cAMP），细胞内 cAMP 浓度升高，刺激隐窝细胞分泌水、氯化物、碳酸氢盐的功能加强，同时抑制绒毛细胞对钠和氯离子的吸收，使水和氯化钠在肠腔积聚，引起严重水样腹泻。肠毒素作用于肠道杯状细胞，使大量黏液微粒出现于肠液中，形成米泔水样大便。由于肠液大量丢失，产生严重脱水、电解质紊乱、酸中毒及周围循环衰竭。

知识链接

云南通海霍乱 47 名隔离者均康复，疫情已被完全控制

2009 年 1 月 15～17 日，云南省通海县某村李姓村民在村内为一位年过八旬的老人举办了一场 585 人参加的丧宴。18 日凌晨 3 时许，该村民 73 岁的李某出现腹泻症状。李某于当日上午 8 点 30 分前往通海县人民医院急诊科就诊。其后又有 2 名同组村民相继到通海县人民医院就诊，由于病情加重，县医院先后将 3 名患者转送玉溪市人民医院治疗。同时向通海县疾控中心报告了这 3 名病例情况，通海县疾控中心迅即报告玉溪市疾控中心，市疾控中心随即派人前往采样进行检测。21 日上午 10 时初步判断为霍乱 O139 感染。22 日凌晨 2 时，经省疾控中心检测复核，两例病例确诊为霍乱弧菌 O139 感染。

（三）流行病学

1. 传染源　患者和带菌者是霍乱的主要传染源。轻型患者、健康带菌者不易检出且人数较多，是重要的传染源。

2. 传播途径　霍乱是经口感染的肠道传染病。常经水、食物、苍蝇及日常生活接触而传播，也可借助现代化的交通工具远程传播，水源传播是最主要的途径。

3. 人群易感性　人群对霍乱弧菌普遍易感。病后可获得一定免疫力，但持续时间不长，有再次感染的可能。

4. 流行特征　印度恒河三角洲和印度尼西亚的苏拉威西岛是霍乱的疫源地，常从此地向东南亚播散并造成世界性大流行。在热带地区全年均可发病，我国以夏秋季流行为主，高峰期在 7～8 月。1992 年印度发现 O139 血清型霍乱，1993 年以后我国也发现 O139 型霍乱的局部流行。

（考点：霍乱的传染源及传播途径）

二、护 理 评 估

（一）流行病学资料

了解患者当地是否有类似病患。询问患者是否接触霍乱患者及其排泄物可能污染的水和食物等。询问患者近期是否去过霍乱疫区。

（二）身心状况

1. 临床表现　潜伏期一般短者数小时，长者 7 天，多为 1～3 天。分为轻、中、重三型，古典生物型与 O139 型弧菌引起的霍乱症状较重，埃尔托生物型引起的症状较轻。典型霍乱病程分为以下三期。

（1）泻吐期：多数患者以突发剧烈腹泻起病，继之呕吐，无腹痛、无里急后重。大便量多，每日数次至十数次，甚至数十次，始为泥浆样或水样、有粪质，后转为米泔水样，无粪臭。呕吐多在腹泻后出现，常为喷涌状，呕吐物先为胃内容物，之后为米泔水样。一般无发热。此期持续数小时至1～2天。

（2）脱水期：由于剧烈泻呕，大量水和电解质丢失，患者迅速出现脱水、电解质紊乱、代谢性酸中毒及急性肾衰竭、循环衰竭等。表现为淡漠、呆滞或烦躁，口渴、声音嘶哑、眼球下陷、面颊深凹、口唇干燥、皮肤发凉且弹性差、手指皱瘪、腹呈舟状。继之出现血压下降，少尿或无尿，呼吸加快等。低钠可引起肌肉痉挛，多见于腓肠肌和腹直肌，俗称“吊脚痧”“绞肠痧”。低钾可致全身肌张力减低、心律失常等。此期持续数小时至2～3天。

（3）恢复期：脱水得到及时纠正后，多数患者症状消失，皮肤湿润，尿量增加。由于循环改善后毒素被吸收，约1/3患者出现发热。

（考点：霍乱的临床表现）

2．心理－社会状况　患者及家属对本病的认识往往不足，注意了解患者的心理状况和对本病的认识。本病起病急，传播快，病情重，患病后需住院治疗，强制隔离，患者易出现孤独、焦虑、恐惧等心理问题。

（三）辅助检查资料

1．血常规及生化检查　可引起红细胞、血红蛋白及血细胞比容增高。白细胞计数可高达（10～30）$\times 10^9$/L，中性粒细胞及单核细胞增多。血清钾、钠、氯化物和碳酸盐均降低，pH下降，尿素氮、肌酐升高。注意酸中毒致细胞内钾离子外移，经治疗后钾离子移入细胞内而可能出现严重低钾血症。

2．尿常规　可有少量蛋白，镜检可见少许红细胞、白细胞和管型。

3．免疫学检查　血清凝集试验，在发病第1～3日及第10～15日各取1份血清，抗凝集素抗体滴度呈4倍以上升高有诊断意义。主要用于流行病学的追溯诊断和粪便培养阴性的可疑患者的诊断。

4．病原学检查

（1）粪便涂片染色：取粪便或早期培养物涂片做革兰染色镜检，可见革兰阴性稍弯曲的弧菌，呈鱼群状排列。

（2）动力试验和制动试验：将新鲜粪便做悬滴试验或暗视野显微镜检，可见运动活泼呈穿梭状的弧菌，即为动力试验阳性。随后加入O1群多价血清1滴，若是O1群霍乱弧菌，由于抗原抗体作用，则凝集成块，弧菌运动即停止。如加O1群血清后，不能制止运动，应再用O139血清重做试验。

（3）增菌培养：所有怀疑霍乱患者均应做增菌培养。留取使用抗菌药物之前的粪便，尽快送到实验室培养。培养基一般用pH为8.4的碱性蛋白胨液，36～37℃培养6～8小时后表面能形成菌膜。进一步分离培养后进行动力观察和制动试验，有助于提高检出率和早期诊断。

（4）分离培养：用庆大霉素琼脂平皿强选择性培养基，在36～37℃条件下，培养8～10小时霍乱弧菌即可长成小菌落。用碱性琼脂平板培养则需培养10～20小时。选择可疑或典型菌落，做霍乱弧菌“O”抗原的玻片血清凝集试验。

（5）核酸检测：通过PCR技术检测霍乱弧菌毒素基因亚单位CtxA和毒素协同菌毛基因

（TcpA）来区别霍乱菌株和非霍乱弧菌。然后根据 TcpA 基因的不同 DNA 序列来区别古典生物型和埃尔托生物型霍乱弧菌。

（四）治疗要点

本病的治疗原则是严格隔离，以补液治疗为主，抗菌治疗为辅。

1. 一般治疗　按甲类传染病进行严格的消化道隔离。患者泻吐物及食具须彻底消毒。可给予流质饮食，但剧烈呕吐者禁食，恢复期逐渐增加饮食，重症者应注意保暖、给氧、监测生命体征。

2. 补液疗法　及时补充液体和电解质是治疗本病的关键。

（1）静脉补液：原则是早期、快速、足量；先盐后糖，先快后慢，纠酸补钙，见尿补钾。常用 5∶4∶1 溶液，即每升液体含氯化钠 5g，碳酸氢钠 4g 和氯化钾 1g，另加 50% 葡萄糖 20ml；或用 3∶2∶1 溶液，即 5% 葡萄糖 3 份、0.9% 氯化钠 2 份、1.4% 碳酸氢钠溶液 1 份或 11.2% 乳酸钠溶液 1 份。输液量与速度应根据患者脱水程度、血压、脉搏而定，24 小时总入量按轻、中、重型脱水分别给 3000～4000ml、4000～8000ml、8000～12 000ml，最初 1～2 小时宜快速，严重者开始每分钟可达 50～100ml。快速输液过程中应防止心功能不全和肺水肿。

（2）口服补液：霍乱患者肠道对氯化钠的吸收较差，但对钾、碳酸氢盐及葡萄糖的吸收影响不大，而且葡萄糖的吸收能促进水和钠的吸收，因此对轻中型脱水的患者可予口服补液。常用配方：葡萄糖 22g、氯化钠 3.5g、碳酸氢钠 2.5g 和氯化钾 1.5g；或葡萄糖 24g、氯化钠 4g、碳酸氢钠 3.5g、柠檬酸钾 2.5g 加水至 1000ml。成人轻中型患者最初 4～6 小时每小时服 750ml，体重不足 25kg 的儿童每小时 250ml，之后每 6 小时口服量为前 6 小时泻吐量的 1.5 倍。

3. 病原治疗　是重要辅助治疗，有助于减少腹泻量、缩短泻吐期和排菌期。常选用诺氟沙星、环丙沙星、多西环素。不能口服者可应用氨苄西林肌内或静脉注射。

4. 对症治疗　重症患者经补液后血压仍较低者，可用血管活性药物如多巴胺静脉滴注。如出现心衰、肺水肿，则应暂停输液或减慢输液速度，给予毛花苷 C 或毒毛花苷 K 静脉注射，必要时给予利尿剂、镇静剂治疗。

三、护理问题

1. 体液不足　与频繁、剧烈的泻吐导致严重脱水及循环衰竭有关。
2. 腹泻　与霍乱外毒素致肠腺细胞分泌功能增强有关。
3. 疼痛　与泻吐使钠盐大量丢失导致腓肠肌、腹直肌痉挛有关。
4. 潜在并发症：电解质紊乱、急性肾衰竭、急性肺水肿。
5. 有传播感染的可能　与病原排出有关。
6. 恐惧　与发病急、进展快，严重脱水导致身体不适，实施严密隔离有关。

四、护理措施

（一）隔离与消毒

1. 严密隔离　按甲类传染病进行严密消化道隔离。待症状消失后 6 日，并隔日粪便培养 1 次，连续 3 次阴性才可解除隔离。确诊患者和疑似患者应分别隔离。疑似病例应填写疑似霍乱报告，同时做好消毒、隔离措施。每日做粪便培养，如 3 次阴性，血清学检查 2 次阴性，可否定诊断并做更正报告。

2. 消毒　患者泻吐物及用品必须严格消毒后方能带出室外。

（1）泻吐物：用20%漂白粉消毒，2小时后置入专用池中消毒处理。

（2）物品：便具、餐具、衣被等用次氯酸钠溶液消毒。枕芯、床垫等日光暴晒6小时或用过氧乙酸溶液熏蒸。

（3）病室：每日用紫外线消毒1～2次，或用过氧乙酸溶液lg/ml熏蒸2小时消毒，地面可用次氯酸钠溶液消毒。患者出院或死亡后应进行终末消毒。

3．接触者检疫观察7天。

（二）一般护理

1．休息与活动　患者应卧床休息。休克患者应绝对卧床休息，取休克卧位，专人看护。每位患者单独住一室，不得擅自离开病室。

2．饮食　剧烈泻吐时暂停饮食。待呕吐停止、腹泻缓解，可给予温热低脂流质饮食，少量多次，缓慢增加饮食量。不宜食用不易消化、可加重肠胀气的食物，如牛奶、豆浆等。

（三）病情观察

严密观察吐泻物情况（颜色、次数、量），详细记录。及时采集泻吐物送检。随时评估患者水、电解质和酸碱平衡情况（如生命体征、神态、眼眶凹陷、口渴唇干、皮肤弹性、尿量、血压情况等）；及时采取血标本送检pH、二氧化碳结合力、尿素氮及血钠、血钾、血钙等。记录24小时出入水量。

（四）治疗配合

1．体液不足的护理。建立静脉通路，用粗大针头，选择易于固定的较大血管，必要时采用两条静脉通路，以免延误治疗，但须保留一上肢以备测血压用。根据病情轻重、脱水程度，确定输液量和速度，做好输液计划。一般24小时内轻度脱水患者以每分钟40～80ml速度静脉注射，之后按每分钟20～30ml的速度通过两条静脉快速滴注；大量或快速输入的液体应适当加温，以免出现不良反应；加压输液或快速输液过程中，为防止输液反应的发生，必须专人守护，并注意观察输液效果。根据血压、脉搏、尿量等变化，随时调整输液量和输液速度。

2．遵医嘱使用敏感抗菌药物，注意观察胃肠道反应、肾毒性、过敏、粒细胞减少等副作用。

（五）心理护理

霍乱患者剧烈泻吐导致体液大量丢失，机体状况可迅速恶化，且本病属于烈性肠道传染病，须实施严密隔离，易给患者带来极度焦虑和恐惧，这些不良情绪又可使病情加重。故应向患者及家属说明严密隔离的重要性，解除其思想顾虑。护士应与患者进行有效沟通，耐心解释患者提出的各种问题。帮助患者及时清除排泄物，及时更换污染的床单，创造清洁舒适的环境，使之精神上得到安慰。

（考点：霍乱的护理措施）

五、健康教育

（一）预防知识教育

1．管理传染源　加强对传染源的管理是控制霍乱流行的重要环节。建立、健全腹泻病门诊，对腹泻患者进行登记和采大便培养是发现霍乱患者的重要方法。对患者应严密隔离，及时治疗。对接触者应严密检疫5日，留大便培养并服药预防。

2．切断传播途径　管理好水源及垃圾，加强饮水消毒和食品管理。开展爱国卫生运动，灭蝇、蟑螂、鼠等传播媒介，改善环境卫生。对患者或带菌者的粪便与排泄物均要严格消毒。个人养成良好的卫生习惯，饭前便后洗手、不饮生水、不吃生食，餐具用流动水清洗并经常消毒，把好“病从口入”关。

3．保护易感者　2006 年，世界卫生组织（WHO）发布了在复杂突发事件中使用口服霍乱疫苗的建议，目前证明安全有效，可供 2 岁以上者使用。

（二）疾病知识教育

向患者及其亲属介绍霍乱的有关知识。告知霍乱是烈性肠道传染病，发病急、传播快，病情危重，病死率高，须对疫点、疫区进行严密封锁，并进行严格的消毒、隔离，以防疫情扩散。解释有关霍乱的病因、传播途径、临床特征、疾病过程、治疗方法等，尤其要强调补液、休息对疾病治疗的重要性，使患者配合治疗，以尽快控制病情发展。讲解霍乱的消毒、隔离知识、预防措施。解释霍乱及时诊断和治疗的重要性。

（考点：霍乱的预防）

第 2 节　细菌性痢疾患者的护理

案例 4-2　患儿，女，6 岁，2016 年 6 月下旬，在家吃了隔夜的饭菜，两小时后出现腹痛、腹泻，大便次数增多，开始为稀便，很快为黏液脓血便，量较少并伴有里急后重。随后去医院就诊。体格检查：体温 39℃，呼吸和脉率增快，血压正常，心肺无异常，左下腹有压痛。实验室检查：血常规白细胞增多，大便白细胞（＋＋）、红细胞（＋＋）、多量脓细胞和巨噬细胞。

问题： 1. 根据以上病情考虑患者患了哪种疾病？

2. 可提出哪些护理诊断？

3. 列出主要的护理措施。

细菌性痢疾（bacillary dysentery）简称菌痢，是由志贺菌属（也称痢疾杆菌）引起的最常见的肠道传染病。其主要临床表现为发热和腹痛、腹泻、黏液脓血便及里急后重。一年四季均可发病，以夏秋季节多见。

一、概　　述

（一）病原学

病原菌为志贺菌属，革兰阴性杆菌，其菌毛与细菌的致病性有关。按其抗原结构和生化反应的不同，志贺菌分为四群（即 A 群痢疾志贺菌、B 群福氏志贺菌、C 群鲍氏志贺菌、D 群宋内志贺菌），我国以 B 群福氏志贺菌引起的菌痢为主。志贺菌起主要致病作用的是其内毒素，痢疾志贺菌还可以产生外毒素。

痢疾杆菌在外界生存力较强，在周围环境和饮食中的寿命最长，在饭菜中增殖力很强，其中以 D 菌群最强，依次是 B、A 菌群。D 菌群可在自来水中生存 8～30 日，在牛奶中生存 10～30 日，在蔬菜水果中生存 1～2 周，在灰尘中可生存半个月，在垃圾中生存 20 日，在患者粪便中生存数月，在污水中约生存 5 个月，在皮肤表面生存 2～3 个月，在存放的内衣及褥单上可生存 1～3 个月。干燥时生存期短，潮湿时生存期延长，煮沸时 2 分钟内即死亡，日晒 30 分钟后致死，冰中可生存 1～2 个月。

（二）发病机制

痢疾杆菌进入人体后是否发病，取决于细菌数量、致病力及人体的免疫力。痢疾杆菌进入消

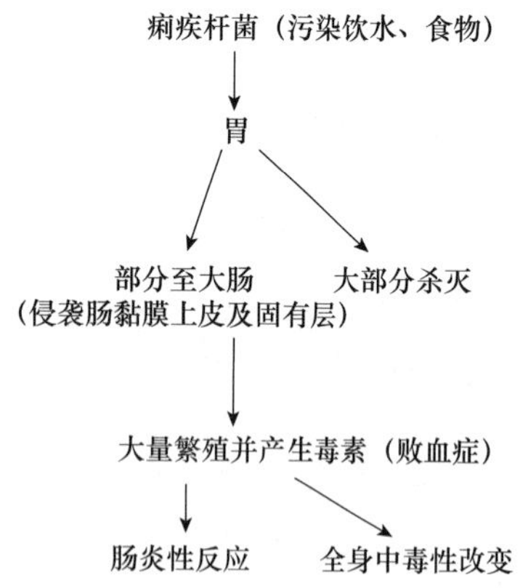

图 4-2 痢疾杆菌致病示意图

化道后，大部分被胃酸杀灭，少量未被杀灭的病菌进入肠道，通过正常肠道菌群的拮抗作用将其排斥。当痢疾杆菌致病力强或人体全身及胃肠道局部免疫力降低时，感染小量病菌也容易发病。

痢疾杆菌黏附并侵入乙状结肠和直肠黏膜上皮细胞后，首先在上皮细胞内繁殖，然后通过基膜侵入黏膜固有层进一步繁殖，产生的内毒素、外毒素，引起局部和全身的炎症反应（图 4-2）。致使肠黏膜的小血管循环障碍，肠上皮细胞出现变性、坏死，形成浅表溃疡，分泌黏液和脓性分泌物，临床上表现为腹痛、腹泻。直肠括约肌受刺激而有里急后重感；由黏液、细胞碎片、中性粒细胞、渗出液和血形成黏液脓血便。痢疾杆菌产生的内毒素入血后，不但引起发热及全身毒血症状，还可直接作用于肾上腺髓质、刺激交感神经系统和单核－巨噬细胞系统释放儿茶酚胺等多种血管活性物质引起急性微循环障碍，进而导致 DIC、血栓形成及重要器官功能衰竭，引发中毒性痢疾，临床上以感染性休克、脑水肿及脑疝、昏迷、抽搐和呼吸衰竭为主要表现，也是患者死亡的主要原因。其外毒素可引起肠黏膜细胞坏死、水样腹泻和神经系统症状。

知识链接

阿米巴痢疾

阿米巴痢疾（amebic dysentery）是由溶组织内阿米巴（Entamoeba histolytica）感染引起的疾病，又称肠阿米巴病。阿米巴痢疾主要病变部位在近端结肠和盲肠，典型的临床表现有果酱样大便等痢疾样症状。依病情轻重可分为无症状型、普通型、轻型、暴发型、慢性型和其他型。本病分布遍及全球，以热带、亚热带及温带地区发病较多，感染率高低与当地的经济水平、卫生状况及生活习惯有关。慢性患者、恢复期患者及无症状包囊携带者粪便中持续排出包囊，为主要传染源；经口感染是主要传播途径；人群对溶组织内阿米巴包囊普遍易感，但婴儿与儿童发病机会相对较少。无并发症患者及达到有效病原治疗患者预后良好，重型患者预后差。

（三）流行病学

1. 传染源　为急慢性患者和带菌者。急性菌痢患者早期排菌量大、传染性强；非典型患者、慢性患者及带菌者由于症状不典型且管理困难易被忽略，在流行病学中意义更大。

2. 传播途径　通过消化道传播。痢疾杆菌通过污染的水、食物或日常生活用品接触传播，也可经苍蝇、蟑螂等媒介间接传播。其中，水源或食物污染是引起水型或食物型暴发流行的主要传播途径。生活中以污染手为媒介的接触传播可引起散发病例。

3. 人群易感性　人群普遍易感。病后可获得一定的短暂而不稳定的免疫力，且不同群、型间无交叉免疫，容易反复感染。

4. 流行特征　本病主要集中在温带和亚热带地区，多见于卫生条件差的区域。我国常年散发，夏秋季多见。与气温条件适合细菌生长繁殖、苍蝇活动多、夏季饮食习惯及胃肠道防御功能降低等因素有关。发病者以学龄前儿童和青壮年多见。

二、护理评估

（一）流行病学资料

了解患者生活卫生状况，周围环境是否有苍蝇、蟑螂等媒介。询问患者是否进食过期或变质食物等。询问患者是否接触菌痢的急慢性患者和带菌者。

（二）身心状况

1. 临床表现　潜伏期长短和病情轻重主要取决于患者的年龄、抵抗力、感染细菌的数量、毒力及菌型等因素。潜伏期短至数小时、长至 7 日不等，多为 1～3 日。在菌属因素中，A 群感染所致表现较重，D 群感染多较轻，B 群介于上述两者之间，但易转为慢性。根据临床病程长短和病情轻重其可分为急性和慢性两型。

（1）急性菌痢：根据毒血症状及肠道症状轻重又分为三型。

1）普通型（典型）：起病急，有畏寒、发热，体温可达 39℃，有头痛、乏力、食欲减退等中毒症状，继而出现阵发性腹痛、腹泻、里急后重。排便次数增多，每日十余次至数十次，量少；起初为稀水便，后迅速转变为黏液脓血便。体征可有左下腹压痛及肠鸣音活跃。病程 1～2 周，少数患者可转为慢性。

2）轻型（非典型）：一般无全身毒血症状，或仅有低热。肠道症状轻，腹痛轻微而无里急后重。腹泻次数少，每日 3～5 次，稀便有黏液，无脓血。可有左下腹压痛。病程 3～7 日，可转为慢性。

3）中毒型：多见于 2～7 岁的儿童。起病急骤，病情凶险，病死率高。患者有严重全身毒血症状，多表现为突然畏寒、高热，伴精神萎靡、反复惊厥、昏迷，可迅速发生呼吸、循环衰竭。临床以严重毒血症状、休克和（或）中毒性脑病为主，肠道症状不明显。生理盐水灌肠或直肠拭子取粪便镜检可发现异常。根据临床表现分为三型：①休克型（周围循环衰竭型）。较多见，全身微血管痉挛导致微循环障碍，主要表现为感染性休克，如精神萎靡、脉搏细速、血压下降、面色苍白、四肢厥冷、皮肤花斑、尿量减少等。②脑型（呼吸衰竭型）：较严重，脑组织细胞缺氧、水肿，甚至脑疝，以中枢神经系统症状为主要表现。早期有剧烈头痛，频繁呕吐呈典型喷射状；晚期频繁惊厥、昏迷、瞳孔大小不等、对光反射减弱或消失，严重者出现中枢性呼吸衰竭，甚至呼吸停止。③混合型：具有以上两型的临床表现，常有高热、惊厥，迅速发展为呼吸、循环衰竭。此型预后最为凶险，病死率极高。

（考点：典型菌痢和中毒型菌痢的临床特点）

（2）慢性菌痢：病程反复发作或迁延不愈超过 2 个月即为慢性菌痢。其慢性化原因可能与下列因素有关：①急性期治疗不当或细菌耐药。②长期机体免疫功能低下，如营养不良、胃肠道慢性疾病等。③与感染的细菌菌型有关，如 B 群感染易致慢性化。根据临床表现分为以下三型。

1）慢性迁延型：最常见，发生率约为 10%。急性菌痢发作后，病情迁延不愈，时轻时重，反复出现腹痛、腹泻或腹泻与便秘交替，黏液或脓血便，常有左下腹压痛，部分患者可扪及条索状乙状结肠。长期腹泻可有乏力、营养不良及贫血等表现。

2）急性发作型：发生率约为 5%。有慢性菌痢史，多因某种因素如进食生冷食物、劳累或受凉等引起急性发作，有腹痛、腹泻、脓血便等肠道症状。无明显全身毒血症状。

3）慢性隐匿型：较少见，发生率为 2%～3%。有急性菌痢史，近期无明显临床症状，但大便培养可检出痢疾杆菌，乙状结肠镜检查有肠黏膜炎症甚至溃疡等病变。

2. 心理-社会状况　患者常因全身毒血症状及肠道症状，或担心疾病转为慢性等出现焦虑心理。呼吸、循环衰竭等凶险情况使患者及家属出现恐惧心理。慢性菌痢因病程迁延不愈，患者易出现烦躁、焦虑等不良情绪。

（三）辅助检查资料

1. 一般检查

（1）血常规：白细胞计数增高，一般为（10～20）$\times 10^9$/L，以中性粒细胞升高为主。慢性菌痢可有轻度贫血。

（2）大便常规：外观多为黏液脓血便，常无粪质。镜检可见大量成堆的脓细胞、白细胞、少量红细胞和巨噬细胞。血水便时红细胞可满视野。

2. 病原学检查　大便培养出痢疾杆菌即可确诊。药物敏感试验指导临床合理用药。采集大便标本时，应注意在抗菌药物使用前采集，选取新鲜粪便的黏液、脓血部分，及时送检。早期、连续多次送检有助于提高细菌培养的阳性率。

3. 免疫学检查　早期快速诊断可采用免疫学方法检测细菌或抗原。

（考点：菌痢大便检查特点及正确采集标本）

（四）治疗要点

1. 一般治疗　按肠道传染病隔离，急性期症状明显者需卧床休息，给予流质或半流质少渣易消化的饮食。

2. 病原治疗（抗菌治疗）　急性菌痢首选第三代喹诺酮类药物，次选复方新诺明等药物。慢性菌痢多需做病原菌培养及细菌药物敏感试验，以选择适当的抗菌药物。中毒型菌痢需静脉联合应用强效抗菌药。

3. 对症治疗　高热者可物理降温或药物降温。腹痛者可用解痉药，禁用止泻剂。

4. 中毒性菌痢的抢救治疗　①抗菌治疗：药物选择与急性菌痢相同，但应采用静脉给药。②抗休克治疗：早期快速输液，扩充血容量；解除血管痉挛，改善末梢循环。③迅速降温，控制惊厥。④降低颅内压，防治呼吸衰竭。

三、护理问题

1. 体温过高　与痢疾杆菌产生的内毒素激活细胞释放内源性致热物质作用于体温中枢有关。

2. 组织灌注无效　与中毒性菌痢导致微循环障碍有关。

3. 腹泻　与肠黏膜炎症、坏死、溃疡导致肠蠕动增强有关。

4. 疼痛：腹痛　与毒素作用于肠壁，引起肠蠕动增强、肠痉挛有关。

5. 营养失调：低于机体需要量　与胃肠道炎症、摄入减少和消耗增多有关。

6. 潜在并发症：惊厥、脑疝、休克、呼吸衰竭。

四、护理措施

（一）隔离与消毒

针对痢疾杆菌的病原学及流行病学特点，应采取如下消毒隔离及预防措施。

1. 患者按消化道隔离，隔离至大便培养连续3次阴性。护士须严格执行消毒隔离制度，对患者粪便、便器、尿布、呕吐物及排泄物必须严格消毒处理（参阅附录 5）。

2．做好患者及家属的卫生宣教工作，普及卫生知识，宣传消毒隔离常识，教育患者不可擅自离开病房，防止疾病传播。

3．接触者检疫观察 7 天。

（二）一般护理

1．休息与活动　急性期患者、腹泻频繁、全身症状明显者应卧床休息。对腹泻频繁伴发热、虚弱无力者协助其床边排便以减少体力消耗。中毒型菌痢患者应绝对卧床休息，专人监护，安置平卧或中凹卧位，注意保暖；患儿去枕平卧，头偏向一侧。症状不重者可适当活动。

2．饮食　严重腹泻伴呕吐时暂禁食，静脉补充所需营养。待病情缓解能进食后，给予高营养、少纤维素、易消化、清淡的流质或半流质饮食，少量多餐。忌生冷、多渣、油腻或刺激性食物。待病情好转、大便正常后逐渐过渡到正常饮食。

（三）病情观察

密切观察大便次数、性状、量及颜色变化。注意腹痛的部位、性质、程度及伴随症状等。严密监测患者的神志、生命体征、皮肤、尿量及瞳孔等，记录 24 小时出入量。观察患者有无中毒症状加重表现，及时报告医生并做配合抢救准备。

（四）治疗配合

1．保证抗生素及时足量应用，注意观察用药效果及药物副作用。

2．遵医嘱对症治疗，缓解患者痛苦。高热以物理降温为主，必要时可用退热药；腹痛剧烈者可用解痉药如颠茄合剂、阿托品；毒血症状严重者可酌情给予小剂量糖皮质激素；高热伴烦躁不安、惊厥者可用亚冬眠疗法。反复惊厥者可给予地西泮、苯巴比妥钠肌内注射或水合氯醛灌肠。

3．中毒型患者出现休克时，遵医嘱配合迅速扩充血容量、纠正酸中毒，应用血管活性药物解除微血管痉挛，加用升压药增强心肌收缩力及改善重要脏器血流灌注等治疗措施。抗休克治疗有效的指征：面色转红、发绀消失、肢端回暖、血压渐回升，收缩压维持在 80mmHg 以上、脉压＞30mmHg、脉搏＜100 次 / 分且充盈有力、尿量＞30ml/h。

4．中毒型患者出现脑炎时，积极配合防治脑水肿与呼吸衰竭，保持呼吸道通畅、吸氧，遵医嘱给予 20% 甘露醇脱水、使用呼吸兴奋剂，必要时行气管插管、气管切开或应用呼吸机辅助通气。密切观察患者的生命体征、意识、瞳孔变化。

（五）心理护理

向患者解释腹痛、腹泻、里急后重等发生的原因，强调积极配合治疗，注意个人卫生、增强抵抗力，以防疾病转为慢性，减轻或消除患者烦躁、焦虑心理。

（考点：菌痢的护理措施）

五、健 康 教 育

（一）预防知识教育

1．管理传染源　急慢性菌痢患者和带菌者应及时隔离或定期随访管理，并彻底治疗，粪便培养隔周一次，连续 2～3 次阴性方可解除隔离或访视管理。从事托幼、餐饮业和供水机构等重点行业的人群应定期进行查体及粪便培养等，以便及时发现带菌者；对重点行业人群中的患者应立即调离原工作岗位并给予彻底治疗；慢性菌痢和带菌者不得从事上述重点行业工作。

2. 切断传播途径　是预防菌痢最重要的环节。搞好饮食、饮水和环境卫生，消灭苍蝇、蟑螂，同时养成良好的个人卫生习惯，防止“病从口入”，严格贯彻执行各种卫生消毒制度。

3. 保护易感人群　在痢疾流行期间，易感者可口服多价痢疾减毒活菌苗，免疫力可维持6～12个月，但与其他菌型间无交叉免疫。流行季节也可采用中草药（大蒜、黄连、马齿苋、地锦草等）预防。

（二）疾病知识教育

向患者及家属讲解粪便消毒对控制传染源的重要意义。教会患者留取粪便标本的方法及肛周皮肤护理的方法。告知患者遵医嘱按时、按量、按疗程坚持服药，争取在急性期彻底治愈，以防转变成慢性。慢性菌痢患者应避免因进食生冷食物、暴饮暴食、过度紧张、劳累、受凉和情绪波动等诱发因素而致菌痢急性发作。出院后告知患者加强锻炼，保持生活规律，复发时及时治疗。

第3节　伤寒患者的护理

案例 4-3　患者，35岁，因发热、乏力、食欲缺乏10天，于2003年8月中旬入院。10天前患者出现发热，体温38℃，伴疲乏、食欲缺乏，当地医院诊断为上呼吸道感染，口服退热药后体温稍降。1周后体温逐渐升高，达40℃，伴出汗，青霉素等治疗1周余无效。发病以来，食欲明显下降，间有恶心，呕吐一次，为胃内容物，有轻微腹胀，每3～4天排便一次，大便秘结，无便血。体格检查：T 39.5℃，P 95次/分，BP 108/73mmHg，表情淡漠。胸腹部有数个散在红色充血性皮疹，直径2～3mm，压之褪色。腹平软，肝肋下2cm触及，质地中等，边缘稍钝，表面光滑，局部轻压痛及叩击痛，脾侧卧位可触及边缘，无明显触痛。实验室检查：白细胞4.3×10^9/L，中性粒细胞0.43，淋巴细胞0.45，单核细胞0.07，未发现嗜酸粒细胞；粪、尿常规正常，肝功能检查ALT 675U/L，AST 465U/L。

问题：1. 根据病情考虑患者患了哪种疾病？还需做那些辅助检查？

2. 可提出哪些护理诊断？

3. 列出主要的护理措施。

伤寒（typhoid fever）是由伤寒杆菌引起的急性消化道传染病。临床特点为持续发热、相对缓脉、神经系统中毒症状、消化道症状、肝脾大、玫瑰疹及白细胞减少等，常可出现肠出血和肠穿孔等并发症。病理改变以回肠下段淋巴组织增生、坏死为主。

一、概　　述

（一）病原学

伤寒杆菌属沙门菌属中的D群，革兰染色阴性，菌体呈短杆状，不形成芽孢，无荚膜，有鞭毛，能运动（图4-3）。菌体裂解时释放的内毒素在本病的发展过程中起着重要的作用。伤寒杆菌为需氧及兼性厌氧菌，在普通培养基中即可生长，尤其在含有胆汁的培养基中生长更佳。伤寒杆菌具有三种抗原，分别为菌体“O”抗原、鞭毛“H”抗原及表面“Vi”抗原，三种抗原感染机体后可诱生相应的抗体。O抗原和H抗原的抗原性较强，通过检测患者血清中的O抗体和H抗体进行辅助临床诊断；Vi抗原的抗原性不强，所产生的Vi抗体效价低，持续时间短，主要用于调查伤寒带菌者。伤寒杆菌在自然界中生命力强，耐低温，在地面、水和食物中能存活2～3周，在粪便中可存活1～2个月。但对光、热、酸、干燥及化学消毒剂的抵抗力差，阳光直射数小时死亡；加热至60℃ 15分钟或煮沸后即可杀死；5%苯酚和70%乙醇5分钟内均可使其死亡。

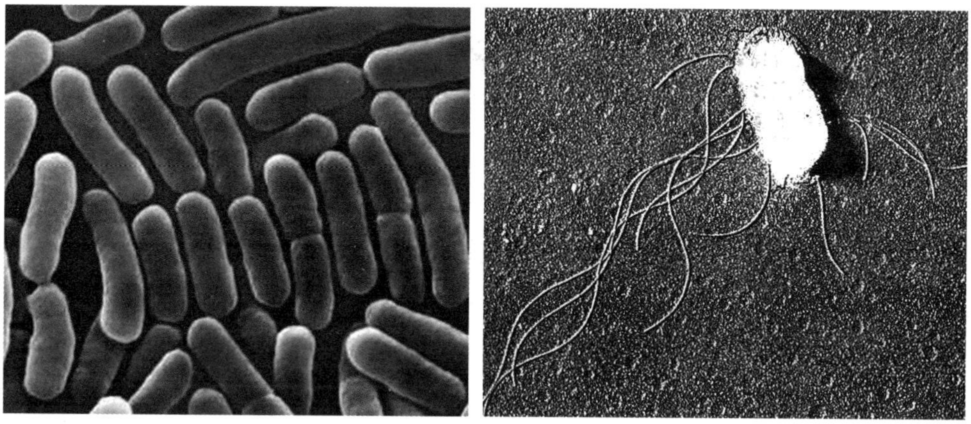

图 4-3　伤寒杆菌

（二）发病机制

伤寒发病主要取决于伤寒杆菌的数量、毒力及人体的免疫能力。伤寒杆菌随污染的食物或水进入消化道后，在胃酸 pH 小于 2 时可立即被杀灭。而未被胃酸杀死的细菌则进入小肠腔内繁殖，然后侵入肠黏膜，部分病菌被巨噬细胞吞噬并可在其胞质内繁殖，部分经淋巴管进入肠道淋巴组织及肠系膜淋巴结继续繁殖（此阶段相当于临床潜伏期，患者无症状）。再由胸导管释放进入血流，引起第一次菌血症，伤寒杆菌随血流进入肝、脾、胆囊和骨髓等组织器官中继续大量繁殖并再次释放进入血流引起第二次菌血症，同时释放内毒素（此阶段一般经历 1 周，相当于初期，患者出现临床症状）。病程第 2～3 周，随着血流播散伤寒杆菌进入全身各脏器，在胆囊、胆汁内大量繁殖并经胆汁入肠，一部分随粪便排出体外，另一部分经肠黏膜再度侵入肠壁淋巴组织，使其产生严重的炎症反应，导致局部坏死、脱落而形成溃疡。若累及病变部位血管可引起肠出血，若溃疡穿透肌层及浆膜层可引起肠穿孔（此阶段相当于极期，患者出现伤寒特征性表现及并发症）。病程第 4～5 周，随着机体免疫力逐渐增强，病菌逐渐被清除，病情缓解，进入恢复期。部分患者由于免疫功能不足等原因出现复发和再燃，少数患者症状消失后，由于胆囊长期存在病菌而成为慢性带菌者。伤寒的主要病理特点为全身单核－巨噬细胞系统增生性反应，以回肠下段的集合淋巴结及孤立淋巴滤泡病变最具特征性。病程第 1 周淋巴组织增生水肿呈纽扣样突起，镜检可见炎症细胞浸润，大量巨噬细胞增生。巨噬细胞内含有淋巴细胞、红细胞、伤寒杆菌及坏死组织碎片，称为“伤寒细胞”。多个伤寒细胞聚集成团，形成伤寒小结，是本病的特征性病变。第 2 周肿大的淋巴组织坏死。第 3 周坏死组织脱落形成溃疡，甚至导致肠出血和肠穿孔。第 4 周溃疡逐渐愈合，不留瘢痕。肠道病变与临床病情的严重程度不一定成正比，有些患者虽有严重中毒症状表现，但肠道病变较轻；相反，有的患者临床症状较轻，但可发生肠出血或肠穿孔。除肠道病变外，还可有肝脾大、胆囊轻度炎症病变，重者有心、肺、脑的中毒性病变等。

（三）流行病学

1. 传染源　为患者及带菌者。患者在潜伏期末即由粪便排菌且整个病程均具有传染性，以发病后 2～4 周排菌量最多，传染性最强。恢复期或病愈后排菌减少，临床 2%～5% 的感染者可持续排菌 3 个月以上，称为慢性带菌者，是引起伤寒不断传播或流行的重要传染源。

2. 传播途径　通过消化道传播。伤寒杆菌随患者或带菌者粪便排出体外，通过污染的水、食物、日常生活接触、苍蝇及蟑螂等媒介传播。食物和水源污染是主要传播途径，可引起暴发流行。散发病例以日常生活接触、苍蝇及蟑螂等媒介为主要传播方式。

3. 人群易感性　人群普遍易感，病后可产生持久免疫力，再次发病少见。

4. 流行特征　全球均有分布，以热带和亚热带地区多见。常年发病，夏秋季居多，散发为主。发病者以儿童和青壮年多见。

（考点：伤寒的传染源和传播途径）

二、护 理 评 估

（一）流行病学资料

了解患者当地是否有类似病患。询问患者是否接触伤寒患者及其排泄物可能污染的水和食物等。询问患者近期是否去过伤寒疫区。

（二）身心状况

1. 临床表现　本病潜伏期为3～60日，多数为10～14日，潜伏期长短与感染细菌的量及机体免疫状态有关。

（1）典型伤寒：自然病程为4～5周，临床经过可分为以下四期。

1）初期：病程第1周。大多缓慢起病，发热是最早出现的症状，体温呈阶梯状上升，5～7日达39～40℃。伴有乏力、全身不适、四肢酸痛、食欲减退、头痛、咽痛、咳嗽等症状。

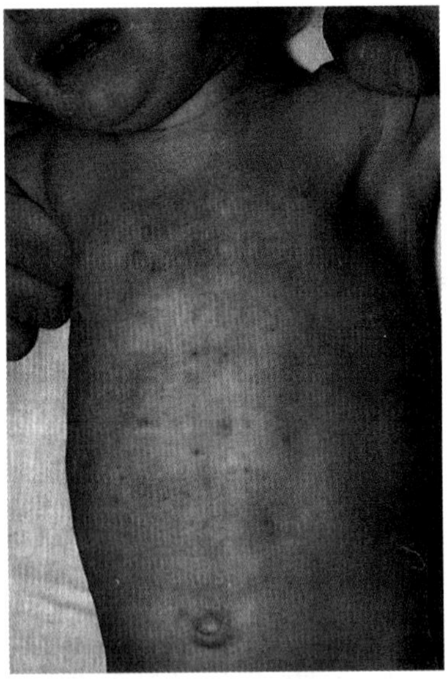

图4-4　伤寒玫瑰疹

2）极期：病程第2～3周。出现伤寒特征性表现及肠出血、肠穿孔等并发症。①发热：持续高热，多呈稽留热型，少数可呈弛张热或不规则热型，持续10～14日。②消化道症状：食欲缺乏、腹胀、腹部不适，多有便秘，少数出现腹泻，有时腹泻与便秘交替出现，右下腹可有压痛。③神经系统症状：出现“伤寒面容”，表现为精神恍惚、表情淡漠、反应迟钝、听力减退、耳鸣，重者可出现谵妄、脑膜刺激征、昏迷等中毒性脑病表现，可随病情好转、体温下降而逐渐恢复。④循环系统症状：相对缓脉或重脉。相对缓脉指体温升高与脉搏增快不一致即体温每升高1℃，脉搏增快少于15～20次/分，但并发中毒性心肌炎时相对缓脉可不明显。重脉指桡动脉触诊时，每一次脉搏感觉有两次搏动的现象，是末梢血管受内毒素影响扩张所致。⑤玫瑰疹：多在病程第7～14日，部分患者于胸、腹、肩、背部分批出现淡红色小斑丘疹（图4-4，彩图14），直径为2～4mm，压之褪色，多在10个以内，一般2～4日自行消退。⑥肝脾大：部分患者于病程第1周末出现肝脾大，质软有压痛。若出现黄疸或肝功能明显异常时，提示并发中毒性肝炎。⑦其他：高热期间，可有蛋白尿、水晶型汗疱疹（白痱）、消瘦及脱发等。

3）缓解期：病程第3～4周，病情开始好转，体温逐渐下降，各种临床症状逐渐减轻，肿大的肝脾开始回缩，但仍可出现各种肠道并发症。

4）恢复期：病程第5周，体温恢复正常，临床症状消失，通常1个月左右完全康复。体弱、原有慢性疾病及并发症者病程往往较长。

（2）其他临床类型：除上述典型伤寒表现外，还有轻型、暴发型、迁延型、逍遥型、顿挫型及小儿和老年伤寒等多种类型。

（3）复发与再燃

1）复发：少数患者体温正常后1～3周，临床症状再现，血培养再度阳性。多由于潜伏在胆囊或单核－巨噬细胞系统中的病菌大量繁殖并再度侵入血流所致，见于抗菌治疗不彻底、机体抵抗力低的患者。复发的症状一般较轻，病程较短，并发症较少。

2）再燃：部分患者进入缓解期后体温下降但尚未恢复正常时又上升，临床症状再现，血培养阳性。可能与菌血症未被完全控制有关。

（4）并发症

1）肠出血：为最常见的并发症，多发生于病程第2～4周。常见诱因包括过早下床活动、饮食不当、排便过度用力、腹泻及治疗性灌肠等。表现为粪便隐血至大量便血，大量出血可引起体温骤降后快速回升，脉搏增快、头晕、烦躁不安、面色苍白、血压下降等休克表现。

2）肠穿孔：为最严重的并发症，多见于病程第2～4周，好发于回肠末段。诱因与肠出血相似，腹胀、腹泻、肠出血为常见先兆。穿孔时患者突然感觉右下腹剧烈疼痛，伴恶心、呕吐、出冷汗、脉搏细速、呼吸加快、体温与血压下降，继而体温迅速回升，出现腹膜炎征象。肝浊音区缩小或消失，血白细胞数增高，X线检查膈下有游离气体。

3）其他：尚可并发中毒性肝炎、中毒性心肌炎、肺部感染、急性胆囊炎、血栓性静脉炎、溶血性尿毒综合征等。

2．心理－社会状况 伤寒症状多且严重，需隔离治疗，隔离后患者多有抑郁、孤独、焦虑、悲观、恐惧等心理反应。由于患者对隔离治疗的认识不足及适应障碍，加之不理解病程中需限制活动、限制饮食的重要意义，常出现不配合治疗及护理的情况。

（三）辅助检查资料

1．一般检查

（1）血常规：白细胞计数减少，一般为（3～5）$\times 10^9$/L，中性粒细胞减少，嗜酸粒细胞减少或消失，随病情好转逐渐恢复正常，其消长情况对判断病情与疗效有一定参考价值。

（2）尿常规：轻度蛋白尿及少量管型。

（3）大便常规：腹泻者可见少量白细胞，并发肠出血时粪便隐血试验阳性。

2．细菌学检查

（1）血培养：为最常见的确诊方法。发病第1～2周血培养阳性率可达80%～90%，以后阳性率逐渐下降，复发、再燃时再度出现阳性。

（2）骨髓培养：全病程均可获得较高的阳性率，且较少受抗菌药物的影响，尤其适用于已抗菌治疗、血培养阴性的患者。

（3）粪便培养：发病第3～4周阳性率最高，对早期诊断价值不高，常用于判断患者的带菌情况。

（4）尿培养：早期呈阴性，第3～4周阳性率为25%。

（5）玫瑰疹刮取液培养及组织活检：也可获得一定阳性结果，但不作为常规检查。

3．伤寒血清凝集试验（肥达反应） 该试验应用伤寒杆菌O抗原和H抗原，通过凝集反应检测患者血清中相应抗体的凝集效价，对本病有辅助诊断价值。伤寒抗体通常在病后1周左右出现，第3～4周阳性率最高，可达70%以上，并可持续数月。O抗体凝集效价≥1∶80及H抗体效价≥1∶160时，或相隔1周双份血清抗体效价上升4倍以上有助于诊断。Vi抗体的检测用于慢性带菌者的调查，效价在 1∶40 以上有意义。

（考点：伤寒的临床特点及确诊依据）

知识链接

伤寒、甲型、乙型、丙型副伤寒沙门菌多重荧光 PCR 方法的评估及临床应用

建立和评估多重荧光 PCR 方法快速鉴定伤寒、甲型、乙型、丙型副伤寒沙门菌的方法，并应用于临床血培养样品的检测。方法：收集留取医院的可疑伤寒患者的血培养标本，用多重实时荧光 PCR 法和传统分离培养法同时进行分离鉴定，分析比较双盲实验结果，评价多重实时荧光 PCR 方法的灵敏度、特异度等检测性能指标。结果：共检测临床样本 538 例，多重荧光 PCR 法检出阳性 218 例，比传统培养法多检出 6 例；阴性 320 例，与传统培养法一致。以传统检测方法为金标准，多重荧光 PCR 方法的灵敏度为 100%，特异度为 98.2%。结论：建立的多重荧光 PCR 检测方法操作简便，可快速、特异、灵敏地检测出伤寒、甲型、乙型、丙型副伤寒沙门菌，可以应用于临床标本的早期快速分型诊断，提升重大传染病的应急处置能力和监测能力。

（四）治疗要点

伤寒的治疗原则为病原治疗的同时配合对症治疗，积极防治并发症。

1. 病原治疗　为首要治疗措施，目前首选药物为第三代喹诺酮类抗生素，具有抗菌谱广、杀菌力强、耐药性低、口服制剂使用方便等优点。常用药物有诺氟沙星、氧氟沙星、环丙沙星、左旋氧氟沙星等。但因其影响骨骼发育，儿童、孕妇及哺乳期妇女应慎用。第三代头孢菌素抗菌效果良好，但因需要静脉给药且价格昂贵，除儿童、孕妇外一般不作为首选药物。氯霉素适用于对氯霉素敏感的非多重耐药菌所致的伤寒散发病例，但由于骨髓抑制及耐药菌株的出现，现临床已较少应用。此外，还可选用氨苄西林、复方磺胺甲噁唑等。

2. 对症治疗　有严重毒血症状者，在抗生素治疗同时加用糖皮质激素；烦躁不安者给予镇静剂；高热者行物理降温，不宜用发汗退热药，以免虚脱。

3. 并发症治疗

（1）肠出血：绝对卧床休息，禁食，应用止血药物，根据出血情况酌量输血，严密观察生命体征及出血情况，经内科治疗无效者，可考虑手术止血。

（2）肠穿孔：禁食，胃肠减压，伴有腹膜炎者尽早手术治疗，同时加用有效抗菌药物。

三、护理问题

1. 体温过高　与伤寒杆菌感染、释放大量内源性致热原有关。

2. 营养失调：低于机体需要量　与高热、食欲缺乏、腹胀有关。

3. 便秘　与长期卧床、无渣饮食、中毒性肠麻痹和毒血症引起肠蠕动减慢有关。

4. 腹泻　与内毒素释放致肠道功能紊乱有关。

5. 潜在并发症：肠出血、肠穿孔、中毒性心肌炎、肺炎、中毒性肝炎、胆囊炎等。

四、护理措施

（一）隔离与消毒

1. 患者按消化道隔离，护士应严格执行消毒隔离制度，对患者排泄物及便器等必须严格消毒处理。体温正常后 15 日，或每隔 5～7 日做粪便培养 1 次，连续 2 次阴性后方可解除隔离。隔离至大便培养连续 3 次阴性。

2. 做好患者及家属的宣传、教育工作，普及卫生常识，宣传消毒隔离知识，对允许来探视的家属进行预防知识宣传，对住院患者宣传隔离知识，不可擅自离开房间，防止疾病传播。

3. 密切接触者医学观察 2～3 周，如有发热等症状，立即隔离。

（二）一般护理

1. 休息与活动　发热期患者绝对卧床休息至退热后 1 周，以减少热量和营养物质消耗，避免肠道并发症发生。恢复期无并发症者可逐渐增加活动量。

2. 饮食　强调饮食控制的重要性，因伤寒患者既需补充营养，促进恢复，又要防止诱发肠道并发症。

（1）初期：给予高糖、高蛋白、高维生素、营养丰富、清淡、易消化软食，鼓励患者多饮水。

（2）极期：给予营养丰富、易消化流质或无渣半流质饮食，如藕粉、米汤、稀饭、果汁等，禁忌生、冷、硬、刺激性的食物，少量多餐，避免过饱。腹胀者给予低糖、低脂饮食，禁食牛奶、豆类等产气食物，并注意补充钾盐。呕吐、腹泻严重者禁食，遵医嘱静脉补充营养和水分。

（3）缓解期：给予高糖、高蛋白、高维生素、少渣或无渣的流质或半流质食物，并观察进食后胃肠道反应。

（4）恢复期：根据情况可逐渐恢复到正常饮食，但切忌暴饮暴食或进食生冷、粗糙及不易消化的食物。

（三）病情观察

1. 严密监测患者的生命体征，重点观察体温的变化，注意发热过程、热型、持续时间及伴随症状，每 4 小时测温一次。

2. 密切观察患者有无腹痛、腹胀、腹泻、便秘等消化道症状出现。注意腹泻次数、持续时间，粪便颜色、性状、量及有无大便潜血阳性。

3. 密切监测生命体征及消化道症状，注意面色及意识状态的变化，及早识别肠道并发症的征象。如患者出现血压和体温下降、脉搏增快、出冷汗、肠蠕动增快、便血等提示肠出血；如患者突发右下腹剧烈疼痛、腹肌紧张，伴有恶心、呕吐、面色苍白、体温和血压下降等提示肠穿孔，应立即报告医生并配合处理。

（四）治疗配合

1. 高热患者　给予冰帽、冰袋冷敷头部、温水擦浴等物理降温。注意擦浴时避免在腹部加压用力，以免诱发肠出血或肠穿孔。有皮疹者禁忌乙醇擦浴。避免选用大剂量退热药。鼓励并协助患者多饮水，保证液体摄入量。出汗后及时更换内衣，保持皮肤清洁、干燥。

2. 便秘患者　切忌过度用力排便，必要时可用开塞露或生理盐水低压灌肠。忌用泻药。

3. 腹胀患者　除饮食调节外，还可用松节油腹部热敷、肛管排气或生理盐水低压灌肠。切勿腹部按摩，以免引起剧烈肠蠕动，诱发肠出血或肠穿孔。

4. 腹泻患者　注意饮食调节及病情观察，用温和收敛剂如蒙脱石散剂（思密达）等，避免使用抑制肠蠕动的药物导致鼓肠。遵医嘱补液，监测水、电解质、酸碱平衡状况。

5. 肠出血患者　绝对卧床休息，暂禁食或给少量流食，保持病室安静。密切观察患者生命体征、面色、意识及便血等情况。遵医嘱静脉输液，给予止血药物，必要时输血。烦躁不安者使用镇静剂。禁忌泻剂及灌肠治疗。

6. 肠穿孔禁食患者　胃肠减压，联合应用抗菌药物以控制原发病及腹膜炎，密切观察有无感染性休克的发生，积极配合医生准备手术治疗。

7. 遵医嘱使用抗菌药物，并观察用药后疗效及不良反应　喹诺酮类抗生素使用中要密切观察血常规变化及胃肠不适、失眠等不良反应。氯霉素使用时定期监测血常规的变化，尤其粒细胞减少症的发生及再生障碍性贫血的危险。

（五）心理护理

建立良好沟通，使患者积极配合治疗及护理。耐心解释隔离治疗和限制活动与饮食的重要性，使患者减轻或消除紧张、焦虑情绪。

（考点：伤寒的护理措施）

五、健 康 教 育

（一）预防知识教育

1. 管理传染源　向患者及家属阐明实施肠道隔离的重要性。重点检查饮食行业人员，及时发现带菌者，进行监督、管理和治疗。

2. 切断传播途径　做好“三管一灭”，即管理饮食卫生，管理水源，管理粪便和消灭苍蝇、蟑螂。

3. 保护易感人群　高危人群定期普查、普治。对与带菌者密切接触或伤寒流行区的老人、儿童及免疫力低下的易感者可注射伤寒 Vi 菌疫苗，注射后抗体产生率可达 90%，保护效果可达 60%～70%；也可预防性口服复方磺胺甲噁唑，2 片 / 次，2 次 / 日，连续服用 3～5 天。

（二）疾病知识教育

教育患者养成良好的饮食与卫生习惯，伤寒痊愈后仍需检查其粪便，以防成为带菌者，督促患者定期复查，以防复发。对粪便培养阳性持续 1 年以上者，仍需抗生素治疗，且不应从事饮食服务业。被污染场所、物品及患者的排泄物、呕吐物须严格消毒。

第 4 节　流行性脑脊髓膜炎患者的护理

案例 4-4　患儿，女，4 岁，1 月 9 日就诊。2 天前无明显诱因出现发热，体温最高 39℃，伴全身乏力和头痛，呕吐 4 次，为胃内容物。次日仍发热，家长发现患儿四肢及躯干出现数十个红色皮疹。半天前出现神志恍惚，躁动不安，呼之不应。患儿既往体健，2 个月前从农村来北京，否认流脑患者接触史，未接种过流脑疫苗。体格检查：体温 38.5℃，脉搏 140 次 / 分，呼吸 26 次 / 分，血压 55/30mmHg，神志不清，呼之不应，查体不合作。全身皮肤可见大量瘀点、瘀斑，颈有抵抗，心、肺无异常发现，腹部平软，凯尔尼格征阳性，布鲁津斯基征阳性。实验室检查：血 WBC 21×10^9/L，中性粒细胞 88%；脑脊液外观混浊，压力 210mmH_2O，白细胞 2000×10^6/L，多核细胞 91%，单核细胞 9%，蛋白质 0.72g/L，糖 1.4mmol/L，氯化物 92mmol/L。皮肤瘀斑涂片可见革兰阴性双球菌。

问题：1. 试分析该病例临床特点及流行病学特点。

2. 根据以上病情考虑患儿患了哪种疾病？

3. 提出护理问题并列出主要的护理措施。

流行性脑脊髓膜炎（epidemic cerebrospinal meningitis）简称流脑，是由脑膜炎球菌引起的化脓性脑膜炎，临床表现为突起高热、头痛、呕吐、皮肤黏膜瘀点、瘀斑及脑膜刺激征，脑脊液呈化脓性改变。本病病菌经空气飞沫传播，冬春季多见，儿童发病率高于成人。

一、概　述

（一）病原学

脑膜炎球菌属奈瑟菌属，革兰染色阴性，呈肾形双球菌。存在于带菌者的鼻咽部及患者的血液、脑脊液、皮肤黏膜的瘀点瘀斑中。根据细菌表面特异性多糖抗原的不同，该菌可分为 13 个亚群，90% 以上为 A、B、C 三个亚群，我国流行以 A 群为主，近年 B 群和 C 群有增多趋势，曾发生了 C 群的局部流行。脑膜炎球菌在人体内裂解释放的内毒素是主要致病因素。本菌在体外生存能力极弱，对寒冷、热、干燥及常用消毒剂均敏感，且可产生自溶酶，在体外易溶解死亡，故标本采集后须注意保暖并及时送检。

（二）发病机制

脑膜炎球菌自鼻咽部入侵，人体免疫力较弱，细菌在鼻咽部繁殖，少数引起上呼吸道感染症状，大多成为无症状带菌者；人体免疫力明显低下或细菌毒力过强者，细菌从鼻咽部侵入血液，形成菌血症或败血症，再突破血脑屏障侵犯脑脊髓膜，形成化脓性脑膜炎。

败血症时，细菌在血液中繁殖并释放内毒素，引起局部小血管的出血、坏死、细胞浸润及栓塞，而出现皮肤黏膜瘀点、瘀斑。若细菌在血液中大量繁殖产生大量内毒素引起急性微循环障碍、感染性休克和弥散性血管内凝血，导致皮肤与内脏血管的广泛损害，临床上表现为休克和皮肤大片瘀斑，称为暴发型流脑休克型。

化脓性脑膜炎的病变部位主要在软脑膜及蛛网膜，脑膜血管受损，纤维蛋白、白细胞和血浆外渗，致脑脊液混浊，并引起颅内压升高和脑膜刺激征。若细菌释出的大量内毒素引起脑微循环障碍和脑实质充血、水肿及化脓性炎症，导致颅内压显著升高，水肿的脑组织可向枕骨大孔或天幕裂孔移位，形成脑疝、呼吸衰竭甚至死亡，称为暴发型流脑脑膜脑炎型，如图 4-5 所示。

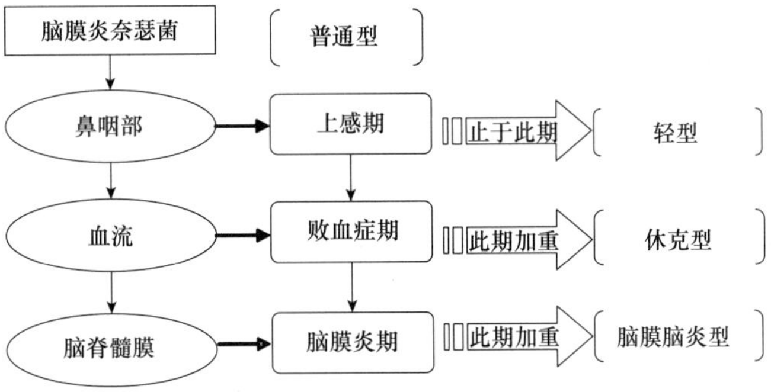

图 4-5　流脑的发病机制与临床分型

（三）流行病学

1．传染源　带菌者和患者为本病的传染源。流行期间带菌者较多，是最重要的传染源。患者从潜伏期末至发病后 10 日均有传染性。

2．传播途径　本病主要经空气飞沫传播，婴幼儿可通过密切接触如同睡、怀抱、哺乳等传播。

3．人群易感性　人群普遍易感，病后可获得持久免疫力，本病隐性感染率高，人群大多通过隐性感染而获得免疫力。

4．流行特征　全年均可发病，但冬春季多见，3～4月份为发病高峰。以5岁以下儿童尤其6个月至2岁小儿发病率最高。

（考点：流脑的流行病学）

二、护 理 评 估

（一）流行病学资料

了解当地流脑疫情，询问有无与流脑患者密切接触史，近期是否接种过流脑疫苗，既往是否患过流脑。同时注意患者的发病季节和发病年龄。

（二）身心状况

1．临床表现　潜伏期1～7日，一般为2～3日。临床类型分为普通型、暴发型和轻型。

（1）普通型流脑：约占90%。按其发展过程，通常分为四期。

1）上呼吸道感染期：多数患者无此期表现，少数有咽痛、鼻咽部充血及分泌物增多等上呼吸道感染症状，一般持续1～2日。

2）败血症期：突起畏寒、高热、乏力、头痛，伴恶心呕吐、精神萎靡等毒血症状。幼儿常有惊厥、哭闹。皮肤黏膜有瘀点或瘀斑（图4-6，彩图15），病情严重者瘀点、瘀斑迅速扩大或融合成片（图4-7，彩图16），中央因血栓形成而出现紫黑色坏死或大疱。病后2日左右，约10%的患者口鼻周围出现单纯疱疹。一般1～2日后发展为脑膜炎期，也有终止于此期者。

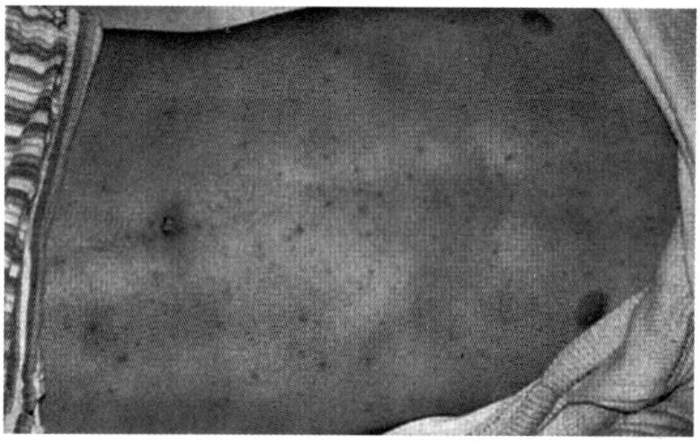

图4-6　流脑皮肤瘀点

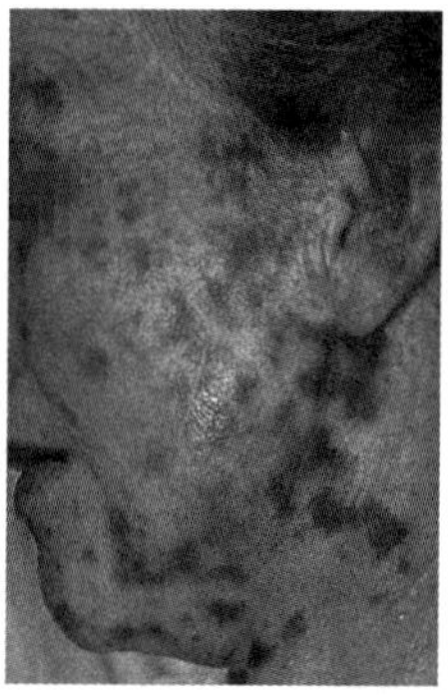

图4-7　流脑皮肤瘀斑

3）脑膜炎期：此期除有败血症期的表现外，突出表现为剧烈头痛，频繁呕吐，脉搏减缓，烦躁不安，甚至谵妄、昏迷等颅内压升高症状和颈项强直、凯尔尼格征及布鲁津斯基征阳性等脑膜刺激征。如经及时治疗，患者通常在2～5日进入恢复期。婴幼儿因中枢神经系统发育尚不成熟，临床表现不典型，脑膜刺激征不明显，多表现为哭闹、皮肤感觉过敏及惊厥等。可有咳嗽等呼吸道症状和拒乳、呕吐、腹泻等消化道症状。前囟未闭者大多饱满隆起，但有时因频繁呕吐失水，囟门可无明显改变。

4）恢复期：体温逐渐正常，意识转清，脑膜刺激征消失，瘀点、瘀斑吸收或结痂，一般在1～3周痊愈。

（2）暴发型流脑：起病急，病情凶险，若不及时抢救，病死率高。一般分为以下3型。

1）休克型：多见于儿童。突起寒战高热，呕吐，精神极度萎靡。全身出现广泛瘀点、瘀斑，且迅速融合成大片。面色苍灰，唇周及指端发绀，四肢厥冷，皮肤呈花纹状，脉搏细速，血压下降，甚至测不出。可无脑膜刺激征，脑脊液大多清亮，血培养脑膜炎球菌常为阳性。

2）脑膜脑炎型：也多见于儿童。除具有严重的中毒症状外，主要表现为脑实质损害引起的颅内压升高症状，剧烈头痛，烦躁不安，喷射状呕吐，反复惊厥，迅速陷入昏迷，锥体束征阳性。严重者出现脑疝、呼吸衰竭。

3）混合型：兼有上述 2 型的临床表现，病情极严重，病死率可高达 80%。

（3）轻型流脑：多见于流行后期，好发于年长儿童及青少年，临床表现轻微，患者可有低热、咽痛等上呼吸道感染症状和皮肤黏膜少量细小出血点，多数可不治自愈。

2. 心理 - 社会状况　本病起病急，病情重，短期内变化迅速，常使患者或家属感到恐惧、焦虑；败血症和休克使患者迅速出现精神萎靡。评估时注意了解患者及家属对疾病的发生、发展、流行及预防等方面的认识情况。

（考点：流脑的临床分型及表现特点）

（三）辅助检查资料

1. 血常规　白细胞总数明显增加，一般为（15～30）$\times 10^9$/L，中性粒细胞占 80%～90%。

2. 脑脊液检查　压力增高，外观混浊或脓样（图 4-8，彩图 17），细胞数在 1000×10^6/L 以上，以中性粒细胞为主，蛋白含量显著增高，而糖和氯化物含量明显降低。

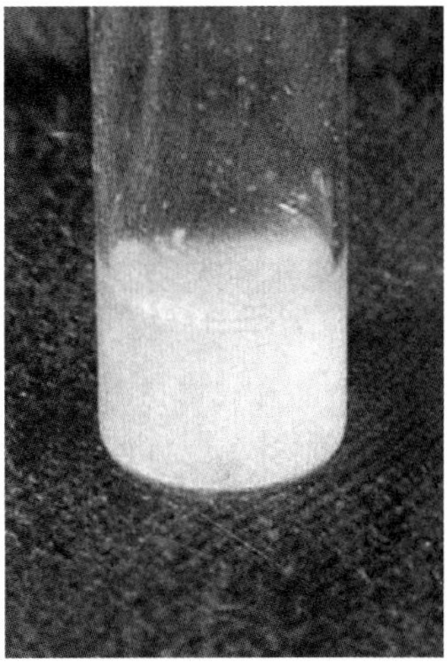

图 4-8　化脓性脑脊液外观

3. 细菌学检查　皮肤瘀点处穿刺液或脑脊液沉渣涂片染色直接镜检，可查到脑膜炎球菌；或在使用抗菌药物前取血液或脑脊液培养脑膜炎球菌。细菌学检查阳性可确诊。

4. 血清学检测　血清或脑脊液中的脑膜炎球菌特异性抗原及血清中的特异性抗体可呈阳性。

（考点：流脑的辅助检查及确诊依据）

（四）治疗要点

1. 一般治疗　呼吸道隔离，卧床休息。流质饮食，注意补充液体和电解质，保持每日尿量在 1000ml 以上。做好皮肤及黏膜的护理。

2. 病原治疗　首选青霉素，脑膜炎球菌对青霉素极敏感，大剂量注射可使脑脊液达到有效杀菌浓度，每日 20 万～40 万 U/kg，分次静脉滴注，5～7 日为一疗程。对青霉素过敏者可选用氯霉素、头孢菌素等抗菌药物。

3. 对症治疗

（1）高热：物理降温为主，必要时使用药物降温。

（2）休克：休克型流脑要迅速纠正休克，包括扩充血容量、纠正酸中毒、改善微循环、减轻毒血症状、抗 DIC 等治疗措施。

（3）颅内压升高：脱水剂甘露醇和利尿剂呋塞米交替使用迅速降低颅内压，防止脑疝。

（4）呼吸衰竭：密切观察病情，发生呼吸衰竭及时抢救，给氧，吸痰，使用洛贝林、二甲弗林或尼可刹米等呼吸中枢兴奋剂，必要时做气管插管或气管切开给予人工辅助呼吸。

三、护理问题

1. 体温过高　与脑膜炎球菌感染有关。

2. 有皮肤黏膜完整性受损的危险　与皮肤黏膜瘀点、瘀斑有关。

3. 组织灌注量改变　与内毒素导致微循环障碍有关。

4. 潜在并发症：颅内高压、脑疝。

四、护理措施

（一）消毒与隔离

按呼吸道隔离至体温正常、症状消失后3日或不少于发病后7日。病室安静清洁，空气新鲜流通，定期紫外线消毒。

（二）休息与体位

患者应卧床休息，采取舒适体位，并注意保暖。向患者及家属解释疾病症状及治疗方法，消除患者紧张、焦虑等不良心理反应。

（三）饮食

给予营养丰富、清淡可口、易消化的流质或半流质饮食，鼓励患者多饮水，并协助进餐。频繁呕吐不能进食者应静脉补充营养。昏迷者给予鼻饲。

（四）病情观察

1. 注意密切观察生命体征及皮肤瘀点瘀斑情况，如发现面色苍白、四肢厥冷、发绀、皮肤呈花斑状、血压下降，或瘀点、瘀斑迅速融合成片，应立即报告医生并按休克患者进行护理。如出血情况严重，血小板减少，疑有DIC者，应备好肝素和鱼精蛋白，及时按医嘱进行抗凝治疗。肝素静脉滴注时应注意滴速缓慢，并且不能和其他药物混合。必要时按医嘱输注鲜血、血浆和凝血酶原复合物以补充消耗的凝血因子。

2. 注意观察意识状况，发现意识障碍加重，瞳孔对光反射迟钝，双目凝视，两侧瞳孔不等大等颅内高压、脑疝征象或者呼吸快慢深浅不均，呈双吸气、叹息样等中枢性呼吸衰竭表现，应立即报告医生，遵医嘱使用脱水剂和呼吸兴奋剂。若患者呼吸停止，应配合医生做气管切开、气管插管，施行人工呼吸。

（五）治疗配合

1. 高热的护理　高热时给予物理降温，如冷敷头部及大动脉，32～36℃温水擦浴；体温过高，头痛重者遵医嘱给予解热镇痛药；高热反复惊厥者遵医嘱给予亚冬眠疗法。

2. 瘀点、瘀斑的护理　观察和评估瘀点、瘀斑的部位、大小及消长情况；加强皮肤护理，如保持床铺清洁平整和皮肤清洁干燥；保护瘀点、瘀斑部位避免受压、摩擦、搔抓等，必要时可垫以气垫或空心圈；瘀斑破溃后，以生理盐水洗净局部，并涂抗生素软膏，防止继发感染。

3. 用药护理　遵医嘱使用有效抗菌药物，注意观察疗效及副作用。如使用青霉素治疗，应询问过敏史并进行皮试，注意用药剂量、给药次数、间隔时间等。如使用氯霉素治疗，应密切注意有无骨髓抑制等不良反应。

4. 腰椎穿刺术后护理　脑脊液标本要注意保暖、防止污染并及时送检。患者术后应去枕平卧4～6小时，预防因低颅内压引起的头痛。

（六）心理护理

向患者及家属解释疾病症状及治疗方法，提高对疾病的发生、发展、流行及预防等方面的认识，积极配合治疗。给予心理支持，消除患者紧张、焦虑、恐惧等不良心理反应。

五、健 康 教 育

1. 开展有关预防流脑的宣传教育，如保持室内通风，流行季节尽量避免到人群密集的公共场所，6 个月至 15 岁的易感人群应接种流脑菌苗。

2. 流行期间应重点宣讲流脑的主要临床表现、预后等，提醒社区居民在冬春季节发现小儿有感冒症状，尤其是高热、头痛、呕吐、颈项强直、皮肤瘀点等，应及时就诊。

3. 患者应住院治疗，密切接触者可服用磺胺嘧啶（SD）进行预防。

4. 少数留有神经系统后遗症的患者，应指导其家属帮助患者进行功能锻炼和按摩等，以促进患者尽早康复。

（考点：流脑的护理措施）

第 5 节　猩红热患者的护理

案例 4-5　患儿，女，10 岁，因高热、咽痛 3 日伴全身皮疹于 12 月中旬入院。患者突然出现咽痛、吞咽困难、发热，体温 39.0～40.0℃，伴头痛、全身酸痛、食欲缺乏。次日出现皮疹，始于耳后、颈部及上胸，24 小时内布及全身。面部充血明显，口鼻周无明显充血而呈相对苍白。在当地曾按“化脓性扁桃体炎”予抗生素治疗。体格检查：体温 39.5℃，口咽部充血明显，有脓性分泌物覆盖，软腭充血及出血性黏膜疹，心肺及腹部检查无异常。实验室检查：白细胞 21×10^9/L，中性粒细胞 0.90，咽拭子链球菌培养（＋）。

问题： 1. 考虑患者患了哪种疾病？还需做哪些辅助检查？
2. 可提出哪些护理诊断？
3. 列出主要的护理措施。

猩红热（scarlet fever）为 A 组 β 型溶血性链球菌（也称化脓链球菌）感染引起的急性呼吸道传染病。临床特征为发热、咽峡炎、全身弥漫性鲜红色皮疹和疹退后明显脱屑。少数患者患病后由于变态反应而出现心、肾、关节的损害。

一、概　　述

（一）病原学

A 组 β 型溶血性链球菌，革兰染色阳性，呈球形或卵圆形、链状排列。按菌体细胞壁多糖类抗原（C 抗原）不同，分为 A～U（无 I、J）19 个组，A 组又依表面蛋白抗原 M 分为 80 个血清型。A 组链球菌产生红疹毒素、溶血素、透明质酸酶和链激酶（溶纤维蛋白酶）。β 型溶血性链球菌 A 组对热及干燥的抵抗力较弱（加热 56℃ 30 分钟或用一般消毒剂均可将其杀灭），在痰及脓液中可生存数周。

（考点：猩红热的病因）

（二）发病机制

A 组链球菌由咽峡、伤口等部位侵入，在局部黏膜及淋巴组织增殖，产生毒素和细胞外酶，使机体发生感染性、中毒性和变态反应性病变。

（1）化脓性病变：病原体通过 M 蛋白黏附于咽部黏膜使局部产生炎性变化，咽部和扁桃体红肿，表面被覆炎性渗出物，可有溃疡形成。细菌从局部经淋巴间隙进入附近组织，引起扁桃体周围脓肿、鼻窦炎、中耳炎、乳突炎、颈部淋巴结炎、蜂窝织炎等，少数重症患者细菌侵入血流，出现败血症及迁徙性化脓性病灶。

（2）中毒性病变：红疹毒素自局部进入血液循环后，引起发热、头痛、皮疹等全身中毒症状。皮肤充血、水肿、白细胞浸润，形成典型的猩红热样皮疹，最后表皮死亡脱落。黏膜充血，有时呈点状出血，形成黏膜疹。肝、脾、淋巴结等有不同程度的单核细胞浸润、充血及脂肪变性。心肌混浊肿胀和变性，严重者有坏死。肾脏呈间质性炎症。

（3）变态反应性病变：部分患者在病期第2～3周时出现心、肾、滑膜组织等处的非化脓性炎症。心脏受累可出现心肌炎、心包炎和心内膜炎，其发生机制可能是链球菌的酶使心脏释放自身抗原，导致自身免疫。多发性关节炎可能是链球菌的抗原与特异性抗体结合形成免疫复合物引起。肾小球肾炎的发生可能为抗原抗体复合物沉积于肾小球引起。

（三）流行病学

1. 传染源　猩红热患者和带菌者是主要传染源。

2. 传播途径　主要通过呼吸道传播，也可通过皮肤伤口或产道传播。

3. 人群易感性　人群普遍容易感染，感染后产生抗菌免疫和抗毒免疫。

4. 流行特征　一年四季都有发生，以冬春之季发病为多。多见于小儿，以5～15岁居多。

（考点：猩红热的流行病学）

二、护理评估

（一）流行病学资料

了解患者当地是否有类似病患。询问患者是否接触猩红热患者和带菌者，近期是否去过猩红热疫区等。

（二）身心状况

1. 临床表现　潜伏期少至1日，多至7日，多为2～5天。典型病例起病急骤，发热、咽峡炎、次日出现典型皮疹，构成猩红热三大特征性表现。

（1）普通型

1）发热：多为持续性，可达39℃左右，伴有头痛、全身不适、食欲减退等一般中毒症状。发热的高低及热程均与皮疹的多寡、消长一致。自然病程约1周。

2）咽峡炎：咽痛、吞咽痛，局部充血并可覆有脓性渗出物。腭部可见充血或出血性黏膜疹，可先于皮疹出现。

3）皮疹：发热后第2日开始发疹。始于耳后、颈及上胸部，24小时内迅速蔓及全身。典型皮疹是在弥漫性充血的皮肤上出现分布均匀的针尖大小的丘疹，称为“粟粒疹”（图4-9，彩图18）。严重者可表现为出血性皮疹。在皮肤皱褶处，皮疹密集或因摩擦出血而呈紫红色线状，称为“帕氏线”（图4-10，彩图19）。在面部却仅有充血而无皮疹，口鼻周围充血不明

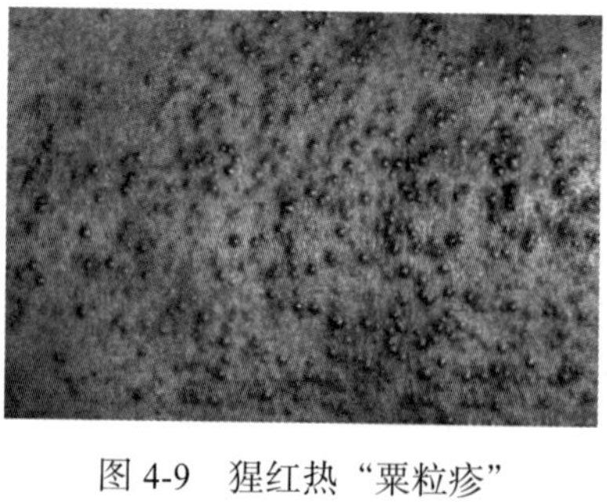

图4-9　猩红热“粟粒疹”

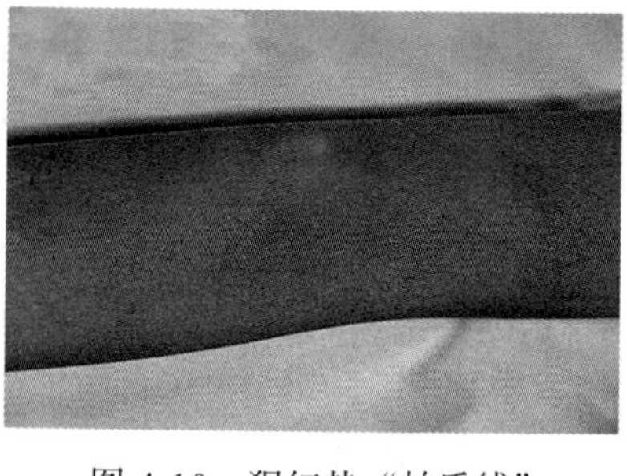

图4-10　猩红热“帕氏线”

显，与面部充血相比显得发白，称为“口周苍白圈”（图 4-11，彩图 20）。发疹同时，舌充血红肿、舌乳头肿大，突发于灰白色舌苔上，称为“草莓舌”（图 4-12，彩图 21），第 3 日起，舌苔开始剥落，约1周舌苔尽消，舌面呈深红色，表面浸润发亮或干燥，有裂纹，舌乳头粗大突起称“杨梅舌”（图 4-13，彩图 22）。皮疹多于 48 小时达高峰，继之依出疹顺序开始消退，2～3 日退尽，重者可持续 1 周。疹退后皮肤开始脱屑，皮疹越多、越密，脱屑越明显。以粟粒疹为重，多呈片状脱皮，面部及躯干常为糠屑状，手、足、掌、指（趾）处由于角质层较厚，片状脱皮常完整，呈手指或足趾套状。

（考点：猩红热的典型临床表现）

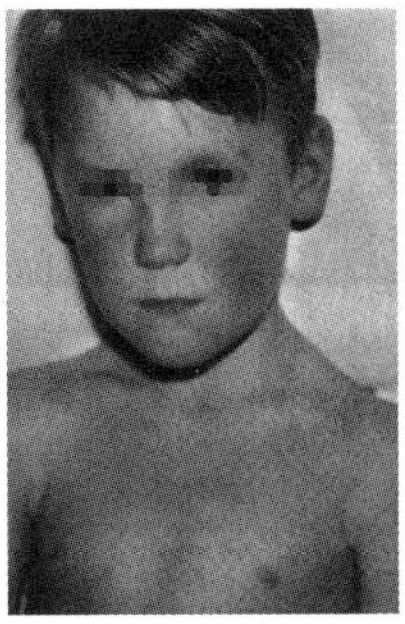

图 4-11　猩红热口周苍白和躯干皮疹

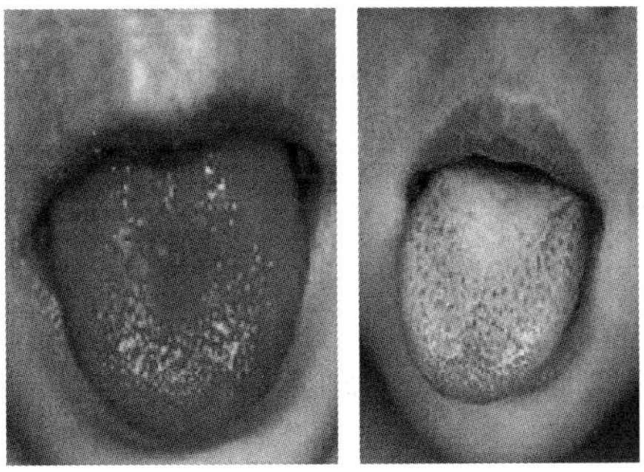

图 4-12　猩红热“草莓舌”

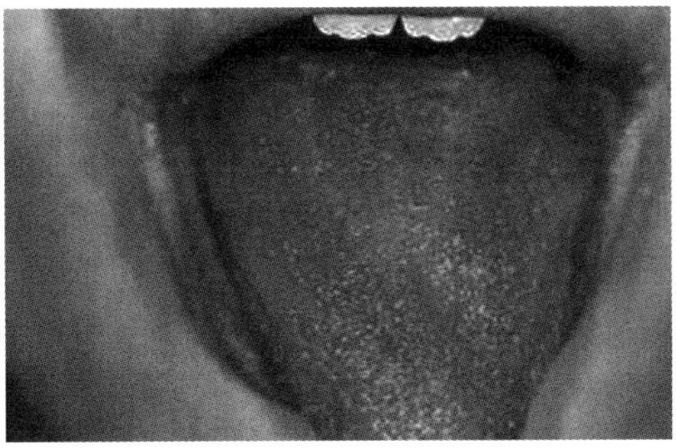

图 4-13　猩红热“杨梅舌”

（2）其他类型

1）轻型：近年多见。表现为轻中度发热，轻微咽峡炎，皮疹轻仅限于躯干部，脱屑不明显。病程短，但仍有发生变态反应并发症的可能。

2）中毒型：中毒症状明显，甚至神志不清、中毒性心肌炎、中毒性肝炎及感染性休克。近年少见。

3）脓毒型：严重的咽部化脓性炎症、坏死及溃疡，常可波及邻近组织引起中耳炎、鼻窦炎和颈淋巴结炎。也可引起败血症及迁徙性化脓性病灶。目前已罕见。

4）外科型或产科型：病原菌经伤口或产道侵入而致病。皮疹始于伤口或产道周围，然后蔓延至全身。常无咽峡炎，中毒症状较轻。

2. 心理－社会状况　患者被隔离后与社会交往疏远，易产生孤独、多虑、悲观等情绪。家庭成员由于缺乏应有的预防知识，对患者关心、协作不够充分，易使患者产生焦虑心理。

（三）辅助检查资料

1. 常规检查　白细胞计数增加，达（10～20）$\times 10^9$/L，中性粒细胞 80% 以上，严重者胞质中可见中毒颗粒。出疹后嗜酸粒细胞增多，占 5%～10%。尿液常规检查一般无明显异常，如发生肾脏变态反应，则可出现蛋白尿、红细胞、白细胞及管型。

2. 病原学检查　咽拭子或其他病灶分泌物培养可有溶血性链球菌生长。

（考点：猩红热的确诊依据）

知识链接

中国 2005～2011 年猩红热疫情分析

2011 年，中国多地出现猩红热疫情：上海于 4～7 月间出现了前所未有规模的儿童猩红热疫情，但未发现严重后果 2011 年，中国共报告 63 878 例猩红热，而 2009 年和 2010 年分别为 22 068 例和 20 876 例。

中国疾病预防控制中心李雷雷等对中国 2005～2011 年报告的猩红热数据分析结果显示，2005～2011 年中国共报告猩红热病例 225 538 例，其中死亡 5 人，男女性别比 1.6∶1，2011 年中国猩红热发病率较往年大幅升高，高发地区全部集中在长江以北，南方部分地区的发病率较既往增幅明显，发病年龄主要在 15 岁以下，以儿童和青少年为主。猩红热仍存在春、冬两个发病高峰。2010 年秋季开始呈现快速上升趋势，并表现为分布范围广、高发地区持续高发的特点。

（四）治疗要点

1. 一般治疗与对症治疗　急性期卧床休息，给予物理降温、补充维生素，维持水及电解质平衡。雾化治疗可以缓解咽部症状。

2. 病原治疗　首选青霉素，每次 80 万 U，2～3 次 / 日，肌内注射，连用 5～7 日。脓毒型患者应加大剂量到 800 万～2000 万 U/d，分 2～3 次静脉输入。儿童 20 万 U/（kg · d），分 2～3 次静脉输入，连用 10 日或热退后 3 日。对青霉素过敏者可用红霉素，必要时可选用头孢菌素。对带菌者可用常规治疗剂量青霉素，连续用药 7 日，一般均可转为阴性。

（考点：猩红热病原治疗首选药物）

三、护 理 问 题

1. 体温过高　与 A 组 β 型溶血性链球菌感染有关。
2. 有皮肤完整性受损　与细菌产生红疹毒素引起皮肤损害有关。
3. 疼痛：咽痛　与咽及扁桃体炎症有关。
4. 潜在并发症：急性肾小球肾炎、风湿热。
5. 有传播感染的危险　与病原体排出有关。

四、护 理 措 施

（一）隔离与消毒

按呼吸道隔离，隔离至咽峡炎痊愈，或咽拭子培养 3 次阴性。患者房间应注意通风换气，充分利用日光照射。衣被经常洗晒，鼻咽分泌物、痰液要吐在纸内烧毁，患者用过或接触过的物品应用 0.5% 苯酚溶液处理。密切接触者医学观察 1 周，如有发热等症状，立即隔离。

（二）一般护理

1. 休息与活动　发热期患者绝对卧床休息至退热后 1 周，以减少热量和营养物质消耗，避免肠道并发症。恢复期无并发症患者可逐渐增加活动量。

2. 饮食　补充营养，促进恢复，防止诱发并发症。①饮食应清淡，宜食高糖、高蛋白质的流食。伴有咽峡炎的患者，在进食时可能伴有疼痛，给予软食或流质饮食，如牛奶、豆浆、蛋花汤、鸡蛋羹等。②恢复期应逐渐过渡到高蛋白、高糖的半流质饮食，如肉泥、虾泥、肝泥、菜粥等。③病情好转后可改为软食，但仍应给予少油腻及无辛辣刺激的食物。④高热患者注意补充水分、饮料、果蔬。⑤合并急性肾炎患者，应给少盐、低蛋白、半流质饮食。

（三）病情观察

应密切观察体温变化，观察咽痛症状及咽部分泌物情况、皮疹变化。注意观察并发症，如有无其他部位化脓性病灶发生，有无出现肾脏损害的症状。

（四）治疗配合

1. 口腔的护理　保持口腔清洁，用温盐水或复方硼砂含漱液勤漱口。年龄较小的幼儿，要勤喂水，可用 0.9% 氯化钠溶液清洗口腔。

2. 皮肤的护理　注意皮肤清洁，勤换衣裤，忌穿绒布类衣裤。忌用肥皂。皮肤瘙痒，可用炉甘石洗剂或 75% 乙醇溶液涂擦皮肤。脱皮时可涂液状石蜡或凡士林保护皮肤，有大块皮脱离时要及时用消毒剪刀剪掉，不能强行撕去。

3. 咽痛的护理　给予润喉片或雾化吸入。年长儿可给予含漱液漱口，婴幼儿可多喂水。

4. 注意药物副作用　使用青霉素前须做皮试，现配现用，注射期间注意可能出现的青霉素过敏反应。使用红霉素时注意胃肠反应。

（五）心理护理

医护人员与患者及家属进行有效的沟通，使其熟悉猩红热的基本知识，理解病程中消毒隔离的意义。做好解释和安慰工作，减轻心理压力。关心体贴患者，鼓励患者树立战胜疾病的信心并积极主动地配合治疗和护理。

（考点：猩红热的护理措施）

五、健康教育

（一）预防知识教育

1. 管理传染源　应对患者进行 7 日隔离治疗。猩红热以轻型多见，患者可在家中治疗及护理。

2. 切断传播途径　流行期间应避免到人群密集的公共场所，接触患者应戴口罩。居室要注意经常通风换气，保持空气新鲜。

3. 保护易感者　集体生活、密切接触的儿童，应进行医学观察 7 日。儿童机构内有本病流行时，对有咽峡炎或扁桃体炎的患儿，应按猩红热隔离治疗。

（二）疾病知识教育

讲述猩红热的临床表现、治疗药物及疗程。对发热及皮疹的护理方法给予具体指导。并向患者交代在病程第 2～3 周易出现并发症，其中以急性肾小球肾炎多见，应注意每周查 1 次尿常规，以便及时发现、早期治疗。

自测题

A_1 型题

1.《中华人民共和国传染病防治法》规定的甲类传染病是（　　）
A. 鼠疫、霍乱　B. 鼠疫、艾滋病
C. 霍乱、艾滋病　D. 鼠疫、炭疽病
E. 霍乱、炭疽病

2. 霍乱患者应执行（　　）
A. 严密隔离　B. 接触隔离
C. 呼吸道隔离　D. 消化道隔离
E. 分泌物隔离

3. 引起霍乱患者剧烈腹泻的因素为（　　）
A. 神经氨酸酶　B. 血凝素

C. 霍乱内毒素　　D. 霍乱肠毒素
E. 霍乱外毒素

4. 霍乱典型病例的临床表现是（　　）
A. 严重无痛性腹泻，大便呈水样或米泔水样，继而呕吐，严重脱水征
B. 先吐后泻，腹痛明显，水样大便，轻度脱水征
C. 畏寒发热，腹痛腹泻，脓血样大便，里急后重明显
D. 畏寒、发热，早期中毒性休克
E. 剧烈腹痛、腹泻、呕吐，呕吐物呈水样

5. 霍乱患者护理最重要的措施是（　　）
A. 抗菌治疗
B. 使用抑制肠黏膜分泌药物
C. 使用肾上腺皮质激素
D. 补充液体和电解质
E. 使用血管活性药物

6. 霍乱的传染源一般是（　　）
A. 患者和带菌者　　B. 猪
C. 羊　　D. 犬
E. 蚊虫

7. 预防霍乱较为完整的措施是（　　）
A. 隔离、治疗患者
B. 流行季节预防服药
C. 流行季节预防接种
D. 隔离治疗患者，切断传播途径，疫区人群进行预防注射
E. 封锁疫点、疫区

8. 中毒性细菌性痢疾，确诊最直接的证据为（　　）
A. 黏液脓血便
B. 血常规检查白细胞升高
C. 有相关接触史
D. 大便镜检可见大量脓细胞
E. 大便标本培养出痢疾杆菌

9. 典型细菌性痢疾的粪便呈（　　）
A. 陶土样便　　B. 黏液脓血便
C. 柏油样便　　D. 果酱样便
E. 米泔水样便

10. 中毒性细菌性痢疾的临床表现不包括（　　）
A. 迅速出现呼吸、循环衰竭
B. 精神萎靡、嗜睡、昏迷
C. 反复惊厥
D. 肠道症状严重
E. 起病急骤，高热甚至超高热

11. 患儿，女，5岁。因突然高热、进行性呼吸困难入院就诊，怀疑为中毒性菌痢。护士留取大便正确的做法是（　　）
A. 标本多次采集，集中送检
B. 开塞露灌肠取便
C. 如标本难以采集，可取其隔日大便送检
D. 如无大便可口服泻剂后留取
E. 冷盐水灌肠取便

12. 患儿，男，6岁，确诊为中毒性菌痢。为预防传播，该患儿应隔离至（　　）
A. 临床症状消失
B. 临床症状消失后3天
C. 连续3次大便培养阴性
D. 连续2次大便培养阴性
E. 1次大便培养阴性

13. 伤寒不断流行、传播的主要传染源是（　　）
A. 潜伏期伤寒患者　B. 暴发型伤寒患者
C. 普通型伤寒患者　D. 恢复期伤寒患者
E. 慢性带菌者

14. 当伤寒患者出现便秘时，下列处理不当的是（　　）
A. 可使用开塞露
B. 肥皂水高压灌肠
C. 排便时不要过度用力
D. 禁用泻药
E. 用0.9%氯化钠低压灌肠

15. 关于伤寒患者腹胀的护理不正确的是（　　）
A. 用松节油热敷腹部
B. 肛管排气
C. 协助轻轻翻身
D. 可进食牛奶、豆浆
E. 可轻轻按摩腹部

16. 流脑的传染源以哪项为主（　　）
A. 无症状带菌者　　B. 患者
C. 潜伏性感染者　　D. 隐性感染者
E. 慢性患者

17. 流脑主要传播途径是（　　）
A. 消化道传播　　B. 呼吸道传播
C. 虫媒传播　　D. 血液、体液传播
E. 接触传播

18. 流脑败血症期的特征性表现是（　　）
A. 皮肤瘀点或瘀斑　B. 皮肤荨麻疹
C. 带状疱疹　　D. 皮肤瘙痒
E. 斑丘疹

19. 患儿，女，1 岁，诊断为化脓性脑膜炎，因频繁抽搐急诊入院。入院时，全身肌肉痉挛，双手握拳，两眼上翻，牙关紧闭，口吐白沫，有痰鸣，头向后仰，首要的护理措施是（　　）
A. 针刺人中穴
B. 密切观察体温变化
C. 立即输注抗生素控制感染
D. 静脉滴注 20% 甘露醇防止脑水肿
E. 清除口鼻腔分泌物，保持呼吸道通畅
20. 患儿，1 岁，因“化脓性脑膜炎入院”，遵医嘱静脉注射 20% 甘露醇降低颅内压。错误的操作是（　　）
A. 每次用药前检查药液有无结晶
B. 若有结晶需加热使其消失后再用
C. 注射时勿使药液漏到血管外
D. 不与其他药物混合注射
E. 先缓慢静脉注射后静脉滴注
21. 流脑患者体温过高的护理措施中，下列哪项不正确（　　）
A. 密切观察病情
B. 给予冰敷降温
C. 给予乙醇擦浴降温
D. 必要时给予解热镇痛药
E. 必要时给予亚冬眠疗法
22. 患儿，女，10 岁，突起高热、寒战，伴精神萎靡、面色苍白、口唇发绀、四肢冰冷、血压 30/0mmHg，脉搏细弱，全身皮肤散在性瘀斑。医生诊断为流脑，你认为是哪种临床类型（　　）
A. 轻型　　B. 普通型
C. 休克型　　D. 脑膜脑炎型
E. 混合型
23. 猩红热皮疹与链球菌分泌的哪种物质有关（　　）
A. 红疹毒素　　B. 链激酶
C. 链道酶　　D. 溶血毒素
E. 透明质酸酶
24. 猩红热的主要传播途径是（　　）
A. 经消化道传播　　B. 经呼吸道传播
C. 经产道感染　　D. 经皮肤伤口感染
E. 经接触传播
25. 关于猩红热的皮疹叙述错误的是（　　）
A. 发热后第 2 日出疹
B. 皮肤弥漫性充血基础上出现针尖大小猩红色丘疹
C. 从耳后、颈及上胸开始出疹
D. 皮疹于 48 小时达高峰
E. 退疹后留下色素沉着
26. 确诊猩红热的检查是（　　）
A. 咽拭子或脓液中分离出 B 组溶血性链球菌
B. 咽拭子或脓液中分离出 A 组溶血性链球菌
C. 咽拭子或脓液中分离出金黄色葡萄球菌
D. 咽拭子或脓液中分离出表皮葡萄球菌
E. 咽拭子或脓液中分离出奈瑟菌属
27. 猩红热病原治疗首选（　　）
A. 红霉素　　B. 头孢菌素
C. 青霉素　　D. 四环素
E. 氯霉素
28. 护士对脱屑猩红热患儿采取的皮肤护理措施，错误的是（　　）
A. 大片脱皮时用消毒剪刀剪掉
B. 观察皮疹消退及脱皮情况
C. 用温水清洗皮肤，禁用肥皂清洗
D. 脱皮时涂凡士林或液状石蜡
E. 脱大块皮时可用手轻轻撕掉
29. 患儿，8 岁。高热、咽痛 1 天来诊。体格检查：全身可见红色粟粒样皮疹，诊断为猩红热。对患儿的密切接触者（孩子和家长）应给予医学观察的时间是（　　）
A. 4 日　　B. 7 日
C. 10 日　　D. 14 日
E. 21 日
30. 猩红热最常见的并发症是（　　）
A. 急性肾小球肾炎 B. 肺炎
C. 脑膜脑炎　　D. 喉炎
E. 咽炎
31. 猩红热临床特征有（　　）
A. 发热
B. 咽峡炎
C. 全身弥漫性鲜红色皮疹
D. 疹后明显脱屑
E. 以上都是
32. 以下哪项不是猩红热的特殊体征（　　）
A. 帕氏线　　B. 科氏斑
C. 草莓舌　　D. 杨梅舌
E. 口周苍白圈

33. 猩红热患者应按呼吸道隔离至（　　）
A. 体温正常
B. 症状消失
C. 青霉素治疗后 10 天
D. 咽拭子培养 3 次阴性后
E. 症状完全消失 1 周，咽拭子培养 3 次阴性后

A_3 型题

（34～36 题共用题干）

患者，男，41 岁，因发热、乏力、食欲减退伴腹胀 8 日入院。体格检查：T 39.5℃，P 97 次 / 分，腹部可见 3 个淡红色斑丘疹，直径约 3mm，压之褪色。肝肋下 2cm，质软，有压痛，脾肋下未触及。血常规：WBC 3.6×10^9/L，中性粒细胞 0.60，淋巴细胞 0.39。

34. 该患者最有可能的诊断是（　　）
A. 结核　　B. 系统性红斑狼疮
C. 败血症　　D. 布鲁菌病
E. 伤寒

35. 为进一步确诊，需做的检查是（　　）
A. 大便培养　　B. 血培养
C. 肥达反应　　D. PPD 试验
E. 胸部 X 线片

36. 对患者进行治疗，首选的抗生素为（　　）
A. 第三代喹诺酮类 B. 氨苄西林
C. 第三代头孢菌素 D. 利福平
E. 氯霉素

（37、38 题共用题干）

患儿，男，5 岁。因发热、头痛 2 天入院。入院后精神萎靡，出现喷射性呕吐 2 次。体格检查：T 39.5℃，前囟膨隆。脑脊液检查：外观混浊、压力高。血常规：白细胞高，以中性粒细胞为主。

37. 该患儿可能患（　　）
A. 化脓性脑膜炎　　B. 高热惊厥
C. 病毒性脑膜炎　　D. 病毒性脑炎
E. 结核性脑膜炎

38. 针对该患儿采取的护理措施，错误的是（　　）
A. 保持病室温度在 18～22℃，湿度 50%～60%
B. 体温超过 38.5℃时给予物理降温
C. 不能进食则给予鼻饲
D. 及时更换潮湿的衣服，脱衣时先脱患侧，再脱健侧
E. 严密观察患儿生命体征、神志、瞳孔的变化

（陆云华　曾志励）

第5章 寄生虫病的护理

第1节　血吸虫病患者的护理

案例 5-1　患者，女，20岁，学生，最近3天每晚发热，伴畏寒，体温38.5℃左右，次晨可退热。有腹痛、腹泻，大便稀烂带有黏液和血液，每天2～3次。1个月前患者利用暑假与3位同学结伴到湖南某地旅游，期间曾一同在湖边洗脚，当晚双脚皮肤有瘙痒，第2天自行消退。经询问目前3位同伴均无类似发病。

问题：1. 考虑患者患了哪种疾病？依据是什么？

2. 还需要做哪些检查？

3. 对患者及她的那3位同伴如何进行健康指导？

血吸虫病（schistosomiasis）是血吸虫寄生在门静脉系统所引起的疾病。主要表现急性期有发热、肝大与压痛、腹泻、便血、血嗜酸粒细胞显著增多；慢性期以肝脾大为主；晚期出现巨脾、腹水等。

血吸虫病是一种严重危害人类健康的人畜共患的寄生虫病，我国是全球血吸虫病危害最严重的4个国家（埃及、苏丹、中国、巴西）之一。血吸虫种类繁多，其中能寄生于人的有日本血吸虫、埃及血吸虫、湄公血吸虫、间插血吸虫和曼氏血吸虫5种。在我国流行的只有日本血吸虫病。

一、概　　述

（一）病原学

日本血吸虫的发育和繁殖包括成虫、虫卵、毛蚴、尾蚴和童虫五个阶段。血吸虫成虫寄生于人或哺乳动物的肠系膜静脉中，雌虫在肠系膜静脉的血管里产卵。大部分虫卵滞留于宿主的肝脏及肠壁内，部分虫卵从肠壁穿破血管而进入肠腔内，随粪便排出体外。从粪便排出的虫卵入水后，在适宜温度（25～30℃）下孵出毛蚴。虫卵内毛蚴破壳而出，在水中快速游动，遇到中间宿主钉螺后钻入螺体内不断繁殖，形成大量尾蚴。尾蚴从螺体逸出后，在水面浮游，人、畜接触了含有血吸虫尾蚴的水，尾蚴就会很快钻进人、畜皮肤后脱去尾部形成童虫。童虫随血流经肺、心而终达肝，再移行至肠系膜静脉寄生，发育为成虫，见图5-1。

日本血吸虫的生活史中，钉螺是必需的唯一中间宿主。钉螺主要分布在洲滩、沟渠水线上下1m内。稻田中钉螺主要分布在进水口和田埂附近。

（二）发病机制

尾蚴侵入皮肤、童虫移行发育为成虫、成虫成熟后交配产卵、虫卵沉积于肠道和肝脏等组织内，这四个阶段对宿主均可造成损害，但病变主要由虫卵引起。含有毛蚴的虫卵，释放可溶

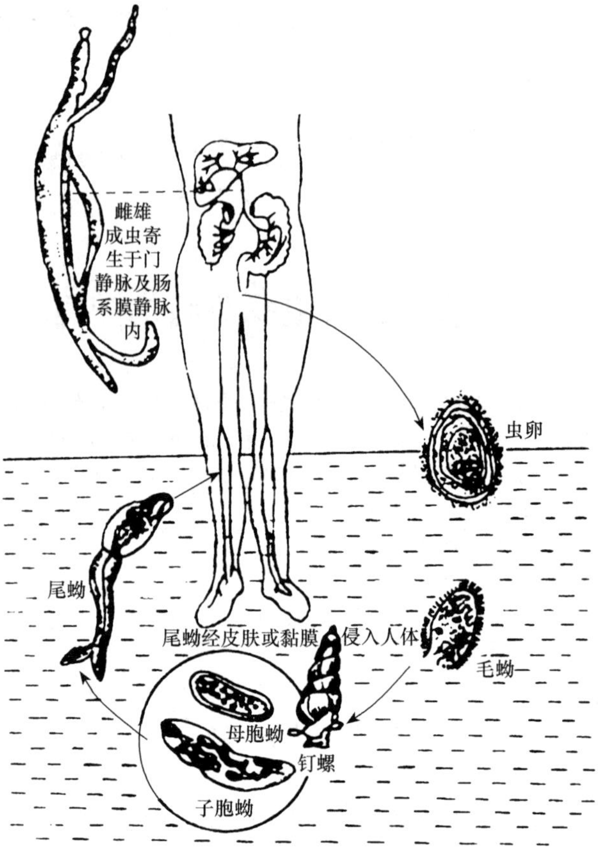

图 5-1　日本血吸虫生活史

性虫卵抗原，使 T 淋巴细胞致敏，释放各种淋巴因子，吸引大量单核细胞、嗜酸粒细胞等，形成虫卵肉芽肿，进而可引起肠壁纤维化、肝纤维化与肝硬化。

（三）流行病学

1. 传染源　本病为人畜共患的寄生虫病，传染源除患者外，还有牛、羊、猪、犬、猫、鼠等 40 多种家畜和野生动物。患者和病牛是主要传染源。

2. 传播途径

（1）造成传播必须具备三个条件：①带虫卵的粪便入水。②钉螺的存在、孳生。③人畜接触疫水。

（2）人体感染血吸虫的方式：①生产性感染，如在田间从事农活、育秧、栽秧、收割、放水灌田、防洪排涝、捕鱼、捉虾、割水草等。②生活性感染，如在河、沟、湖疫水中淘米、洗菜、洗手脚、洗衣服、喝生水、游泳等。

3. 人群易感性　人对血吸虫普遍易感，以农民、渔民为多，男多于女，青壮年感染率最高。夏秋季感染者最多，以 7～9 月为高峰。病后免疫力不持久，可重复感染。儿童及非流行区人群一旦遭大量尾蚴感染，易发生急性血吸虫病。洪水灾害可造成血吸虫病感染机会增加。

（考点：血吸虫病的流行病学特点）

二、护理评估

（一）流行病学资料

评估时注意询问当地是否有类似患者，询问有无在流行地区、好发季节与尾蚴污染的疫水接触史。注意询问患者的职业。

（二）身心状况

1. 临床表现　由于感染程度、病程、虫卵沉积部位及人体免疫应答的不同，临床表现各异，将血吸虫病分为四型。

（1）急性血吸虫病：常发生于对血吸虫感染无免疫力的初次感染者，常有明确的疫水接触史。潜伏期 2 周至 3 个月，平均为 40 天，期间约有半数患者出现尾蚴性皮炎（疫水接触处皮肤发痒，红色小丘疹，无痛），在接触疫水后数小时出现，数小时至 2～3 天消失，常因症状轻微而被忽视。

1）发热：患者均有发热。体温多在 38～40℃，热型以间歇热与弛张热多见，典型者午后体温骤升，伴畏寒，午夜汗出热退，体温相差可高达 5℃，热退后自我感觉良好。重症者体温持续在 40℃上下，波动幅度较小，可伴有神志模糊、昏睡、谵妄、相对缓脉等毒血症症状。发热期限从数周至数月不等。热度高低及期限与感染程度成正比。

2）过敏反应：出现荨麻疹、血管神经性水肿、全身淋巴结肿大等。血中嗜酸粒细胞显著增多。

3）胃肠道症状：多伴有食欲减退、腹痛、腹泻，大便一般每天 3～5 次，严重者可达 10 余次，粪便稀薄，常带黏液和血液，部分患者可有便秘。重症患者可出现腹水、腹膜刺激征，腹部饱满，有柔韧感和压痛。

4）肝脾大：90% 以上患者有肝大伴压痛，左叶较右叶显著。半数患者有轻度脾大。

5）呼吸系统症状：50% 左右病例表现轻度咳嗽、痰少，偶可痰中带血，听诊肺部偶可闻及少许干啰音。

6）其他征象：可有面色苍白、消瘦、乏力、头晕、肌肉关节酸痛等。

（2）慢性血吸虫病：流行区居民，由于常与疫水接触，经少量、多次感染后获得一定免疫力，对血吸虫各期抗原产生耐受性，表现为慢性血吸虫病。非疫区人群进入疫区，偶尔接触疫水，轻度感染，未表现急性临床症状，或仅有轻度临床症状，未引起注意，可误诊为其他病。急性血吸虫病未经治疗或经治疗未愈，病程经过半年以上，演变为慢性血吸虫病。

1）无症状型（隐匿型）：患者的健康与劳动力未受影响，无明显症状，少数有轻度的肝脾大，肝功能正常。粪便检查可发现虫卵。可因重复感染、饮酒、营养失调、感染肝炎病毒等而出现明显症状与体征。

2）有症状型：最常见症状为慢性腹泻、黏液脓血便，症状呈间歇性出现，时轻时重，重者可有腹痛、里急后重、痢疾样粪便等。肝大较为常见，表面平滑，质稍硬，无压痛。脾脏逐渐肿大，一般在肋下 2～3cm，无脾功能亢进和门脉高压征象。随着病变进展，可出现乏力、消瘦、体力下降等。

（3）晚期血吸虫病：患者长期反复感染未经有效病原治疗，虫卵损害肝脏较重，发展成肝硬化，有门静脉高压、脾显著肿大和临床并发症。病程多在 5～15 年。儿童常有生长发育障碍。

1）巨脾型：最常见，约占 70%。脾脏进行性肿大，可超过脐平线或腹中线，表面光滑，质坚硬，可有压痛，常伴脾功能亢进。

2）腹水型：约占 25%。腹胀、腹部膨隆，常有脐疝，腹壁静脉曲张。

3）结肠肉芽肿型：肠道症状较为突出，患者有经常性腹痛、腹泻、便秘或腹泻与便秘交替，大便变细或不成形。可有不完全性肠梗阻。左下腹可触及肿块，有压痛。结肠镜检见黏膜增厚、粗糙、息肉形成或肠腔狭窄。本型有并发结肠癌可能。

4）侏儒型：极少见。自幼感染本病引起发育障碍，表现身材矮小、面容苍老、第二性征缺如，但智力正常。

（4）异位血吸虫病

1）肺型血吸虫病：多见于急性患者，为虫卵沉积引起的肺间质性病变。呼吸道症状大多轻微，常为全身症状所掩盖，表现轻度咳嗽、胸部隐痛、痰少，咯血罕见。肺部体征也不明显，有时可闻及干湿啰音。但重型患者肺部有广泛病变时，胸部 X 线检查可见肺部有弥漫云雾状、点片状、粟粒样浸润阴影，边缘模糊，以位于中下肺野为多。

2）脑型血吸虫病：临床上分为急性和慢性两型。急性型表现为脑膜脑炎，脑脊液检查正常或蛋白质与白细胞轻度增多。慢性型主要症状为局限性癫痫发作，可伴头痛、偏瘫。颅脑 CT 扫描显示单侧多发性高密度结节阴影，数厘米大小，其周围有脑水肿。

（考点：血吸虫病的临床分型及表现特点）

2. 心理－社会状况　评估时了解患者对该病有关知识的掌握情况，估计慢性及晚期血吸虫病患者因劳动力减退及对预后缺乏了解而感到焦虑的程度，注意患者因并发上消化道出血、肝性脑病而产生的恐惧。

（三）辅助检查资料

1. 血常规　急性期外周血常规以嗜酸粒细胞显著增多为主要特点，白细胞总数一般为（10～30）$\times 10^9$/L，嗜酸粒细胞一般占 20%～40%，高者可达 90%。慢性期嗜酸粒细胞仍有轻度增多，在 20% 以内。晚期患者白细胞和血小板减少，并有不同程度贫血。

2. 粪便检查　检出虫卵和孵出毛蚴是确诊血吸虫病的直接依据。一般急性期检出率较高。

3. 免疫学检查　可见血清 IgM、IgG 与 IgE 升高，淋巴细胞转化率降低，循环免疫复合物多呈阳性。血清循环抗原检测阳性率达 90%～100%，环卵反应在感染后 1 个月以上几乎 100% 呈阳性，血清间接血凝试验与酶联免疫吸附试验检测抗体阳性率也接近 100%。

4. 肝功能检查　急性患者丙种球蛋白中度升高，血清 ALT、AST 轻度升高。慢性患者肝功能大多正常。晚期患者血清白蛋白减少，球蛋白增高，常有白蛋白 / 球蛋白比例倒置。

5. 直肠黏膜活组织检查　虫卵阳性率高。

6. 肝脏影像学检查　B 超、CT 检查可判断肝纤维化的程度。

（四）治疗要点

1. 病原治疗　首选吡喹酮。

2. 对症治疗　急性血吸虫病应立即住院治疗，高热、中毒症状严重者给予补充水、电解质或能量物质，并采用肾上腺皮质激素以增进退热效果和改善病情。慢性和晚期血吸虫病除一般治疗外，应积极治疗并发症，加强营养，改善体质，巨脾、门脉高压、上消化道出血、腹水患者可选择适当时机行手术治疗。

三、护理问题

1. 体温过高　与血吸虫急性感染后虫卵和毒素的作用有关。

2. 腹泻　与血吸虫虫卵沉积于结肠，导致结肠黏膜充血、水肿、溃疡有关。

3. 营养失调：低于机体需要量　与发热、腹泻、食欲下降及肝功能损害导致营养代谢障碍有关。

4. 潜在并发症：上消化道出血　与食管下段、胃底静脉曲张破裂有关。

5. 潜在并发症：肝性脑病　与出血、感染、手术及利尿剂使用不当等有关。

四、护 理 措 施

1. 急性期患者，应嘱卧床休息，观察体温的变化，发热在 39℃以上者给予物理降温或按医嘱使用肾上腺糖皮质激素。对高热多汗者，时常用温水擦洗，勤换衣被，保持皮肤清洁、床铺干燥平整。给高热量、高蛋白、高维生素、易消化的饮食，供给充足的水分。皮肤因过敏性皮疹出现瘙痒时，遵医嘱给予抗组胺药，局部涂止痒剂，防止抓破皮肤引起感染。

2. 对腹泻患者，观察大便次数、性质、颜色，肛周皮肤是否清洁等，做好记录；注意有无腹痛，避免腹部受凉；给予低脂、少渣饮食。

3. 晚期血吸虫病患者，应密切观察病情变化，定时测量体重及腹围，对腹水的患者，应注意限制钠盐的摄入，准确记录 24 小时尿量。遵医嘱给予利尿剂，按时送检血标本，观察电解质变化。顽固性腹水者，如适宜做腹水回输术，应配合医生做好术前准备、术中和术后护理。同时还要密切注意有无上消化道出血、肝性脑病的先兆表现，发现异常立即报告医生，及时处理。

4. 根据患者的病情进行心理护理，给予精神安慰和支持，使其保持愉快的心情，积极配合治疗和护理。

5. 应用吡喹酮抗病原治疗时，指导患者按时、按量坚持用药，注意药物不良反应。如出现轻微的头晕、头痛、乏力、恶心、腹痛，大多能自行缓解，一般不需处理；如出现心律失常，应立即停药，报告医生及时处理。

五、健 康 教 育

1. 指导患者坚持彻底治疗，治疗后 2～3 个月不发生临床症状或体征，粪便检查无虫卵即为治愈。

2. 广泛宣传预防血吸虫病的知识：①普查普治患者和病牛。建立登记，以便随访。②查螺灭螺。消灭钉螺是切断传播途径的关键。采取围垦、火烧、土埋、改旱地等物理方法或用五氯酚钠、氯硝柳胺、*N*- 三苯甲基吗啉等化学药物灭螺。③加强粪便管理，保护水源。粪池、粪缸、厕所应远离水源，做到搭棚加盖，防止雨水冲刷和外溢。不准在河、湖、沟渠中洗刷粪具和马桶，加强船户的粪便收集工作，家畜应圈养。人畜粪便集中进行无害化处理。流行区内提倡用井水，建造自来水厂。对可疑用水应先储存 3 天再用，有条件时用漂白粉消毒。④搞好个人防护。尽量避免接触疫水，生产、生活必须接触时应采取安全措施，如用 1% 氯硝柳胺碱性溶液浸湿衣裤，可防御尾蚴的感染；用 15% 邻苯二甲酸二丁酯乳剂、20% 松香、乙醇等涂抹皮肤，或穿上防尾蚴的长裤。

（考点：血吸虫病的预防措施）

第2节 疟疾患者的护理

案例 5-2 患者，男，16岁，2011年8月7～9日随旅行团去四川旅游，回家10天后出现畏寒、发热、出汗后热退，于2011年8月20日入院。体格检查：体温37℃，脉搏82次/分，呼吸20次/分，血压112/62mmHg，颜面苍白，精神不振，无皮疹，结膜无充血、浅表淋巴结不肿大，心肺无异常发现，腹部平软。实验室检查：血细胞无增多和减少，血液涂片染色查疟原虫（－）。

问题： 1. 根据以上病情考虑患者患了哪种疾病？如何明确诊断？

2. 可提出哪些护理问题？

3. 列出主要的护理措施。

疟疾（malaria）是疟原虫经雌性按蚊叮咬传播的寄生虫病，临床特征为间歇性、周期性、发作性寒战、高热、大汗，反复发作，可有脾大和贫血。

一、概　　述

（一）病原学

疟疾的病原为寄生于红细胞的疟原虫。感染人类的疟原虫共有4种，即间日疟原虫（plasmodium vivax）、卵形疟原虫（P. ovale）、三日疟原虫（P. malariae）、恶性疟原虫（P. falciparum）。

疟原虫的生活史从蚊虫叮人吸血时开始。感染性子孢子随蚊虫唾液腺分泌物进入人体血循环，然后迅速进入肝脏，在肝细胞内发育成熟为裂殖体。裂殖体释放出大量裂殖子进入血循环，侵犯红细胞开始红细胞内的无性繁殖周期。裂殖子侵入红细胞后发育为环状体，经滋养体成熟为裂殖体。裂殖体内含数个至数十个裂殖子，当充分发育后红细胞被胀大破裂，释放出裂殖子及代谢产物，引起临床典型的疟疾发作。释放的裂殖子再侵犯未感染的红细胞，重新开始新一轮的无性繁殖，形成临床的周期性发作。间日疟及卵形疟红细胞内发育周期为48小时，三日疟为72小时，恶性疟发育周期为36～48小时，且发育先后不一，故临床发作也不规则。间日疟及卵形疟部分子孢子在肝内发育为迟发型裂殖体，此种裂殖体发育缓慢，经6～11个月方能成熟并感染红细胞，成为复发的根源。三日疟及恶性疟无迟发型子孢子，故无复发。由两种不同遗传型的子孢子分别发育为速发型和迟发型裂殖体，即为疟原虫子孢子多型性假说。部分疟原虫裂殖子在红细胞内经3～6代增殖后发育为雌性及雄性配子体，在按蚊吸血时被吸入蚊体内，开始其有性繁殖期。雌雄配子体在蚊体内形成偶合子，经动合子发育成熟为囊合子，继续发育成熟为孢子囊，内含数千个具感染性的子孢子。当蚊虫再次叮人时，又进入人体的子孢子继续其无性繁殖周期（图5-2）。

（二）流行病学

1. 传染源　疟疾患者和带疟原虫者。

2. 传播途径　疟疾的传播媒介为按蚊，蚊虫叮咬皮肤为主要传播途径。极少数病例可因输入带疟原虫的血液后而发病（图5-3）。

3. 人群易感性　人群对疟疾普遍易感。感染后虽有一定免疫力，但不持久。各型疟疾之间也无交叉免疫性，经反复多次感染后，再感染时症状较轻，甚至无症状。而一般非流行区来的

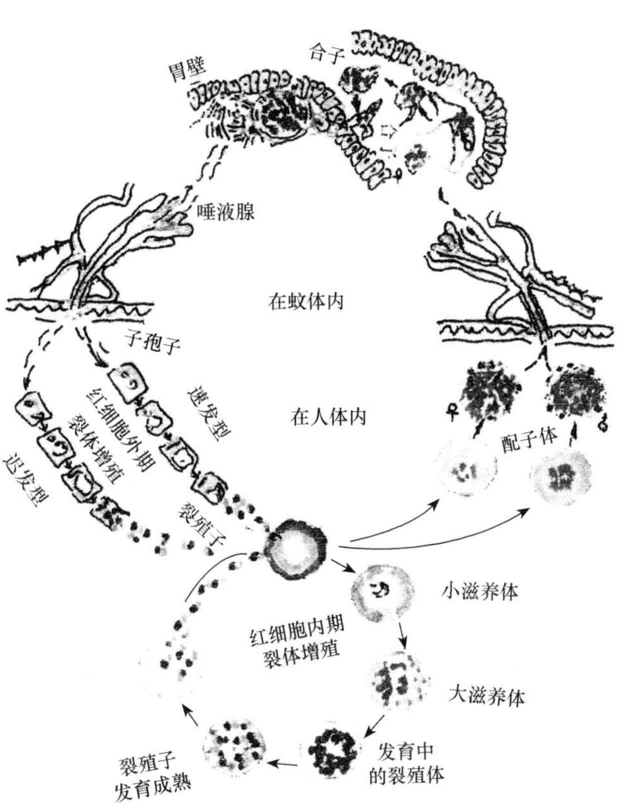

图 5-2 疟原虫生活史

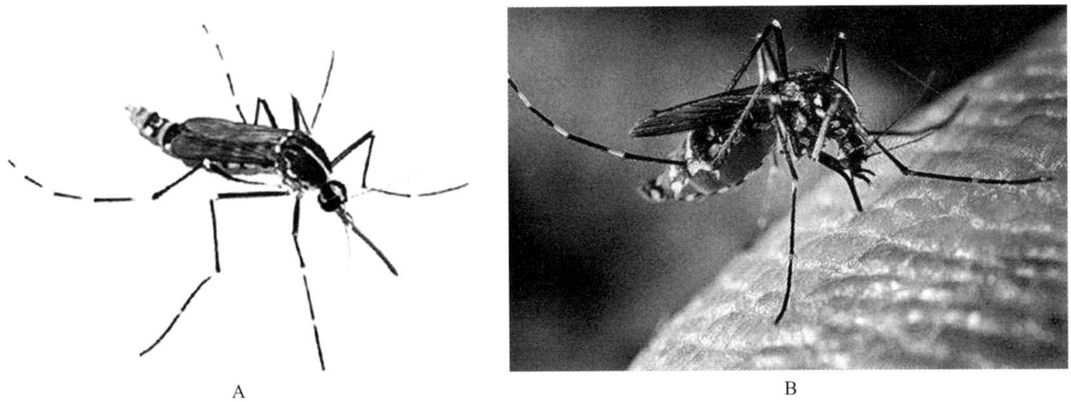

图 5-3 按蚊吸血

外来人员常较易感染，且症状较重。

4．流行特征　疟疾主要流行在热带和亚热带，其次为温带。我国云贵、两广及海南为高发区。这主要是因为本病流行与生态环境及媒介因素关系密切。

（考点：疟疾的传播途径）

（三）发病机制

感染疟疾之初，疟原虫在红细胞内发育阶段一般无症状。随着成批细胞破裂、释放出裂殖子同时，也伴随诱生多种细胞因子及代谢产物入血，引起临床寒战、高热，继之大汗的典型症状。释放的裂殖子部分被单核－巨噬细胞系统吞噬消灭，部分侵入新的红细胞导致间歇性的新的发作。经反复发作或重复感染后可获得一定的免疫力，此时虽有小量疟原虫增殖，可无疟疾发作的临床症状，成为带疟原虫者。

二、护理评估

（一）流行病学资料

评估时注意询问是否到过或生活在疟疾流行区、当地蚊虫密度，近年有无疟疾发作史及有无近期输血史。疟疾发病以夏秋季较多，热带及亚热带地区常年都可发病。

（二）身心状况

1. 临床表现　潜伏期：间日疟及卵形疟为13～15天，三日疟为24～30天，恶性疟为7～12天。

疟疾的典型症状为突发的寒战高热。寒战持续10分钟至2小时。同时伴体温迅速上升，通常可达40℃以上，全身酸痛乏力，但神志清楚，无明显中毒症状。发热持续2～6小时后，开始大汗，体温骤降，自觉明显缓解，仍感明显乏力。持续1～2小时后进入间歇期。间日疟和卵形疟间歇期为48小时，三日疟为72小时。恶性疟发热无规律，一般无明显的间歇。应注意在疟疾初发时，发热可不规则。一般发作数次以后，才呈周期性发作。反复发作造成大量红细胞破坏可出现不同程度的贫血，脾脏轻度肿大。脑型疟为恶性疟严重的临床类型，也偶见于间日疟，主要的临床表现为头痛、发热，常出现不同程度的意识障碍。其发生除与受染的红细胞堵塞微血管有关外，低血糖及细胞因子也有一定作用。病情险恶，病死率高。恶性疟可引起肾衰竭、肺部病变和腹痛症状。

输血后疟疾常发生于输入含疟原虫血后7～10天，临床表现与蚊传疟疾相同，但无肝内繁殖阶段，不产生迟发型裂殖体，故无远期复发问题。

（考点：疟疾的临床特点）

知识链接

黑　尿　热

黑尿为疟疾患者突然发生的急性血管内溶血，表现为寒战、高热、腰痛、尿量减少并出现酱油色尿，贫血、黄疸，严重者发生急性肾衰竭。其发生可能由于以下几点因素：①红细胞中葡萄糖-6-磷酸脱氢酶（G-6-PD）或其他红细胞酶缺乏；②抗疟药；③疟原虫释放出的毒素；④人体过敏反应等。

2. 心理－社会状况　评估时应注意处在疟疾不同阶段有不同的心理状况，疟疾初次发作时，因为起病急骤，患者常感紧张；寒战、高热时，患者精神萎靡；病情凶险发作时，患者恐惧；反复发作时常有焦虑的表现等。

（三）辅助检查资料

血常规检查红细胞、血红蛋白下降，白细胞总数正常或减少，单核细胞相对增多。血及骨髓穿刺涂片染色查到疟原虫。B超可查及肝脾大。

（四）治疗要点

1. 抗疟原虫治疗

（1）对氯喹敏感的疟疾发作治疗

1）氯喹：磷酸氯喹1g（基质0.6g）口服。6～8小时后再服0.5g（基质0.3g）。第2、3日再各服磷酸氯喹0.5g。3日总量2.5g。

2）伯氨喹：磷酸伯氨喹 39.6mg（基质 22.5mg）紧接控制发作药物后口服。每日 1 次，连服 8 天。主要用于间日疟及卵形疟控制复发。恶性疟虽无复发问题，也需服用 2～4 天，以杀灭配子体防止传播。

（2）对耐氯喹疟疾发作的治疗

1）甲氟喹：为长效制剂，口服 750mg，1 次顿服。具较强的杀灭红细胞内疟原虫的作用，对耐氯喹恶性疟有较好疗效。

2）磷酸咯萘啶：能有效杀灭红细胞内期疟原虫。总剂量用 1.2g（基质）。第 1 日 0.4g 分 2 次口服，第 2、3 日各 0.4g 顿服。

3）青蒿素衍生物：双氢青蒿素片首剂 lg，第 2、3 日各服 0.5g；或用蒿甲醚针剂，首剂 300mg 肌内注射，第 2、3 日各再肌内注射 150mg；或用青蒿琥酯（artesunate），成人第一天 100mg，每日服 1 次，第 2～5 天 50mg，每日服 2 次，总量为 600mg。

（3）对凶险型疟疾发作的治疗

1）氯喹：用于敏感株感染治疗。基质 10mg/kg 于 4 小时内静脉滴注，继以 5mg/kg 于 2 小时内滴完。每日总量不超过 25mg/kg。

2）奎宁：用于耐氯喹株感染治疗。二盐酸奎宁 500mg 置等渗糖水中 4 小时内静脉滴注。12 小时后可重复使用。清醒后改为口服。

3）磷酸咯萘啶：按 3～6mg/kg 计算，用 0.9% 氯化钠或等渗糖水 250～500ml 稀释后静脉滴注，可重复应用。

4）青蒿琥酯：用青蒿琥酯 600mg 加入 5% 碳酸氢钠溶液 0.6ml，摇动 2 分钟至完全溶解，再加 5% 葡萄糖水 5.4ml，最终成青蒿琥酯 l0mg/ml。按 1.2mg/kg 计算每次用量。首剂注射后 4 小时、24 小时、48 小时各再注射 1 次。

2. 对症治疗　脑型疟常出现脑水肿与昏迷，应及时积极给予脱水治疗。监测血糖以及时发现和纠正低血糖。应用低分子右旋糖酐，可能对改善微血管堵塞有一定帮助。应用肾上腺皮质激素疗效不确切。

三、护 理 问 题

1. 体温过高　与疟原虫感染、大量致热原释放入血有关。
2. 活动无耐力　与发热、出汗、贫血有关。
3. 潜在并发症：脑水肿、脑疝、黑尿热。

四、护 理 措 施

（一）隔离与消毒

严格执行虫媒隔离制度。病室内要有灭蚊、防蚊措施。

（二）一般护理

发作期卧床休息，间歇时也应注意休息，减少机体能量消耗；给予高热量、高蛋白、高维生素和富含铁质的食物，补充消耗，纠正贫血，发作期间进流质、半流质饮食，间歇期可进普通饮食，鼓励患者多饮水，必要时静脉补充液体。

（三）病情观察

1. 密切观察体温变化，发冷时注意保暖，高热时以物理降温为主，必要时按医嘱给予退热剂，出汗后温水擦浴，擦洗后避免受凉。

2. 遵医嘱正确使用抗疟药物，注意观察药物不良反应，如出现异常立即停药，并报告医生处理。

3. 密切观察病情变化，如有惊厥、昏迷时，应注意保持呼吸道通畅，按惊厥、昏迷常规护理。

（四）配合治疗护理

1. 发生脑水肿、脑疝时，遵医嘱应用脱水剂。

2. 发生黑尿热时，立即停用奎宁、伯氨喹、阿司匹林等可能诱发溶血反应的药物，保证每日液体量 3000～4000ml，每日尿量不少于 1000ml，遵医嘱应用糖皮质激素、5% 碳酸氢钠等药物，以减轻溶血和肾功能损害。

3. 贫血严重者，可少量多次输血。

4. 发生少尿或无尿等急性肾衰竭症状时，按急性肾衰竭处理。

（五）心理护理

疟疾发作时，因起病急、症状重、需住院治疗与隔离，令患者忧虑与恐惧；护理人员应细心观察与沟通交流，评估患者存在的心理问题，予以生理、心理和医疗护理技能全方位指导。

（考点：疟疾的护理措施）

五、健康教育

积极宣传预防疟疾的有关知识，及时发现并彻底治疗患者及带虫者，以控制传染源；消灭蚊虫是预防疟疾的重要途径；采用防蚊措施，流行地区预防用药来保护易感人群。嘱咐患者治疗后定时随访，有反复发作时，应速到医院复查；对 1～2 年有疟疾发作史及血中查到疟原虫者，在流行季节前 1 个月，进行抗复发治疗。以后每 3 个月随访 1 次，直至 2 年内无复发为止。

第 3 节　蛔虫病患者的护理

案例 5-3　患儿，男，4 岁，因脐周绞痛伴呕吐 3 次入院。体格检查：T 37.7℃，心肺（－），腹胀，可触及条索状包块，肠鸣音亢进，闻及气过水声。

问题：1. 你认为患儿出现了什么情况？

2. 应采取哪些护理措施？

蛔虫病（ascariasis）是蛔虫的幼虫在人体内移行和成虫寄生于人体小肠所引起的一种最常见的肠道寄生虫病。

一、概　述

（一）病原学

蛔虫的生活史包括受精卵在外界土壤中发育和虫体在人体内发育两个阶段。蛔虫卵随粪便排出人体外，在适宜的条件下，卵内细胞发育为幼虫，经第 1 次蜕皮成为感染性虫卵（图 5-4）。当感染性虫卵被人吞食后到达小肠，幼虫破壳孵出，钻进小肠黏膜和黏膜下层，进入肠壁小静脉或淋巴管，通过门静脉系统经肝脏、右心到达肺部，穿过肺毛细血管进入肺泡，在此完成第

2、3 次蜕变，然后幼虫沿支气管、气管逆行至咽部，随吞咽动作经食管、胃进入小肠，在小肠内完成第 4 次蜕变后成为童虫，再经数周逐渐发育为成虫。

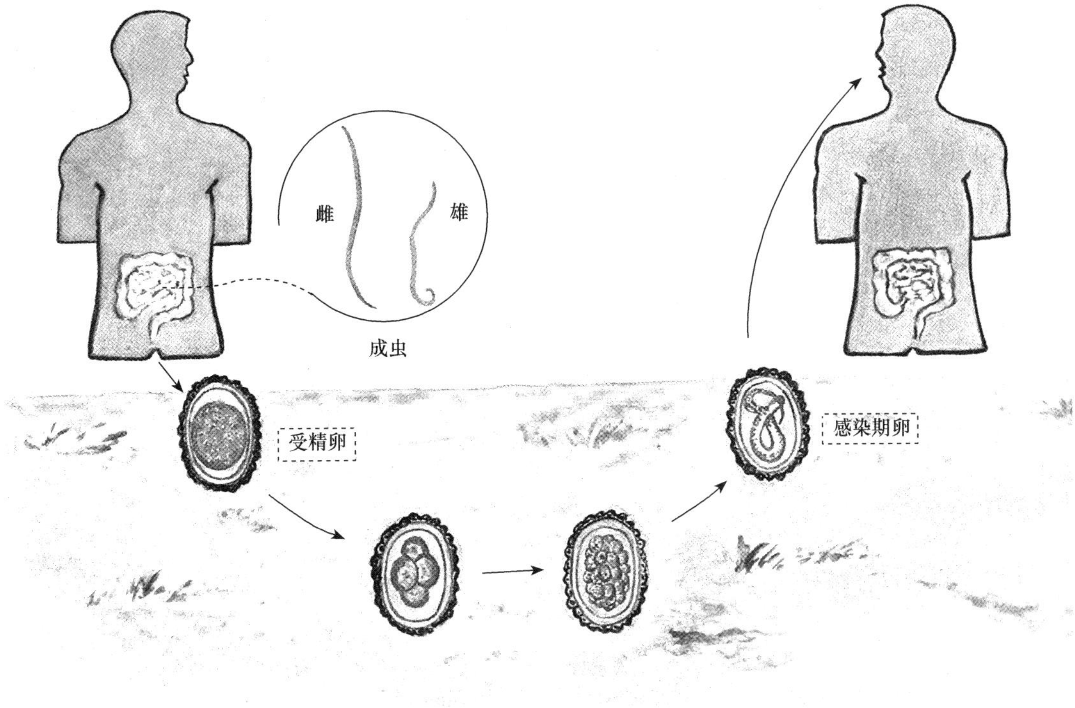

图 5-4　蛔虫生活史

幼虫在体内移行可致蛔蚴性肺炎和过敏症状；成虫在小肠内寄生可导致肠道功能紊乱，因引起胆道蛔虫病和蛔虫性肠梗阻等多种并发症而影响预后。

受精卵对外界的抵抗力强，一般可存活 1 年，在 5～10℃土壤中可存活 2 年之久。

（二）流行病学

1．传染源　蛔虫感染者是本病的传染源。

2．传播途径　由于使用未经无害化处理的人粪施肥或儿童随地大便，蛔虫卵污染环境，并在土壤中发育成熟。虫卵可借鸡、犬、蝇类等动物的机械携带或风力散播，污染环境、物品、食物等，人因生食含有感染性虫卵的不洁蔬菜、瓜果和水而被感染；也可通过污染的手，经口受到感染。

3．人群易感性　人群普遍易感，感染与环境卫生、个人卫生密切相关。

知识链接

我国蛔虫感染情况

1988～1992 年我国第一次人体寄生虫分布调查结果分析，全国寄生虫总感染率为 62.63%，蛔虫、钩虫、鞭虫和蛲虫等土源性寄生虫总感染率为 59.0%，以 14 岁以下儿童感染率最高。在 3.1 亿 14 岁以下儿童中，蛔虫的感染人数为 1.9 亿。

2001 年 6 月～2004 年底在全国开展了人体重要寄生虫病现状的调查，土源性线虫感染率为 19.56%（蛔虫感染率为 12.72%），推算全国感染人数为 1.29 亿人（蛔虫 8593 万人）；自第一次全国人体寄生虫分布调查以来，我国土源性线虫的感染率下降了 63.65%，总感染人数减少了 4 亿，但与发达国家相比，还有很大差距，目前我国土源性线虫感染率仍相当于日本 20 世纪 60 年代、韩国 20 世纪 80 年代的感染水平，与我国社会经济发展速度和构建和谐社会的理念不相适应。

二、护理评估

（一）流行病学资料

询问生活环境，尤其儿童玩耍场所的卫生状况、饮食卫生及个人卫生、儿童吸吮手指习惯。询问居住地蛔虫病流行情况及既往蛔虫感染史。

（二）身心状况

1. 临床表现

（1）幼虫移行引起的症状：发热、咳嗽、哮喘、喉部异物感及荨麻疹等。重者出现气急或痰中带血丝，肺部可闻及干啰音。

（2）成虫寄生于肠道引起的症状：主要为厌食、偏食、多食或异食癖。反复发作的阵发性脐周或上腹部疼痛，无压痛和腹肌紧张，片刻自行缓解。可从大便排出或呕吐出蛔虫。偶见夜惊、磨牙、惊厥等神经症状。成人感染蛔虫后多数无症状。

（3）并发胆道蛔虫病的表现：突发阵发性上腹部钻顶样疼痛，并向右肩及腰部放射。患者辗转不安，面色苍白，痛苦难忍。常伴恶心、呕吐，有时呕吐出蛔虫。体检仅有剑突下局限性轻压痛，腹肌轻度紧张。

（4）并发蛔虫性肠梗阻的表现：突发腹部阵发性绞痛，频繁呕吐，可吐出胆汁及蛔虫。腹胀明显，可见肠型和蠕动波。腹部柔软，可扪及条索状包块。

2. 心理-社会状况　患者大多无明显症状，因而无明显心理反应。但一旦出现并发症时，常使患者或家属感到焦虑、紧张。评估时注意了解患者及家属对疾病的发生、发展、预后及预防等方面的认识情况。

（三）辅助检查资料

1. 血常规　可见嗜酸粒细胞增多。

2. 大便检查　粪便涂片和盐水漂浮法镜检找到蛔虫卵或肉眼见到蛔虫成虫可确诊。

（考点：蛔虫病的临床表现及确诊依据）

（四）治疗要点

1. 驱虫治疗　可选用阿苯达唑、甲苯咪唑、噻嘧啶、左旋咪唑、哌嗪。

2. 并发胆道蛔虫症　①内科疗法：以内科治疗为主，以解痉止痛、早期驱虫、预防或控制感染、注意水电解质平衡为原则。②内镜疗法。③手术治疗。

3. 并发蛔虫性肠梗阻　①中西医保守疗法。②氧气驱虫。③手术治疗。

三、护理问题

1. 腹痛　与蛔虫成虫寄生于小肠内引起肠黏膜机械性损伤、肠痉挛有关。

2. 营养失调：低于机体需要量　与蛔虫成虫寄生，以肠腔的半消化食糜为食，并损伤肠黏膜，影响宿主的消化和吸收有关。

3．潜在并发症：胆道蛔虫病　与成虫移位性损害有关。

4．潜在并发症：肠梗阻　与大量虫体相互缠结成团有关。

四、护 理 措 施

1．腹痛的护理　腹痛时酌情卧床休息，安慰患者，消除紧张不安情绪。可用热水袋或热毛巾放在脐部热敷，或用手轻揉腹部，以减轻腹痛。如上述措施无效，可按医嘱适当使用解痉止痛药。如发现患者腹痛不止，或小儿突然哭闹不休、烦躁、辗转不安，或伴有黄疸、高热不退等并发症表现，应及时报告医生。

2．服用驱虫药物的护理　驱虫药物应于空腹或睡前一次顿服，并观察药物副作用，如有恶心、呕吐、头昏或腹痛，可给予对症处理。服药后 1～3 天观察大便排虫数，以了解驱虫效果，并去医院复查大便，如仍有蛔虫卵，间隔 2 周再服驱虫药 1 次。不可多次连续驱虫和任意加大药物剂量，以免引起毒副作用。

3．饮食护理　对营养较差的儿童应给营养丰富、易消化的食物。驱虫期间不宜进食过多的油腻食物，避免甜、冷、生、辣食物，以免激惹蛔虫引起并发症。并发胆道蛔虫病者给予低脂、易消化的流质或半流质饮食。有肠梗阻或严重呕吐者禁食。

五、健 康 教 育

1．对人群，尤其是儿童机构要定期普查普治和复查复治，以消除传染源。

2．进行健康教育，增强自我保健意识。解释蛔虫病的感染过程，从小教育孩子养成良好的个人卫生习惯，搞好环境卫生，不随地大便，饭前便后要洗手，勤剪指甲，不吸吮手指和物品，不吃不清洁的瓜果蔬菜，不饮生水等。如发现便出、吐出蛔虫，或小儿有哭闹不安、食欲减退、偏食、夜惊、磨牙、异食癖、惊厥等，应及时就诊。

3．改水改厕。保护水源，因地制宜，改善饮水卫生条件，保证生活用水的清洁卫生，提倡用自来水、井水、泉水。建立无害化厕所或高温堆肥，以加强粪便无害化处理，防止虫卵污染周围环境。

知识链接

考 考 你

某农村小学，请你去给学生们讲一讲怎样预防蛔虫病，你打算讲些什么？为了让学生听得懂，记得住，取得好的宣传效果，你需要做哪些准备？

4．正确指导家庭护理。蛔虫病患者一般不需住院治疗，应从上述几方面指导患者及家属正确治疗并积极预防蛔虫感染。

（考点：蛔虫病的护理措施）

自 测 题

A_1 型题

1．护理评估急性血吸虫病患者应注意的身体状况有（　　）

A．发热、过敏反应及消化道症状

B．巨脾伴脾功能亢进
C．腹水、腹壁静脉怒张、下肢水肿
D．消瘦、营养不良
E．呕血、便血

2．患者，男，20岁，持续发热半个月，体温38～40℃，晚上病情较重，早晨正常，稍畏寒，无寒战，间有腹痛，大便稀，2～3次/日，无脓血，精神、食欲可。有血吸虫疫水接触史。该患者的护理诊断主要为（　　）
A．体温过高
B．营养失调
C．潜在并发症：上消化道出血
D．潜在并发症：肝性脑病
E．腹痛

3．血吸虫的中间宿主为（　　）
A．患者　　B．病牛
C．猪、羊　　D．家禽
E．钉螺

4．血吸虫侵入人体的途径是（　　）
A．呼吸道　　B．消化道
C．血液　　D．皮肤或黏膜
E．其他特殊途径

5．护理大量腹水的血吸虫病患者，下列哪一项错误（　　）
A．尽量取半卧位以改善呼吸困难
B．严格控制钠的摄入
C．定时测量腹围、体重，记录24小时出入液量
D．遵医嘱正确使用利尿剂
E．常规放腹水以减少腹内压力

6．下列预防血吸虫病的措施，哪一项叙述不正确（　　）
A．普查普治患者和病牛
B．大力消灭钉螺
C．严禁粪便污染水源
D．避免接触疫水，以防毛蚴侵入人体
E．必须接触疫水者采取防护措施

7．疟疾的凶险发作主要是由下列哪种疟原虫引起的（　　）
A．三日疟原虫　　B．恶性疟原虫
C．间日疟原虫　　D．卵形疟原虫
E．特殊疟原虫

8．不属于疟疾引起黑尿热原因的是（　　）
A．患者红细胞中缺乏G-6-PD
B．疟原虫释出的毒素
C．伯氨喹啉的应用
D．人体的过敏反应
E．弥散性血管内凝血

9．疟疾的传播媒介是（　　）
A．按蚊　　B．库蚊
C．苍蝇　　D．螨
E．以上都不是

10．疟疾所致的寒战、高热、出汗是由于（　　）
A．疟原虫的数量多
B．疟原虫在红细胞内生长
C．大量的裂殖子、疟色素和代谢产物从红细胞破裂入血
D．外毒素
E．疟原虫在肝细胞内生长

11．患者，男，22岁，从海南旅游1个星期后回家，10天后，出现间歇畏寒、寒战、发热、大汗后热退，间歇期间一般情况良好，初步诊断为疟疾，为了进一步确诊，下列什么时期采血涂片找疟原虫阳性率最高（　　）
A．高热期　　B．抽搐、昏迷期
C．大汗期　　D．寒战发热期
E．间歇期

12．蛔虫病患者出现咳嗽、哮喘、痰中带血、发热及荨麻疹等表现，是由蛔虫哪个阶段引起的（　　）
A．成虫　　B．虫卵
C．幼虫　　D．童虫
E．以上都不是

13．蛔虫病最常见的并发症是（　　）
A．胆道蛔虫病　　B．肠梗阻
C．缺铁性贫血　　D．肠穿孔
E．阑尾炎

14．蛔虫成虫引起的主要症状是（　　）
A．咳嗽、哮喘
B．发热、荨麻疹
C．厌食、多食或偏食，腹痛
D．磨牙
E．易怒、精神不安

15．胆道蛔虫病的特点是（　　）
A．上腹部突发阵发性绞痛
B．右下腹绞痛

C．右上腹压痛、反跳痛
D．左下腹持续性胀痛
E．肠鸣音消失

16．对于蛔虫病腹痛患者的护理哪项不妥（　　）
A．卧床休息，消除紧张情绪
B．用热水袋或热毛巾放在脐部热敷
C．用手轻揉腹部
D．按医嘱适当使用解痉止痛药
E．立即报告医生

（曾志励　李朝中）

参 考 文 献

陈灏珠，林果为，2009．实用内科学．第 13 版．北京：人民卫生出版社

胡永华，2002．实用流行病学．北京：北京医科大学出版社

李大权，2015．传染病护理．北京：科学出版社

李兰娟，任红，2013．传染病学．第 8 版．北京：人民卫生出版社

李梦东，王宇明，2005．实用传染病学．第 3 版．北京：人民卫生出版社

刘应麟，2012．传染病学．北京：人民卫生出版社

彭文伟，2006．传染病学．第 6 版．北京：人民卫生出版社

沙介荣，1995．传染病学及流行病学．北京：人民卫生出版社

石宏，石雪松，2008．传染病护理学．第 2 版．上海：第二军医大学出版社

谭德明，2003．传染病护理学．北京：人民军医出版社

王明琼，2012．传染病学．第 4 版．北京：人民卫生出版社

王秋海，2003．传染病学．北京：人民卫生出版社

夏泉源，2004．内科护理学．北京：人民卫生出版社

徐泽宇，杨梅，2010 年．传染病护理学．西安：第四军医大学出版社

许隆祺，薛纯良，2002．重要寄生虫病诊治指南．北京：北京科学技术出版社

杨绍基，2008．传染病学．第 7 版．北京：人民卫生出版社

叶春香，2008．儿科护理．第 2 版．北京：人民卫生出版社

尤黎明，吴瑛，2002．内科护理学．北京：人民卫生出版社

张小来，2014．传染病护理学．北京：人民卫生出版社

中华医学会，2006．临床诊疗指南•传染病学分册．北京：人民卫生出版社

专家编写组，2012．全国护士执业资格考试应试教材．上海：第二军医大学出版社

曾志励，2012．传染病护理．北京：中国协和医科大学出版社

曾志励，石海兰，2012．传染病护理．第 3 版．北京：科学出版社

附　　录

附录 1　中华人民共和国传染病防治法

附录 2　中华人民共和国传染病防治法实施办法

附录 3　传染病的潜伏期、隔离期、观察期（附表 1）

附表 1　传染病潜伏期、隔离期、接触者观察期及处理

	潜伏期		隔离期	接触者观察期及处理
	常见	最短至最长		
病毒性肝炎甲型	30 日左右	5～45 日	自发病之日起 3 周	密切接触者检疫 45 日，每周检查 ALT 一次，以便早期发现。观察期间可用丙种球蛋白注射；接触后 1 周内应用有效
乙型	60～90 日	30～180 日	急性期最好隔离至 HBsAg 转阴性。恢复期不转阴性者按 HBsAg 携带者处理。有 HBV 复制标志的患者，应调离接触食品、自来水或托幼的工作，不能献血	急性肝炎的密切接触者应医学观察 45 日并进行乙肝疫苗注射，托幼机构发现患者后的观察期间，不办理入托、转托手续。疑诊肝炎的托幼和饮食行业人员，应暂停原工作
丙型	40 日左右	15～180 日	急性期隔离至病情稳定。饮食行业与托幼人员病愈后需 HCV RNA 转阴性方能恢复工作	同乙型病毒性肝炎
丁型	重叠感染 混合感染	3～4 周 6～12 周	同乙型病毒性肝炎	同乙型病毒性肝炎
戊型	40 日左右	10～75 日	自发病之日起 3 周	密切接触者应医学观察 60 日。丙种球蛋白注射无预防效果
脊髓灰质炎	5～14 日	3～35 日	自发病之日起隔离 40 日。第 1 周为呼吸道及消化道隔离，第 2 周以后为消化道隔离	密切接触者医学观察 20 天。观察期间可用活疫苗进行快速免疫
霍乱	1～3 日	数小时至 6 日	腹泻停止后 2 日。隔日送大便培养 1 次，连续 3 次阴性可解除隔离	密切接触者或疑似患者应医学观察 5 日，并连续送粪便培养 3 次，若阴性可解除隔离观察
细菌性痢疾	1～3 日	数小时至 7 日	急性期症状消失，粪检阴性后，连续 2 次粪培养阴性可解除隔离	医学观察 7 日。饮食行业人员观察期间应送粪便培养 1 次，阴性者解除观察
耶尔森菌肠炎	4～10 日		症状消失后解除隔离	不检疫
伤寒	8～14 日	3～60 日	临床症状消失后 5 日起间歇送粪便培养，2 次阴性解除隔离。无培养条件时体温正常 15 日解除隔离	密切接触者医学观察：伤寒 23 日，副伤寒 15 日。饮食行业人员观察期间应送粪便培养 1 次，阴性者方能工作
副伤寒甲、乙	6～10 日	2～15 日		
副伤寒丙	1～3 日	2～15 日		
沙门菌食物中毒	2～24 小时	数小时至 3 日	症状消失后连续 2～3 次粪便培养阴性解除隔离	同食者医学观察 1～2 日

手机下载“爱一课”APP，扫一扫正文，可见附录内容

续表

	潜伏期		隔离期	接触者观察期及处理
	常见	最短至最长		
阿米巴痢疾	7～14日	4日至1年	症状消失后连续3次粪检未找到滋养体或包囊，可解除隔离	接触者不隔离，但从事饮食工作者发现本病时，其他人员应做粪检，发现溶组织阿米巴滋养体或包囊者应调离饮食工作
流行性肠炎	1～3日	1～10日	症状消失后解除隔离	不检疫
流行性感冒	1～3日	数小时至4日	热退后2日解除隔离	大流行时集体单位应进行医学观察，出现发热等症状时应早期隔离
麻疹	8～12日	6～18日	隔离期自发病之日起至退疹时或出疹后5日	密切接触而未进行疫苗接种的儿童医学观察21日，并应用丙种球蛋白。曾接受被动免疫者医学观察28日
风疹	18日	14～21日	出疹后5日解除隔离	不检疫
水痘	14～16日	10～24日	隔离至水痘疱疹完全结痂为止，但不得少于发病后14日	医学观察3周，免疫力低者可应用丙种球蛋白
猩红热	2～5日	1～12日	发病后6日	接触儿童做咽拭子培养，可疑者隔离治疗
流行性腮腺炎	14～21日	8～30日	隔离至腮腺肿大完全消退，约3周	成人一般不检疫，但幼儿园、托儿所及部队密切接触者应医学观察3周
流行性脑脊髓膜炎	2～3日	1～10日	症状消失后3日，但不少于发病后1周	医学观察7日，密切接触的儿童可服磺胺或利福平预防
白喉	2～4日	1～7日	症状消失后连续2次鼻咽分泌物培养阴性	医学观察7日
百日咳	7～10日	2～20日	痉咳发生后30日或发病后40日解除隔离	医学观察21日，观察期间幼儿可用红霉素等预防
SARS	4～7日	2～21日	隔离期3～4周（待定）	接触者隔离3周，流行期来自疫区人员医学观察2周
流行性乙型脑炎	10～14日	4～21日	隔离至体温正常	接触者不检疫
流行性出血热	7～14日	4～46日	隔离期10日	不检疫
登革热	5～8日	3～19日	隔离至起病后7日	不检疫
钩端螺旋体病	10日左右	2～28日	隔离至治愈	密切接触者不检疫，但有疫水接触者医学观察2周，观察期间可注射青霉素做预防性治疗
艾滋病	15～60日	9日至10年以上	HIV感染者及患者均应隔离至病毒或P24核心蛋白从血液中消失。不能献血	密切接触者或性伴侣应医学观察2年
狂犬病	4～8周	5日至10年以上	病程中隔离治疗	被狂犬或狼咬伤者应进行医学观察，观察期间应注射免疫血清及狂犬病疫苗
布鲁氏菌病	2周	7日至1年以上	急性期临床症状消失后解除隔离	不检疫

续表

	潜伏期		隔离期	接触者观察期及处理
	常见	最短至最长		
鼠疫				
腺鼠疫	2～4 日	1～8 日	腺鼠疫隔离至淋巴结肿大完全消退	密切接触者医学观察 9 日
肺鼠疫	1～3 日	数小时至 3 日	肺鼠疫在临床症状消失后，痰连续培养 6 次为阴性，方能解除隔离	密切接触者医学观察 9 日
炭疽	1～5 日	12 小时至 12 日	皮肤炭疽隔离至创口痊愈，痂皮脱落。其他类型患者症状消失后分泌物或排泄物连续培养 2 次阴性方能解除隔离	密切接触者医学观察 8 日
流行性斑疹伤寒	10～12 日	5～23 日	彻底灭虱后隔离至体温正常后 12 日	密切接触者灭虱后医学观察 15 日
地方性斑疹伤寒	1～2 周	4～18 日	隔离至症状消失	不检疫。进入疫区被蜱叮咬者可口服多西环素预防
淋病	2～10 日		患病期间性接触隔离	对性伴侣进行检查，阳性者进行治疗
梅毒	2～4 周	10～90 日	不隔离	性伴侣定期检查观察
急性出血性结膜炎	2～3 日	14 小时至 6 日	隔离至症状消失	不检疫
破伤风	7～14 日	2 日至数月	不隔离	不检疫
疟疾				
间日疟	13～15 日	2 日至 1 年	病愈后原虫检查阴性解除隔离	不检疫
三日疟	21～30 日	14～45 日		
恶性疟	7～12 日	14～45 日		
卵形疟	13～15 日	7～15 日		
黑热病	3～5 月	10 日至 9 年	隔离至症状消失，原虫检查阴性	不检疫

附录 4　预防接种（附表 2）

附表 2　常用疫苗的接种对象和使用方法

	性质	接种对象	初种剂量与方法	免疫期与复种	保存方法与有效期
麻疹活疫苗	活 / 自 / 病毒	8 个月以上的易感儿童	三角肌处皮下注射 0.2ml，注射丙种球蛋白后，至少 1～3 个月才能注射	免疫期 4～6 年，7 岁加强 1 次	2～10℃暗处保存，冻干疫苗有效期 1 年，液体疫苗 2 个月，开封后 1 小时内用完
水痘减毒活疫苗	活 / 自 / 病毒	1～2 岁儿童和免疫功能低下的高危人群	上臂皮下注射 0.5ml，可与其他儿童期疫苗同时使用，但须在不同部位。15 岁以上间隔 6～10 周 2 次注射	随接种时间而降低	2～8℃保存，有效期 2 年

续表

	性质	接种对象	初种剂量与方法	免疫期与复种	保存方法与有效期
风疹减毒活疫苗	活 / 自 / 病毒	12 个月～14 岁及青春期少女、育龄期妇女，接种 3 个月内避免妊娠	三角肌处皮下注射 0.5ml，可与其他儿童期疫苗同时使用但须在不同部位	10～28 天产生抗体，维持 10～20 年	2～8℃或 0℃以下保存，有效期 1.5 年
腮腺炎减毒活疫苗	活 / 自 / 病毒	8 月龄以上的易感者	三角肌处皮下注射 0.5ml	免疫期 10 年	2～8℃或 0℃以下保存，有效期 1.5 年
麻疹、腮腺炎、风疹减毒活疫苗	活 / 自 / 病毒	8 月龄以上的易感儿童	三角肌处皮下注射 0.5ml	免疫期 11 年，11～12 岁复种 1 次	2～8℃避光保存，有效期 1.5 年
脊髓灰质炎糖丸活疫苗	活 / 自 / 病毒	3 个月～4 岁	出生后 3 个月始口服三联混合疫苗，连服 3 次，间隔 1 个月，冬春季服用，温开水送服	免疫期 3～5 年，4 岁加强 1 次	−20℃保存有效期 2 年，2～10 ℃保存 5 个月，20～22 ℃保存 12 日，30～32℃保存 2 日
甲型肝炎减毒活疫苗	活 / 自 / 病毒	1 岁以上儿童或成人	上臂皮下注射，一次 1.0ml，注射过丙种球蛋白者，需 8 周后注射	免疫期 4 年	2～8℃暗处保存，有效期 3 个月，−20℃以下有效期 1 年
甲型肝炎灭活疫苗	死 / 自 / 病毒	1 岁以上儿童或成人	三角肌注射，1～18 岁 0.5ml，19 岁以上 1.0ml	14 日产生保护性抗体，维持 1 年，在 6～12 个月加强免疫，可保护 20 年	2～8℃保存，有效期 3 年，严禁冻结后注射
乙型肝炎疫苗（重组酵母疫苗）	自 / 抗原	新生儿及易感者	全程免疫：5～10μg 按 0、1、6 个月各肌肉注射 1 次，新生儿首次应在出生后 24 小时内注射，部位以三角肌为宜。HBsAg、HBeAg 均为阳性的母亲的新生儿首次须 10μg，并可先注射 HBIG2～4 周后再开始按 0、1、6 方案注射	全程免疫后抗体生成不好者，可再加强免疫 1 次，免疫期 5～9 年	2～8 ℃暗处保存，有效期 2 年，严防冻结
甲型流感疫苗	活 / 自 / 病毒	主要为健康成人	疫苗按 1∶5 生理盐水稀释后，每侧鼻孔喷入 0.25ml，稀释后 4 小时内用完	免疫期 6～10 个月	2～10 ℃暗处保存，冻干疫苗有效期 1 年，液体 3 个月

续表

	性质	接种对象	初种剂量与方法	免疫期与复种	保存方法与有效期
流行性乙型脑炎疫苗	死/自/病毒	6个月至10岁	皮下注射2次，间隔7～10日，6～12月龄每次0.25ml，1～6岁每次0.5ml，7～15岁每次1.0ml，15岁以上每次2.0ml	免疫期1年，以后每年加强注射1次	2～10℃暗处保存，冻干疫苗有效期1年，液体3个月
流行性出血热双价疫苗	死/自/病毒	流行区易感人群及其他高危人群	0天、7天、28天注射3次每次1ml	高危人群6～12个月加强1次	4℃保存，有效期28个月
森林脑炎疫苗	死/自/病毒	流行区的人群及来自非流行区的人员	间隔7～10日皮下注射2次，2～6岁、7～10岁、10～15岁、16岁以上每次分别为0.5ml、1.0ml、1.5ml和2.0ml	免疫期1年，以后每年加强注射1次，剂量同初种	2～10℃暗处保存，有效期9个月，25℃以下有效期1个月
人用狂犬病疫苗（地鼠肾组织培养人用疫苗）	死/自/病毒	被狂犬或其他患狂犬病动物咬伤、抓伤及被患者唾液污染伤口者	于咬伤当日和第3、7、14、30日各注射2ml，5岁以下1ml，2岁以下0.5ml，严重咬伤者可在注射疫苗前先注射抗狂犬病血清	免疫期3个月，全程免疫后3～6个月再次被咬伤需加强注射2次，间隔1周，剂量同左，若超过6个月再被咬伤则需全程免疫	2～10℃暗处保存，有效期液体疫苗6个月，冻干疫苗1年
冻干黄热病疫苗	活/自/病毒	出国到黄热病流行区或从事黄热病研究人员	以无菌生理盐水5ml，溶解冻干疫苗。皮下注射1次0.5ml，水溶液保持低温，1小时内用完	免疫期10年	−20℃保存有效期1.5年，2～10℃有效期6个月
流行性斑疹伤寒疫苗	死/自/立克次体	流行地区的人群	皮下注射3次，每次间隔5～10日，14岁以下量分别为0.3～0.4ml、0.6～0.8ml、0.6～0.8ml，15岁以上量分别为0.5ml、1.0ml、1.0ml	免疫期1年，以后每年加强免疫1次，剂量同第3次	2～10℃暗处保存有效期1年，不得冻结
Q热疫苗	死/自/立克次体	畜牧、屠宰、制革、肉乳加工及有关实验室、医院工作人员	皮下注射3次，每次间隔7日，剂量分别为0.25ml、0.5ml、1.0ml		2～10℃暗处保存
卡介苗	活/自/细菌	新生儿及结核菌素试验阴性的儿童	于出生后24～48小时皮内注射0.1ml	免疫期5～10年	2～10℃保存，液体疫苗有效期6个月，冻干疫苗有效期1年

续表

	性质	接种对象	初种剂量与方法	免疫期与复种	保存方法与有效期
霍乱菌苗	死/自/细菌	根据疫情，重点为水陆口岸人员，环境卫生、饮食业、医务、防疫人员及水上居民	皮下注射2次，间隔7～10日，6岁以下0.2ml，7～14岁0.3ml，15岁以上0.5ml，第2针分别为初次的2倍量，应在流行前1个月完成	免疫期3～6个月，以后每年加强注射1次，剂量同第2针	2～10℃暗处保存有效期3年
伤寒、副伤寒甲、副伤寒乙三联菌苗	死/自/细菌	用于水陆口岸及沿线的人员及部队、环卫、饮食业人员	皮下注射3次，间隔7～10日，1～6岁0.2ml、0.3ml、0.3ml，7～14岁0.3ml、0.5ml、0.5ml，15岁以上0.5ml、1.0ml、1.0ml	免疫期1年，以后每年加强注射1次，剂量同第3针	2～10℃暗处保存，有效期1年
霍乱、伤寒、副伤寒甲、副伤寒乙四联菌苗	死/自/细菌	同上	同上	同上	同上
流脑A群多糖菌苗	死/自/细菌	15岁以下儿童及少年，流行区成人	皮下注射1次25～50μg	免疫期0.5～1年	2～10℃保存有效期1年
布鲁氏杆菌菌苗	活/自/细菌	畜牧、兽医、屠宰、皮毛加工、疫区防疫及有关实验人员	儿童：上臂外侧皮肤上滴1滴菌苗，其下皮肤划成“井”字痕，划痕长1cm；成人：划2个“井”，间距2～3cm，严禁注射	免疫期1年，需每年接种1次	2～10℃保存有效期1年
鼠疫菌苗	活/自/细菌	重点用于流行区的人群，非流行区人群接种10天后才可进入疫区	皮下法：一次注射，15岁以上1ml，7～14岁0.5ml，6岁以下0.3ml；划痕法：（菌液浓度与上不同）15岁以上3滴，7～14岁2滴，6岁以下1滴，在每滴处各划一个“井”字，两滴之间相隔2～3cm。皮下法难以形成对空气感染的免疫	同上	同上
炭疽菌苗	活/自/细菌	牧民、屠宰、兽医和皮毛加工人员	皮肤划痕法：滴2滴菌苗于上臂外侧，间距3～4cm，于其上划“井”字，痕长1～1.5cm，严禁注射	免疫期1年，需每年接种1次	2～10℃暗处保存有效期2年，25℃以下有效期1年

续表

	性质	接种对象	初种剂量与方法	免疫期与复种	保存方法与有效期
钩端螺旋体菌苗（单价或多价）	死/自/螺旋体	流行区人群	间隔7～10天三角肌皮下注射2次，14～60岁0.5ml、1.0ml，7～13岁减半，1年后加强1针，剂量同第2针	接种后1个月产生免疫，维持1年	2～8℃保存，有效期1年
吸附精制破伤风血清	自/类毒素	发生创伤机会较多的人群	全程免疫：第一年间隔4～8周肌内注射2次，第二年1次，剂量均为0.5ml	免疫期5～10年，每10年加强注射1次0.5ml	25℃以下暗处保存，有效期3年半，不可冻结
百白破混合制剂（百日咳菌苗、白喉、破伤风类毒素）	死/自/细菌和类毒素	3个月至7岁	全程免疫：第一年肌内注射2次，间隔4～8周，第2年1次，剂量均为0.5ml	免疫期同单价制品，全程免疫后不再用百白破混合制剂，加强免疫用白破或百白二联制剂	2～10℃保存，有效期1.5年
吸附精制白喉类毒素	自/类毒素	6～12岁	皮下注射2次，每次0.5ml，间隔4～8周	免疫期3～5年，第2年加强注射1次0.5ml，以后每3～5年注射1次0.5ml	25℃以下暗处保存有效期3年，不可冻结
精制白喉抗毒素	被/抗毒素	白喉患者，密切接触又未接受过白喉类毒素免疫者	治疗：依病情决定，3万～10万U肌内注射或静脉（滴）注射；预防：皮下注射或肌内注射，1次1000～2000U，也可同时与白喉类毒素0.5ml分两处注射	免疫期3周	2～10℃保存，液状制品有效期2～3年，冻干制品3～5年
精制破伤风抗毒素	被/抗毒素	破伤风患者及创伤后有患破伤风危险的人	治疗：新生儿24小时内1次或分次肌注2万～10万U，余者不分年龄均为5万～20万U，肌内注射或静脉注射，以后视病情决定追加用量及间隔时间；预防：不分年龄均为1500～3000U/次皮下注射或肌内注射，伤势严重者剂量加倍	免疫期3周	2～10℃暗处保存，液状制品有效期3～4年，冻干制品5年
多价精制气性坏疽抗毒素	被/抗毒素	受伤后有发生气性坏疽的可能者及气性坏疽患者	预防：皮下注射或肌内注射1次1万U；治疗：3万～5万U静脉注射，同时，适量注于伤口周围组织内，以后依病情而定	免疫期3周	2～10℃暗处保存，液状制品有效期3～4年，冻干制品5年

续表

	性质	接种对象	初种剂量与方法	免疫期与复种	保存方法与有效期
精制肉毒抗毒素	被/抗毒素	肉毒中毒或可疑有肉毒中毒者	治疗：1万～2万U肌内注射或静脉注射，以后视病情决定；预防：1000～2000U皮下注射或肌内注射1次	免疫期3周	2～10℃暗处保存，液状制品有效期3～4年，冻干制品有效期5年
精制抗狂犬病血清	被/免疫血清	被患狂犬病的动物咬伤者	成人0.5～1.0ml/kg，儿童0.5～1.5ml/kg半量肌内注射，半量伤口局部注射，越早应用越好	免疫期3周	2～10℃暗处保存，液状制品有效期3～4年，冻干制品有效期5年
乙型肝炎免疫球蛋白（HBIG）	被/免疫球蛋白	HBsAg（+）尤其HBeAg阳性的母亲所产新生儿，医源性或意外受HBsAg（+）血污染者	新生儿生后24小时内和2月龄各肌内注射1次，每次1ml（100U） 医源性污染后立即肌内注射5ml	免疫期2个月	2～10℃，有效期2年
人丙种球蛋白	被/球蛋白	丙种球蛋白缺乏症患者，麻疹或甲型肝炎密切接触者	治疗：丙种球蛋白缺乏症，每次肌内注射0.15ml/kg；预防麻疹0.05～0.15ml/kg，1次肌内注射（不超过6ml）；预防甲型肝炎：儿童0.05～0.1ml/kg，1次肌注，成人为3ml	免疫期3周	2～10℃，有效期2年

注：活，活疫（菌）苗；死，死疫（菌）苗；自，自动免疫；被，被动免疫。

附录5　传染病病房及污染物品的消毒方法（附表3）

附表3　传染病病房中物品的消毒方法

物品名称	消毒方法	备注
病室空气	1．过氧乙酸熏蒸，1g/m^3，20℃，1小时 2．紫外线照射，30W功率，轮流照射，每个方位30min	先除尘，后照射，有效距离2m
门窗、家具、地面、墙壁	1．0.5%过氧乙酸溶液擦洗 2．0.5%～1.5%含氯石灰澄清液擦洗（肝炎用3%漂白粉）	
门把套	1．0.2%～0.4%过氧乙酸溶液浸湿 2．强力杀菌液或84消毒液浸湿	一日多次，保持湿润
衣服、被单	1．高压蒸汽 2．在肥皂水内煮沸15～30分钟后洗净 3．0.4%过氧乙酸溶液浸泡20分钟后洗净 4．环氧乙烷熏蒸400～1000g/m^3	
褥垫、棉絮、枕芯、绒毯	1．日光暴晒6小时 2．环氧乙烷400g/m^3熏蒸12小时	物品敞开，定期翻动，如有呕吐物、排泄物，应以过氧乙酸刷净后熏蒸

续表

物品名称		消毒方法	备注
敷料		1．煮沸 30 分钟 2．高压蒸汽 3．焚烧	
医疗用具	玻璃搪瓷类物品	1．高压蒸汽 2．煮沸 15 分钟 3．搪瓷类用 0.2% 过氧乙酸溶液或 84 消毒液浸泡 1～2 小时后清洗消毒备用	先用消毒剂浸泡，刷净后再煮沸和高压蒸汽消毒
	金属类物品	1．0.1%～0.5% 苯扎溴铵溶液浸泡 30 分钟 2．环氧乙烷熏蒸 3．高压蒸汽或煮沸	加亚硝酸钠以防锈
	血压计、手电筒、听诊器、热水袋、冰袋	1．环氧乙烷熏蒸 2．0.1% 苯扎溴铵溶液或 0.5% 过氧乙酸溶液擦拭 3．84 消毒液或强力杀菌液擦拭	
体温计		1．0.5% 过氧乙酸溶液浸泡 30 分钟 2．75% 乙醇浸泡 30 分钟 3．0.1% 苯扎溴铵溶液浸泡 30 分钟	使用前擦干药液，患者使用后应先擦干净再放置消毒液中
日常用物	食具、药杯、茶壶、漱口杯	1．0.5% 优氯净溶液浸泡 30～60 分钟后洗净 2．84 消毒液或强力杀菌液浸泡 30 分钟后洗净 3．0.2%～0.5% 过氧乙酸溶液浸泡 30 分钟后洗净 4．煮沸 15～30 分钟 5．高压蒸汽	餐具去残渣，水冲洗后再浸泡
	压舌板	1．84 消毒液或强力杀菌液浸泡 30 分钟 2．0.1%～0.2% 过氧乙酸浸泡或擦拭 3．1% 含氯石灰澄清液浸泡 30 分钟 4．环氧乙烷熏蒸 5．煮沸 15 分钟	
	书信、杂志、报纸、钱币、饭菜票	1．直射阳光消毒 6 小时 2．高压蒸汽 3．环氧乙烷熏蒸 4．过氧乙酸熏蒸	作废者焚烧
	痰盂、面盆、痰杯、便器	1．3% 含氯石灰澄清液浸泡 1 小时 2．84 消毒液或强力杀菌液浸泡 30 分钟 3．紫外线照射 4．痰杯可煮沸 15 分钟 5．高压蒸汽	正反面均须照射 30 分钟
	平车、担架、轮椅	0.2%～0.4% 过氧乙酸溶液擦拭，作用 30～60 分钟	
排泄物	尿	尿 1000ml、含氯石灰干粉 5～10g 搅匀，加盖消毒 2 小时	
	脓液、痰	1．脓液或痰 1 份加含氯石灰干粉 5 份搅匀静置 2 小时（加盖） 2．脓液或痰加等量 0.5% 过氧乙酸搅匀，加盖消毒 30～60 分钟 3．痰可盛入纸盒内焚烧	

续表

物品名称		消毒方法	备注
排泄物	粪便	1 份粪便盒加 2 份 0.1%～0.2% 过氧乙酸溶液或 10%～20% 含氯石灰乳剂搅匀，加盖静置 2 小时	
皮肤（手或污染部位）		1．0.2%～0.5% 过氧乙酸溶液浸泡 1～2 分钟后流水冲净 2．肥皂流动水洗刷 1～2 分钟 3．0.2% 优氯净或强力杀菌液浸泡 2 分钟	
残余食物		煮沸 30 分钟后倒入便池	

教学基本要求

一、课程性质与任务

传染病护理学是研究传染病临床护理中有关基本理论、基本知识与基本技能的学科，是护理专业的必修课程，内容包括传染病的基本概念、基本知识和护理学知识。其任务是使学生通过学习，能够了解传染病护理的基本内容和基本工作方法，树立关爱护理对象的意识，养成科学严谨的工作态度，具备公共卫生服务的基本能力，进而与其他临床护理课程培养的专业能力共同整合为整体护理能力，提高综合素质。

二、课程教学目标

（一）知识教学目标

1. 理解传染病的基本概念，了解传染病的基本特征及流行的基本条件。
2. 了解常见传染病的临床特征和预防措施。
3. 了解传染病护理的基本内容和工作方法，理解消毒、隔离方法和常见传染病的护理内容。

（二）能力培养目标

1. 能够初步辨识常见传染病的症状，提供基本的护理服务。
2. 能够进行正确的卫生宣教和保健指导。

（三）思想教育目标

1. 能够科学、正确地认识传染病。
2. 关爱传染病患者和病原携带者。

三、学时分配建议（36 学时）

序号	教学内容	学时数			序号	教学内容	学时数		
		理论	实践	合计			理论	实践	合计
1	传染病概述	4		4	9	流行性乙型脑炎患者的护理	2		2
2	传染病护理的内容和要求	2	2	4	10	细菌性痢疾患者的护理	2		2
3	艾滋病患者的护理	2	2	4	11	流行性脑脊髓膜炎患者的护理	2		2
4	病毒性肝炎患者的护理	2	2	4	12	猩红热患者的护理	2		2
5	麻疹患者的护理	2		2	13	疟疾患者的护理	2		2
6	水痘患者的护理	1		1		机动	2	2	4
7	流行性腮腺炎患者的护理	1		1	总计		28	8	36
8	狂犬病患者的护理	2		2					

四、教学内容与要求

基础模块

教学内容	教学要求		
	了解	理解	掌握
一、传染病概述			
（一）传染病的发生及流行			
1. 传染的概念		√	
2. 传染过程的表现		√	
3. 传染过程中病原体与机体免疫应答的作用	√		
4. 传染病流行过程的基本条件			√
5. 影响传染病流行过程的因素	√		
（二）传染病的特征			
1. 传染病的基本特征			√
2. 传染病病程发展的基本规律		√	
3. 传染病的临床常见症状和体征			√
（三）传染病的诊断与治疗原则			
1. 传染病的诊断原则	√		
2. 传染病的治疗原则	√		
（四）传染病的预防			
1. 管理传染源			√
2. 切断传播途径			√
3. 保护易感人群			√
二、传染病护理的内容和要求			
（一）传染病护理工作的特殊性及基本内容		√	
（二）传染病的护理评估			√
（三）传染病的常见护理诊断			√
（四）传染病的护理措施			√
三、病毒性传染疾病的护理			
（一）艾滋病患者的护理			
1. 概述		√	
2. 护理			√
3. 健康教育			√
（二）病毒性肝炎患者的护理			
1. 概述		√	
2. 护理			√
3. 健康教育			√
（三）麻疹患者的护理			
1. 概述		√	
2. 护理			√
3. 健康教育			√
（四）水痘患者的护理			
1. 概述		√	
2. 护理			√
3. 健康教育			√
（五）流行性腮腺炎患者的护理			
1. 概述		√	
2. 护理			√
3. 健康教育			√
（六）狂犬病患者的护理			
1. 概述		√	
2. 护理			√
3. 健康教育			√
（七）流行性乙型脑炎患者的护理			
1. 概述		√	
2. 护理			√
3. 健康教育			√
四、细菌性传染病的护理			
（一）细菌性痢疾患者的护理			
1. 概述		√	
2. 护理			√
3. 健康教育			√
（二）流行性脑脊髓膜炎患者的护理			
1. 概述		√	
2. 护理			√
3. 健康教育			√
（三）猩红热患者的护理			

续表

教学内容	教学要求		
	了解	理解	掌握
1．概述		√	
2．护理			√
3．健康教育			√
五、寄生虫病的护理			

教学内容	教学要求		
	了解	理解	掌握
疟疾患者的护理			
1．概述		√	
2．护理			√
3．健康教育			√

选 学 模 块

教学内容	教学要求		
	了解	理解	掌握
（一）流行性出血热患者的护理			
1．概述		√	
2．护理			√
3．健康教育			√
（二）登革热患者的护理			
1．概述		√	
2．护理			√
3．健康教育			√
（三）手足口病患者的护理			
1．概述		√	
2．护理			√
3．健康教育			√
（四）流行性感冒患者的护理			
1．概述		√	
2．护理			√
3．健康教育			√

教学内容	教学要求		
	了解	理解	掌握
（五）霍乱患者的护理			
1．概述		√	
2．护理			√
3．健康教育			√
（六）伤寒患者的护理			
1．概述		√	
2．护理			√
3．健康教育			√
（七）血吸虫病患者的护理			
1．概述		√	
2．护理			√
3．健康教育			√
（八）蛔虫病患者的护理			
1．概述		√	
2．护理			√
3．健康教育			√

实 践 模 块

教学内容	教学要求		
	会	掌握	熟练掌握
（一）临床见习或看录像			
1．传染病房病区划分			√
2．正确穿脱隔离衣		√	
3．隔离要求		√	
4．常用物品的消毒		√	
5．医务人员洗手方法			√
（二）临床见习或病例讨论			
艾滋病患者的护理			
1．进行护理评估		√	

教学内容	教学要求		
	会	掌握	熟练掌握
2．找出护理诊断		√	
3．制订护理措施		√	
4．实施健康教育		√	
（三）临床见习或病例讨论			
病毒性肝炎患者的护理			
1．进行护理评估		√	
2．找出护理诊断		√	
3．制订护理措施		√	
4．实施健康教育		√	

自测题参考答案

第 1 章

1. B　2. A　3. E　4. B　5. D　6. B　7. E　8. B　9. D　10. C
11. B　12. A　13. C　14. E　15. B　16. C　17. C　18. C　19. A　20. A
21. B　22. A　23. B　24. A　25. A

第 2 章

1. D　2. C　3. D　4. B　5. C　6. D　7. C　8. D　9. A　10. C

第 3 章

1. C　2. B　3. E　4. C　5. A　6. D　7. E　8. E　9. C　10. D
11. C　12. C　13. A　14. C　15. E　16. E　17. D　18. E　19. B　20. E
21. A　22. A　23. D　24. A　25. C　26. D　27. E　28. C　29. B　30. B
31. C　32. E　33. C　34. A　35. B　36. E　37. C　38. B　39. D　40. E
41. B　42. B　43. E　44. A　45. B　46. E　47. B　48. E　49. B　50. E
51. E　52. C　53. C　54. D　55. C　56. D　57. A　58. A　59. C　60. C
61. C　62. A　63. E　64. C　65. C　66. A　67. E　68. B　69. D　70. D
71. C　72. E　73. B　74. A　75. C　76. A　77. B　78. D　79. E　80. A
81. A　82. A　83. D　84. B　85. E　86. C　87. D　88. D　89. D　90. E
91. A　92. A　93. E　94. B　95. C　96. D　97. A　98. B　99. D　100. E
101. B

第 4 章

1. A　2. A　3. D　4. A　5. D　6. A　7. D　8. E　9. B　10. D
11. E　12. C　13. E　14. B　15. D　16. A　17. B　18. A　19. E　20. E
21. C　22. C　23. A　24. B　25. E　26. B　27. C　28. E　29. B　30. A
31. E　32. B　33. E　34. E　35. B　36. A　37. A　38. D

第 5 章

1. A　2. A　3. E　4. D　5. E　6. D　7. B　8. E　9. A　10. C
11. D　12. C　13. A　14. C　15. A　16. E

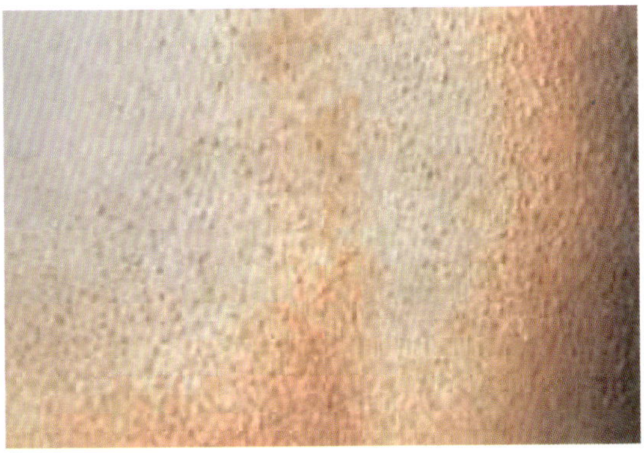

彩图 1　斑丘疹

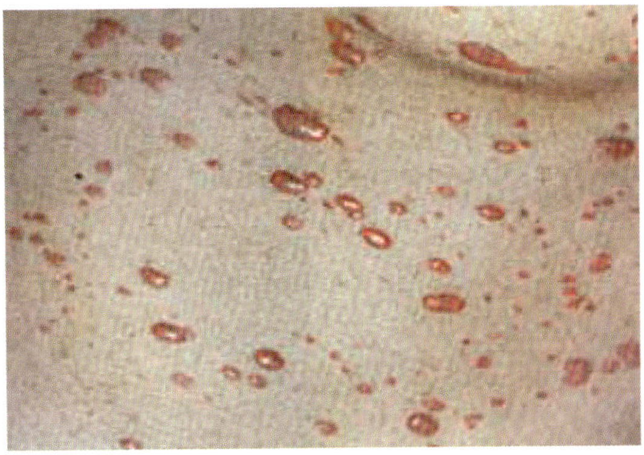

彩图 2　疱疹

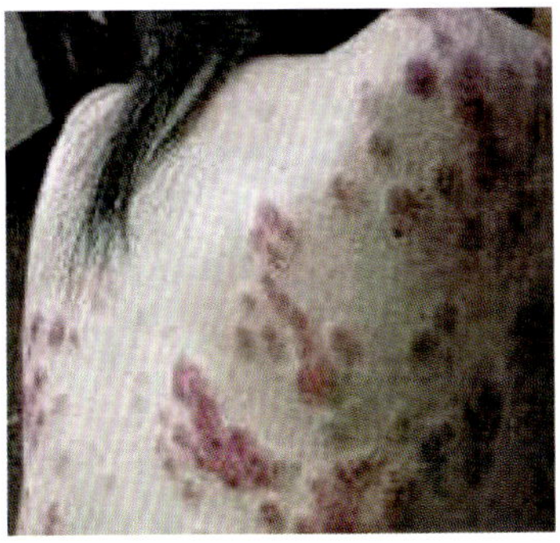

彩图 3　皮疹

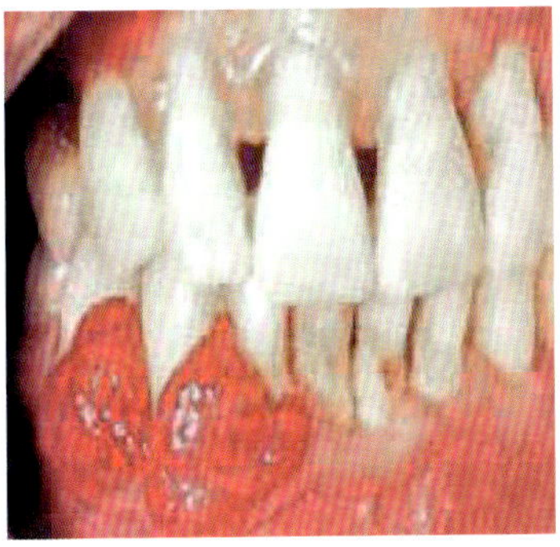

彩图 4　卡波西肉瘤

彩图 5　肝炎胆红素尿

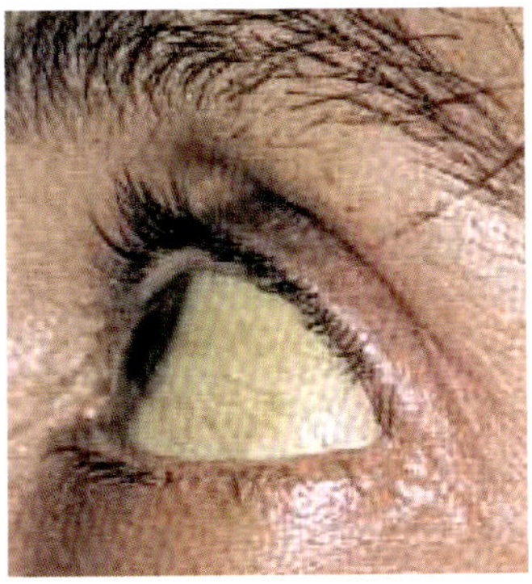

彩图 6　巩膜黄染

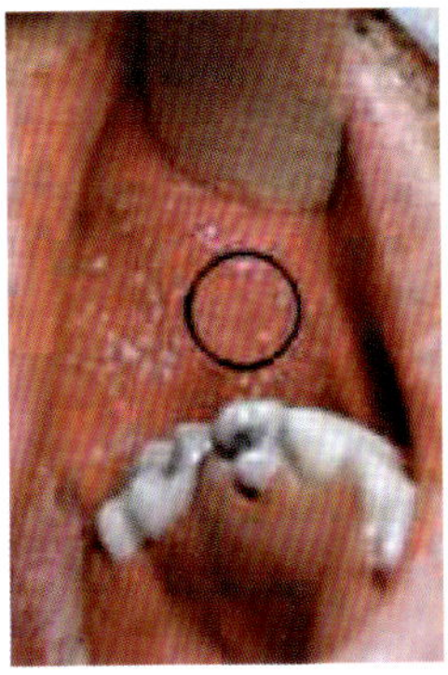

彩图 7　麻疹黏膜斑（Koplik 斑）

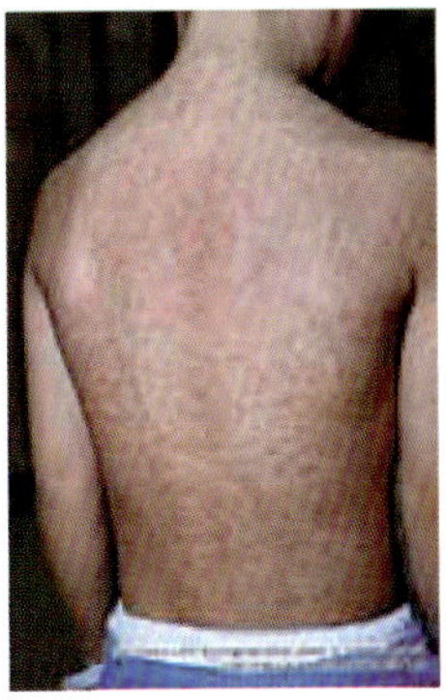

彩图 8　麻疹躯干部位皮疹

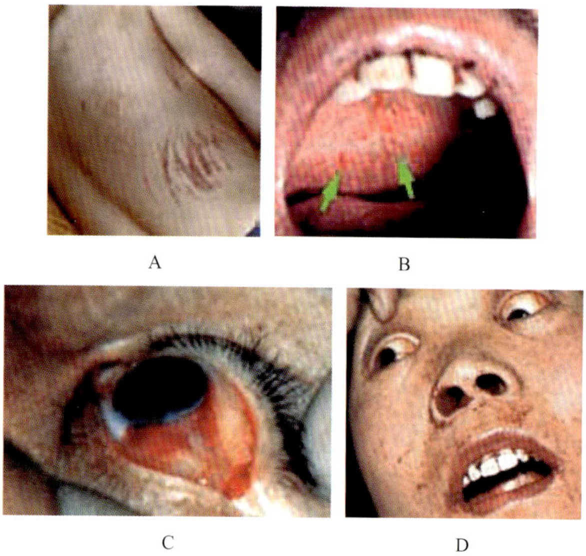

彩图 9　流行性出血热毛细血管损伤表现

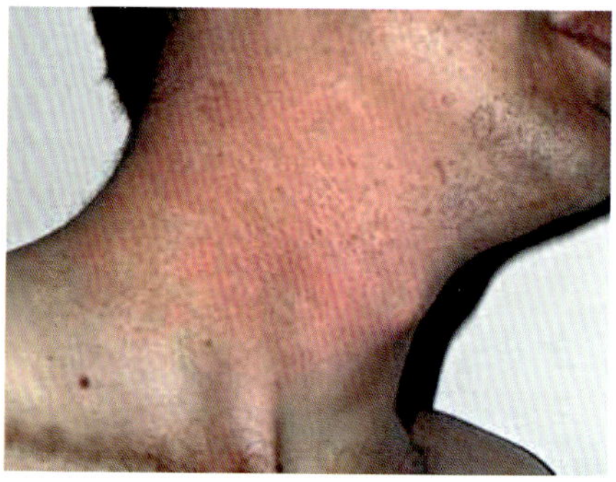

彩图 10　登革热皮疹

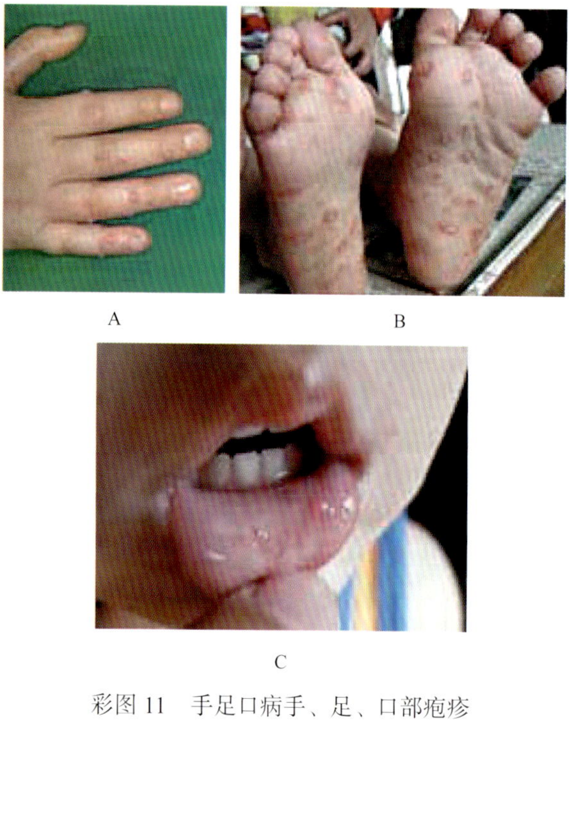

彩图 11　手足口病手、足、口部疱疹

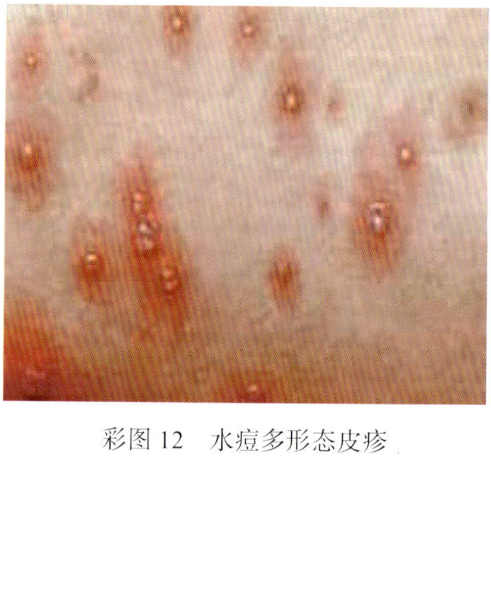

彩图 12　水痘多形态皮疹

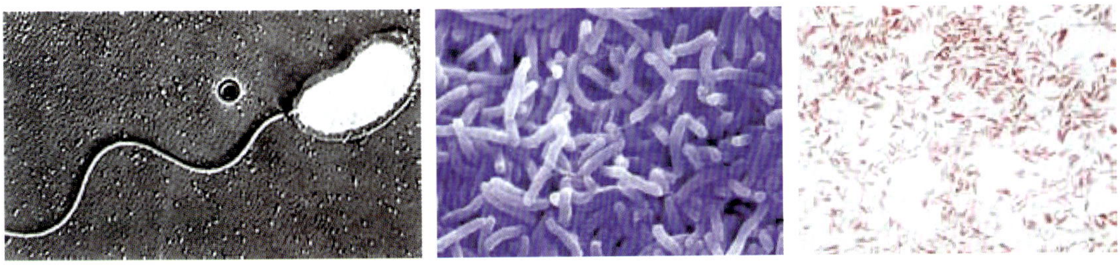

A　　B　　C

彩图 13　霍乱弧菌形态

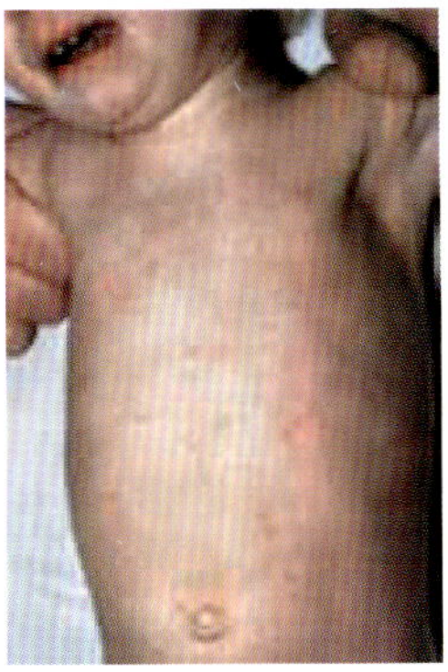

彩图 14　伤寒玫瑰疹

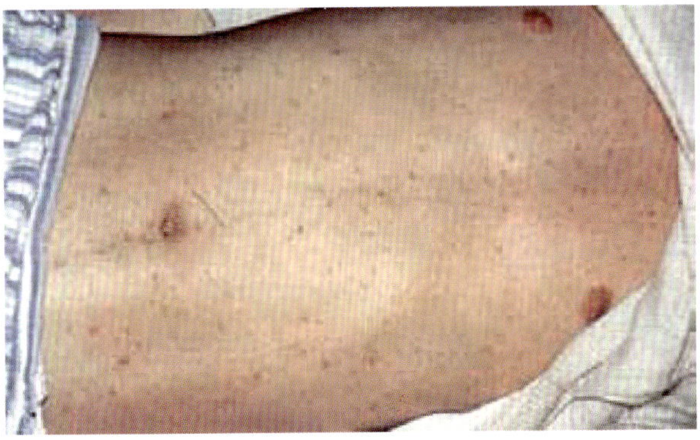

彩图 15　流脑皮肤瘀点

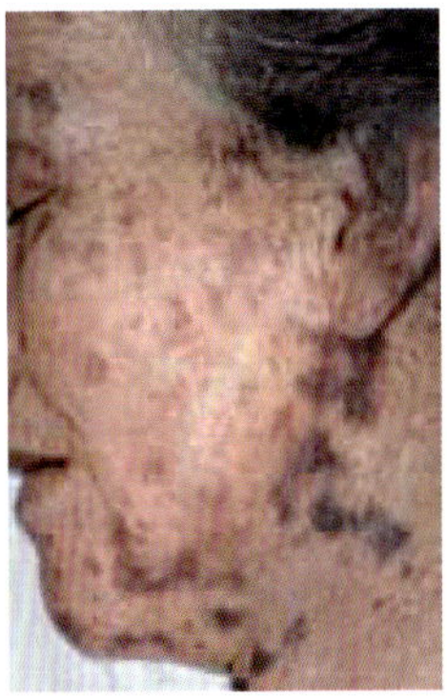

彩图 16　流脑皮肤瘀斑

彩图 17　化脓性脑脊液外观

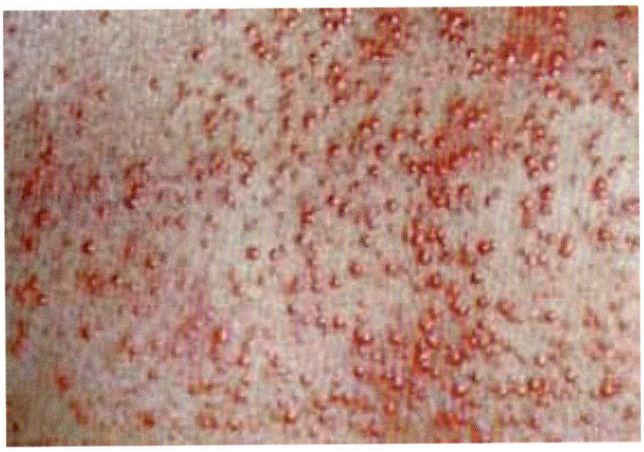

彩图 18　猩红热“粟粒疹”

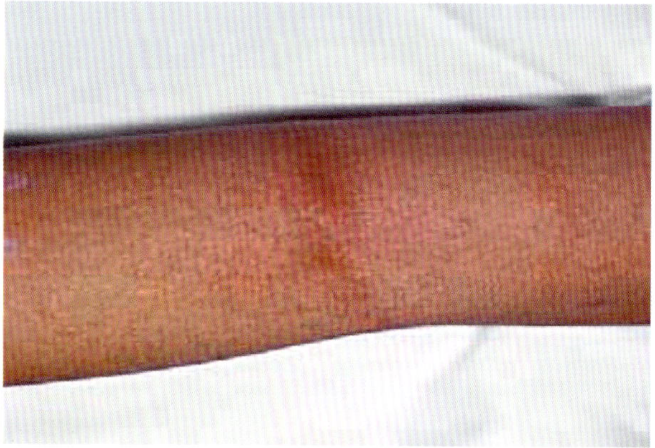

彩图 19　猩红热“帕氏线”

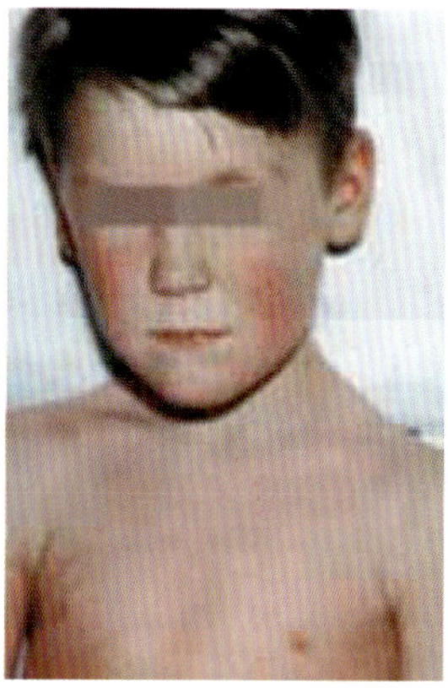

彩图 20　猩红热口周苍白和躯干皮疹

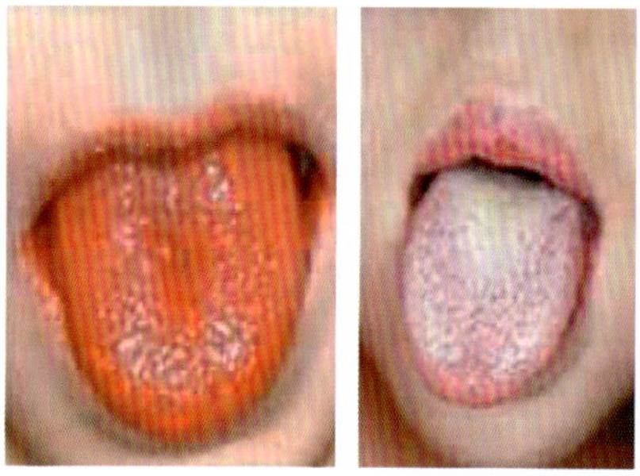

彩图 21　猩红热“草莓舌”

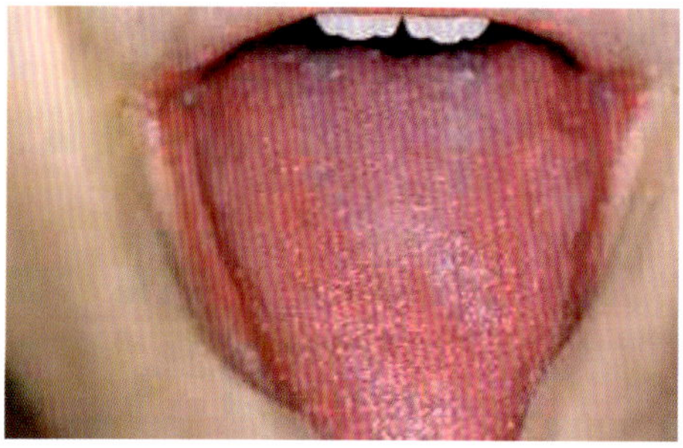

彩图 22　猩红热“杨梅舌”